GOLO MANN · WISSEN UND TRAUER
HISTORISCHE PORTRAITS UND SKIZZEN

PHILOSOPHIE
GESCHICHTE · KULTURGESCHICHTE

Golo Mann

WISSEN UND TRAUER

Historische Portraits und Skizzen

1991

Reclam-Verlag Leipzig

Herausgegeben von Wolfgang Mertz und Karin Schlapp

ISBN 3-379-00647-5

Lizenzausgabe des Reclam-Verlages Leipzig mit freundlicher Genehmigung der S. Fischer Verlag GmbH, Frankfurt am Main
Als Textvorlage dienten jeweils die neuesten Ausgaben im S. Fischer Verlag und Fischer Taschenbuch Verlag bzw. die Erstdrucke. Zeitbedingte Hinweise wurden von den Herausgebern gestrichen, ebenso die ausführlichen Fußnoten im Bismarck-Aufsatz
(Drucknachweise am Ende des Bandes)

Reclam-Bibliothek Band 1380
1. Auflage
Reihengestaltung: Lothar Reher
Printed in Germany
Dresdner Druck- und Verlagshaus GmbH
Gesetzt aus Garamond-Antiqua
LSV 0236
Bestellnummer: 661 547 3
7,50

Schloss Arenenberg

Schön ist der Blick durch die Spiegelfenster des Schlosses Arenenberg, am schönsten im Herbst: der weitgegliederte See mit seiner Insel, die Waldberge des deutschen Ufers, die Hegau-Kegel; Dörfer und Klostertümer; Fruchtbäume und Wein. Uralte, mit der Landschaft vermählte Zivilisation; nordisches Italien. Wenn schon Exil, habe ich mir, auf der Terrasse zwischen Schloß und Kapelle stehend, oft gedacht, dann würde ich mir Arenenberg als Exil gefallen lassen.

Wie verschieden übrigens der Eindruck sein mag, den eine Landschaft auf verschiedene Augen macht, dafür gibt Chateaubriand ein Beispiel: er fand den Blick von Arenenberg „weit, aber traurig. Dieser Blick beherrscht den Konstanzer Untersee, der nichts ist als eine Erweiterung des Rheines auf überschwemmten Wiesen. Auf der anderen Seite des Sees erblickt man düstere Wälder, Überbleibsel des Schwarzwaldes, und weiße Vögel im Fluge unter grauem Himmel, von eisigen Winden getrieben." Und das war Ende August, für Arenenberg die schönste Zeit!

Die Entdeckung machte Hortense Beauharnais, Stieftochter, Adoptivtochter und Schwägerin Napoleons, von Konstanz aus, wo sie die ersten Jahre nach Waterloo verbrachte. „Le château d'Arenenberg, bien petit, bien délabré, mais placé dans une position pittoresque, me plût." Sie war eine Romantikerin, die Königin Hortense, sehr im Stile der Zeit; begabt zum Harfeschlagen, Klavierspielen, Komponieren, Dichten, Lesen; zu ernster Unterhaltung und zu geselligen Spielen. Die gute Stadt Konstanz beschreibt sie, als sei sie das verrottetste, verzaubertste Nest in der Provence, das Sturmheulen des Bodensees, als sei es der Ozean. Als sie einmal, geistlichen Zuspruches halber, das Kloster Einsiedeln besuchte, fand sie es „sur un des points le plus sauvages de la Suisse". „Das Land, durch das wir den Zürich-See entlang fuhren, ist entzückend, und da die Bewegung, welche die Natur in ihrer Schönheit mich fühlen läßt, sich stets mit den Gedanken meiner Seele vermischt, so genoß ich während dieser Reise die Ruhe einer süßen Melancholie. Als aber die Berge sich zu erheben begannen, als sie an mich heranrückten, als Sturzbäche neben mir rauschten und die Vegetation dürr und wüst wurde, da packte mich Entsetzen bei dem Gedanken, auf das Interesse meines Lebens verzichten zu müssen, auf den einzigen Freund, der mir blieb." ... War es die Sihl, die so furchtbar neben ihr rauschte, waren es die ewigen Gletscher des Gottschalkenberges, welche die Fürstin erdrückten? – In der Arenenberger Bibliothek nimmt Rousseau einen bedeutenden Platz ein.

Beide Beauharnais hatten 1814 sich mit dem siegreichen Europa so gut gestellt, wie es ging, dem König Ludwig XVIII. ihre Aufwartung gemacht und besonders den Zaren Alexander zum schützenden Freund gewonnen. Ihren neuen Namen einer Herzogin von Saint-Leu führte Hortense mit Erlaubnis des Königs von Frankreich. Bei seiner Rückkehr von Elba hatte Napoleon der Tochter einen entsprechend eisigen Empfang bereitet. Aber dann machte sie seine Sache entschieden zu der ihren und hielt bis zur zweiten tragischen Abreise bei ihm aus. „Nur mit Schmerz", schreibt Zar Alexander im Juli 1815 an Eugène Beauharnais, „spreche ich Ihnen von Ihrer Schwester. Es gibt nur eine Stimme über die Art, in der sie an den jüngsten unseligen Ereignissen teilgenommen hat ... So geht es den bestmeinenden Frauen: wenn sie sich in die Politik mischen, wählen sie meistens das Falsche und kommen aus ihren Irrtümern nicht mehr heraus." Also genoß Hortense nicht mehr die Vergünstigung des Vorjahres. Das Gesetz, das, zusammen mit den „Königsmördern", alle Mitglieder ihrer Familie aus Frankreich verbannte, traf auch sie; aus Konstanz sah der Großherzog von Baden sich gezwungen, sie auszuweisen zu lassen. Ungern nahm die Eidgenossenschaft, vertreten durch ihren Vorort Zürich, die „ränkevolle Frau" in ihr Gebiet auf. „Alle Äußerungen der löblichen Stände, die bereits in Vollständigkeit angelangt sind, gehen dahin, daß besagter Frau Gräfin, besonders mit ihrem zahlreichen Gefolge, der Aufenthalt in der Schweiz, einem an Frankreich angränzenden Lande, nicht gestattet werden könne ..." Aber der Kanton Thurgau selber war dafür; und nachdem der König von Bayern der irrenden Dame in Augsburg Asyl gewährt hatte, durfte sie ihre Sommerwohnung auf Arenenberg dennoch beziehen.

Eugène folgte nach und baute oberhalb von Arenenberg das Schlößchen, das er Eugensberg nannte. Bewohnt hat er es kaum; es war, wie seine Gattin es ausdrückte, als „eine Zufluchtsstätte, falls sich etwas ereignen sollte", gedacht. Diese Niederlassung ließ der Kleine Rat des Kantons überaus glatt und ehrenvoll vonstatten gehen. Eugène war reich und stand sich weiterhin gut mit den Mächten, mindestens mit seinem Schwiegervater, dem König von Bayern, und mit dem Zaren. Ungleich nüchterner als seine Schwester, die er bewunderte, fester im Leben verankert, im Fett seines deutschen Fürstentums, gibt er das nicht ganz uninteressante Beispiel eines Menschen, der in schwierigster Situation eine simple Geradheit der Haltung mit ritterlichem Egoismus zu gutem Erfolg verband. Der Katastrophe der Hundert Tage ging er ganz aus dem Wege, loyal gegenüber seinem neuen Vaterland, loyal auch gegenüber dem alten, gegen das zu fechten er sich weigerte. Danach gab er einem in Paris zum Tod verurteilten, unter abenteuerlichen Umständen geflohenen Verwandten, La Valette, am Starnberger See Unterschlupf, unterstützte andere Opfer mit Geld, schickte auch heimlich und regelmäßig Geld (nicht sehr viel) nach St. Helena, indes er gleichzeitig nicht aufhörte, auf das freundschaftlichste mit dem Zaren zu korrespondieren. Gelegentlich bat er ihn auch um eine mildere Behandlung dessen, „der der Gatte meiner Mutter war und mich die Kunst des Krieges und der Verwaltung lehrte" – ein würdiges Minimum des Ausdrucks.

Die Geschwister, verwöhnte Stiefkinder des Glücks, besuchten sich häufig, wobei Eugène, wie der österreichische Vertreter in München ärgerlich vermerkte, es so einrichtete, daß er auf seiner Reise nur bayerischen Boden berührte. Er fuhr nach Lindau und von da mit dem Schiff nach Ermatingen, „auf welche Weise er in längstens drei mal vier und zwanzig Stunden, den Aufenthalt mit eingerechnet, den Weg hin und her zurücklegen" könne und es „beinahe unmöglich" sei, „etwas von seinen Kursen zu erfahren und ihn in Augen zu behalten". Auf einer Barke kam Hortense dem Bruder über die hüpfenden Wellen entgegen.

Arenenberg wurde zu einem Treffpunkt und Zentrum der verbannten, halb revolutionären, halb monarchischen Familie, wie Rom einer war, Triest, zeitweise auch Wien oder die Umgegend von Wien. Die Familie blieb, was sie immer gewesen war, zugleich überaus zänkisch und überaus dicht zusammenhaltend in Korrespondenzen, Treffen, auch Heiraten untereinander.

Die tapferste Pflegerin der gemeinsamen Interessen war eine, die von Geburt nichts weniger als eine Bonaparte war, Katharina von Württemberg, die Gattin Jérômes und treue Freundin der Hortense. Unentwegt schrieb sie an Mutter und Onkel, an Brüder und Schwestern des Kaisers, suchte sie Frieden zu stiften: „Ist unsere Lage, ist das Unglück, das wir täglich erfahren, nicht danach gemacht, unsere verwandtschaftlichen Bande enger zu knüpfen, sollte es uns nicht zur Herzenspflicht machen, wenigstens die Öffentlichkeit von der Kälte, die zwischen uns herrscht, auszuschließen?"

Den Ministerien, Botschaften, Polizeidirektionen gaben die Exilierten viel zu tun, vielleicht mangels besserer Sorgen, wie es der Polizei Brauch ist. Es grenzt ans Unglaubliche, was da Direktiven und Berichte geschrieben, was da beobachtet, spioniert und geplagt, erlaubt und verboten wurde: Einreisen und Ausreisen, Käufe, Umsiedlungen, Besuche. Es sollte, wenigstens nach dem Wunsch des Kaisers von Österreich, auf taktvolle Art geschehen: „4. Sind die Glieder der bonapartischen Familie einer eigenen strengen, jedoch in der Form so viel als thunlich schonenden Beobachtung zu unterordnen." Die schonende Art mag damit zu erklären sein, daß die Versippung der Gefürchteten mit den europäischen Dynastien nicht wohl hatte rückgängig gemacht werden können. Die Kaiserin Marie Louise zählte freilich nicht mehr, so herzlos und hirnlos, wie sie mit ihrer Vergangenheit gebrochen hatte. Ihr in Wien heranwachsender Sohn aber, Bonaparte und Habsburger schon in seinem Namen, Napoléon Franz Joseph, dieser blasse Vorwurf, diese Peinlichkeit, diese Hoffnung, zählte. Dann waren die Söhne Jérômes Enkel, später Neffen des Königs von Württemberg und durften in der württembergischen Armee dienen. Königs-Enkel waren auch die Kinder Eugènes. „Eine Tagesreise" von Arenenberg, nämlich in Sigmaringen, residierte die Fürstin von Hohenzollern, eine geborene Murat; wieder einen Tag weiter die Großherzogin von Baden, Stephanie Beauharnais, „die einzige von uns, die souverän geblieben war", wie Hortense sie nicht ohne Neid charakterisierte. Schließlich gab es in Stockholm den Schwedenkönig, den Gründer der Dynastie Bernadotte, der mit ungleich großartigerem Erfolg operiert hatte als Eugène, aber doch seine Herkunft nicht ganz verleugnen konnte, wie er denn seinen Erben, wohl weil nichts Besseres zu finden war, mit einer Beauharnais vermählte. – „Madame Hortense" – so wird sie in den Polizeiberichten bezeichnet – war nicht ohne Beziehungen zu Mächten, welche die Polizei wohl oder übel respektieren mußte.

Gleichzeitig kam sie von der Welt der Konspirationen nie ganz frei. Wer von einer Veränderung in Frankreich oder in Italien träumte, suchte sie auf, und es wurde dann das heitere Arenenberger Leben, Konzerte, Vorlesungen und Charaden, Volkssingen und Schützenfeste, Kahn- und Schlittenfahrten auf dem See, durch ernsteres Getuschel unterbrochen. Nach dem Tode Eugènes gab sie ihr Augsburger Haus auf und verbrachte von da ab den Winter in Italien. Hier gerieten ihre Söhne, Napoléon Louis und Louis Napoléon, in die revolutionären Wirren von 1831. Der Ältere starb auf der Flucht an den Masern; den Jüngeren rettete Hortense, indem sie ihn als ihren Diener verkleidet bis zur französischen Grenze brachte. In Frankreich waren seit der Juli-Revolution die Exil-Gesetze nicht mehr in Geltung.

Sind Louis Napoléons italienische Abenteuer aus seiner

Biographie nicht wegzudenken, weil sie seine spätere verhängnisvolle italienische Politik bestimmten, so formten seine Bildungs- und Lebensgewohnheiten sich in den Arenenberger Jahren und auf der Artillerieschule zu Thun – Kommandeur Oberst Dufour –, deren Absolvierung ihn zum bernischen Offizier machte. „Mein Sohn", schrieb Hortense nicht ohne Stolz im September 1830, „ist noch bei den Schülern in Thun, mit militärischen Reconnaissancen in den Bergen beschäftigt. Sie legen zehn bis zwölf Meilen den Tag zu Fuß zurück, den Tornister auf dem Rücken. Geschlafen haben sie im Zelt, am Fuße eines Gletschers."

Chateaubriand, der Hortense im Sommer nach der schlimmen Italienzeit, 1832, besuchte, beschreibt in den ‚Mémoires d'Outre-Tombe' die Arenenberger Geselligkeit: „Die Begleiter und Begleiterinnen der Herzogin von Saint-Leu waren ihr Sohn, Madame Salvage, Madame***. Von fremden Gästen waren anwesend Madame Récamier, Monsieur Vieillard und ich. Die Herzogin von Saint-Leu spielte ihre schwierige Rolle als Königin und Fräulein von Beauharnais vorzüglich. Nach dem Diner setzte sie sich ans Piano zusammen mit M. Cottrau, schönem, großem jungem Maler mit Schnurrbart, mit Strohhut, mit Bluse, mit offenem Kragen, in bizarrer Tracht, halb Mignon Heinrichs III., halb kalabresischer Hirte, mit Manieren ohne Manier, mit jenem schlechten Atelier-Ton zwischen dem Familiären, dem Drolligen, dem Genialischen, dem Affektierten. Er jagte, er malte, er sang, er liebte, er lachte, geistreich und lärmend. Prinz Louis bewohnte ein Pavillon für sich, wo ich Waffen, topographische und strategische Karten sah; kleine Handwerkssymbole, die, so wie zufällig, an die Rasse des Eroberers erinnerten, ohne ihn zu nennen; Prinz Louis ist ein kenntnisreicher junger Mann, voll von Ehrgefühl und ernst von Natur."

Louis Napoléon war arm in den Arenenberger Jahren. Und das ist ein Grund dafür, warum er so viel Zeit auf dem Schlößchen verbrachte. Übrigens wohnte er nicht in dem Zimmer, das heute gezeigt wird und das seine Bibliothek enthält – Militärisches, Geographisches, lateini-

sche, französische, deutsche Historie –, sondern in einem Nebengebäude. Hier schrieb er seine ‚Betrachtung der Schweizer Politik und des Militärwesens‘, hier sein ‚Handbuch der Artillerie‘; von dort brach er auf zu Dienstperioden als Schweizer Offizier, zu kurzen Eskapaden. Prinz Louis war ein wackerer Sportsmann, Reiter, Schlittschuhläufer und Tänzer. Die Leute in der Umgegend hatten ihn gern, und mancher Ball in Konstanz wurde zu seinen Ehren gegeben, vielleicht in der Hoffnung, er würde sich eine der Thurgauer oder badischen Schönen erwählen. Auf die Dauer war die biedere Schweizer Soldaten-Existenz dem in großen Träumen Lebenden unerträglich. Eines Oktobertages im Jahre 1836 brach er sie ab und ritt nach Straßburg, wo er seinen ersten, kläglich scheiternden Staatsstreich versuchte. Eine Reise, welche die vielgeprüfte Hortense alsbald nach Paris unternahm, um den Gefangenen zu retten, erwies sich als nicht einmal notwendig; König Louis-Philippe, der selber die Härten des Exils so lange hatte studieren müssen, übte Gnade und schickte den jungen Brausekopf für ein Jahr nach New York. Schon nach einem halben kehrte Louis Napoléon mit dem amerikanischen Paß eines Mr. Robinson nach England zurück. Dem Präsidenten in Washington ließ er ausrichten, wie sehr er bedauerte, daß er ihn nicht mehr habe besuchen können, obgleich Präsident Polk ihn nicht eigentlich eingeladen hatte. Von London reiste er, die ihn überwachenden französischen Detektive täuschend, nach Rotterdam und auf dem Rhein bis Mannheim, von wo eine Postkutsche ihn nach Arenenberg brachte. Er traf noch eben zurecht ein, um Hortense in ihrem schweren Sterben zu trösten.
Die Königin wurde neben ihrer Mutter Joséphine in Rueil bei Malmaison beigesetzt. In der Schloßkapelle von Arenenberg ließ Louis Napoléon 1858 das marmorne Denkmal errichten, das heute noch dort zu sehen ist: „A la Reine Hortense, son Fils Napoléon III.“ Die andere Inschrift, welche der Kaiser sich gönnte: „Fortuna, Infortuna, Fortuna“, mag wie eine Herausforderung an das Schicksal klingen: hatte es sich dreimal gedreht, warum sollte es nun bleiben, wo es stand?

Das Jahr, das der Prinz noch in der Arenenberger Gegend, nämlich in dem gleichfalls von der Mutter ererbten Schloß Gottlieben verbrachte, stand im Zeichen eines bedrohlichen Streites zwischen Frankreich und der Schweiz, der eben sein Leben und Treiben auf Schweizer Boden zum Gegenstand hatte, des sogenannten Napoleonhandels. Die französische Regierung verlangte die Auslieferung des Flüchtlings; sie wurde von der Tagsatzung und von dem Kantonsrat nach erregten Debatten verweigert, da der Prinz neben seiner französischen Bürgerschaft auch die thurgauische besaß, wozu kam, daß er als tätiger, zahlreiche Ehrenämter bekleidender Mitbürger sehr beliebt war. Die Sache geriet bis zu Teilmobilmachungen auf beiden Seiten; gewichtig nahmen die deutschen Mächte für Frankreich Partei. Da entschloß sich der Prinz zu dem unter diesen Umständen Gebotenen: um nicht zur Helena eines neuen trojanischen Krieges zu werden, verließ er den Thurgau freiwillig und begab sich nach London. Seither nannte er sich mitunter „Graf von Arenenberg", und zwar zu einer Zeit, als das Schlößchen ihm gar nicht mehr gehörte; denn 1843 sah er sich genötigt, es an einen sächsischen Geschäftsmann zu verkaufen. Graf von Arenenberg – unter den wunderlichen Namen, welche die Bonapartes sich beilegten, um den einen, welcher doch ihr Hauptbesitz war, zu vermeiden, de Saint-Leu, de Lipona, de Montfort, de Harz, ist dieser wohl der wunderlichste.

In London hatte der zierliche Fremde die Gewohnheit, jedem, den er nach dem Weg fragte, gleich ein Geldstück anzubieten: Dienste seiner Mitmenschen ohne Geld konnte er sich nicht vorstellen.

Nun wurde es still auf Arenenberg; blieb still, auch als Louis Napoléon nach so vielen Abenteuern, galanten und politischen, nach so mannigfachen harten Erfahrungen, Staatsstreich, Verbannung, Gefängnis, Flucht, nach so langen, nie zu entmutigenden Geistes- und Willensanstrengungen endlich sein Ziel erreicht hatte und Präsident und Kaiser geworden war, und auch als er das Schlößchen zurückkaufte. Es wurde zu seinem vormaligen Zustand, so genau es ging, wieder hergestellt, aber blieb im Schlaf; die Pracht des Zweiten Kaiserreiches aufzunehmen, war es nicht geeignet.

Einmal nur erschien der Kaiser an der Stätte seiner Jugendvergnügungen, Arbeiten, Träume und Leiden; inkognito, nach der schönen Fiktion, die aber natürlich weder hielt noch halten sollte. Es muß ein süßer Moment gewesen sein: so stattlich wiederzukehren, da er sich einst, vor nun achtundzwanzig Jahren, unter so melancholischen Umständen verabschiedet hatte. Napoléon III. übertrumpfte hier noch bei weitem jenen Bürger von Stein am Rhein, der als Minister des römischen Kaisers, von Vorreitern angekündigt und von Mohren bedient, in seiner Vaterstadt Einzug hielt und dessen feierliche Begrüßung und leutseliges Zurückgrüßen das Gemälde an einem der bunten Häuser des Städtchens verewigt. Nach drei Tagen, gefüllt mit Empfängen, Seefahrten, Ständchen und Feuerwerk wurde es auf Arenenberg wieder still.

Die in den zwanziger, dreißiger Jahren auf Arenenberg gealtert hatten, die erste Bonaparte-Generation, waren nun tot, mit Ausnahme von Onkel Jérôme, der nach schuldengeplagter Verbannten-Existenz die Herrlichkeit des Zweiten Kaiserreichs noch erlebte und herzhaft genoß. Vom schönen Fett der Jugend, vom goldnen Königsornat, in dem er auf einem in Arenenberg hängenden Gemälde gleißt, zeigen seine späten Photographien freilich nichts mehr. Da wird sein Runzelgesicht von einem bürgerlichen Zylinder gekrönt, und er scheint Mühe zu haben, sich auf den Füßen zu halten. 1814 hatte er sich bitter darüber beklagt, daß der große Bruder sich nicht das Leben nehmen wollte: „Der Kaiser, nachdem er uns alle ruiniert hat, überlebt sich selbst; er ist nicht mehr derselbe Mensch … Was für ein Schmerz, einen so großen Mann sich so überleben zu sehen!" …

Wie lange war das her! Alternd waren jetzt jene, die auf dem Arenenberg Kinder und junge Leute gewesen waren. So Louis Napoléon selber, der Kränkelnde, früh Verbrauchte, mit den Augen, die als „erloschen" beschrieben wurden; ein Vetter, Jérômes Sohn Napoléon

– Plon-Plon –, nannte ihn „Le Vieux" und sprach von ihm mit einer Mischung von herablassender Sympathie und Verachtung. Einst hatte Louis dem Jüngeren auf dem Untersee das Schlittschuhlaufen beigebracht. Prinz Napoléon, dessen gelbliches, gedunsenes Gesicht auf Arenenberger Porträts erscheint, war eine der merkwürdigsten Figuren des Zweiten Kaiserreiches. Von seinem Großvater, Friedrich von Württemberg, hatte er die Intelligenz, auch wohl die Neigung zur Brutalität und zu allerlei Lastern und die riesige Gestalt, auf der der Kopf Napoléons steckte. Der frappanten Ähnlichkeit mit dem großen Oheim war er sich wohl bewußt und liebte es, sie durch seine Haltung zu unterstreichen. Hatte er wieder einmal durch sein loses Treiben den Polizeiminister beunruhigt, und ließ der Kaiser ihn kommen, um ihn abzukanzeln, so geriet „Le Vieux" schnell aus dem Konzept seiner Strafpredigt; zu unheimlich erinnerte der da vor ihm stand an den Gründer der Dynastie, von dem der Kaiser selber in Aussehen und Wesen so gar nichts hatte. Sohn einer deutschen, Gatte einer italienischen Prinzessin, Cousin des Zaren und der Königin von Holland, war Plon-Plon der Bonaparte, dessen illegitimes Fürstentum dem legitimen am nächsten kam, eine Stellung, von der man ihn auch vermittelnden Gebrauch machen ließ, wo es praktisch schien. Trotzdem gefiel er sich als Kritiker der kaiserlichen Regierung und jakobinischer Freidenker; über seinen Umgang schüttelten seine besten Freunde die Köpfe. Sein ganzer Haß galt der Kaiserin Eugénie, in deren der französischen Art fremdem, bigotten Wesen er eine Gefahr für das System erkannte. Dessen Ende sah er früh kommen und baute vor, indem er Geld aufhäufte und sich in Prangins am Genfer See das zweite Arenenberg schuf, das heute seinem Enkel gehört.

Eine glänzende Rolle im Zweiten Kaiserreich spielte auch seine Schwester Mathilde, die einst in Arenenberg ihre üppige Jungmädchengestalt nicht ohne Erfolg vor Louis Napoléon hatte spielen lassen. Grenzte die Existenz Plon-Plons an den Demi-Monde, so stand Mathilde im engen Bund mit der Pariser literarischen Welt, mit George Sand, Sainte-Beuve, Maxime du Camp und Gustave Flaubert, den auch Plon-Plon schätzte und der schließlich, trotz des Bovary-Prozesses, sogar zu Hof gebeten wurde. Der Spötter und Hasser der Macht ist auf diese Einladung nicht wenig stolz gewesen.

Nie auf dem Arenenberg war, soviel wir wissen, ein anderer großer Herr des Zweiten Kaiserreichs: Charles Demorny, oder wie er jetzt genannt wurde, Duc de Morny, Sohn der Hortense von dem Grafen Flahaut; vorher nicht und nachher nicht, zumal er das Nachher nicht erlebte.

Das Nachher kam. Zu einem Höfling, der ihm nach der Kaiserkrönung glückliche Fahrt wünschte, hatte Napoléon III. geantwortet: „Mais gâre aux accidents!" Wie gern hätte er alle Unfälle vermieden, um das Erworbene zu genießen und seine Dynastie zu sichern; aber ach, er, der dennoch immer etwas wagen und Großes tun zu müssen glaubte, vermied sie nicht, und schließlich brach sein morscher Thron unter ihnen zusammen. Der Kriegsgefangene von Wilhelmshöhe mußte sein Haus in Rom verkaufen, so wie der Strafgefangene von Ham einst Arenenberg verkauft hatte, das er diesmal unverkauft ließ, vielleicht, weil der Posten zu unbedeutend schien. Als die Dinge sich beruhigt und geordnet hatten, stellte sich heraus, daß er gleichwohl ein reicher Mann war; reich blieb auch seine Witwe Eugénie, nachdem er 1873, bis zuletzt sich verteidigend, bis zuletzt von neuer triumphaler, seine ermatteten Kräfte jammervoll übersteigender Rückkehr träumend, gestorben war. Zur furchtbaren Wut Plon-Plons, der sich nun für den Chef des Hauses und gegebenen Vormund des kaiserlichen Prinzen hielt, bediente die Kaiserin sich eines alten, für die veränderte Situation nicht gemeinten Testamentes des Verstorbenen und setzte, klug und energisch, ihre Sache durch. Schon im Sommer des Sterbejahres, 1873, erschien sie zum erstenmal wieder auf Arenenberg, mit Lou-Lou, dem Sohn, mit Vorleserinnen und Sekretärinnen, mit Arzt, Kaplan, Hauslehrer, um neue An- und Umbauten zu veranlassen – Eugénie war überaus baufreudig. Von da ab gab es allsommerlich das eleganteste

Leben auf dem Napoléon-Schlößchen am Untersee. Eine Wiederholung der zwanziger und dreißiger Jahre, so wie das Zweite Kaiserreich eine Wiederholung des Ersten gewesen war – und, so wie jenes die Zeit des großen Napoléon auch *nicht* wiederholte, dennoch ganz anders. Eugénie, die spanische Edelfrau, hatte nichts von den romantischen Talenten der Hortense, nichts von ihrem Geschmack am Illegitimen, Konspirativen. Auf eine bonapartische Restauration wurde freilich noch einmal gehofft; aber diese, kam sie, sollte ohne gefährliche und dunkle Mühen kommen, weil, so glaubte man, die Franzosen sie wollten, weil Marschall Mac-Mahon Präsident war und keine Bourbonen das in seiner neuen Staatlichkeit völlig ungesicherte Frankreich bedrückten. Die Besucher, die sich im Arenenberger Gästehaus, im Ermatinger Gasthof „Zum Adler" drängten, waren keine Flüchtlinge und Verschwörer, sondern Herrschaften, die mit stattlichen Pässen und stattlicher Bedienung reisten. Die Bonapartes der siebziger Jahre waren nicht die der zwanziger, und das Europa, in dem sie lebten, war es nicht mehr. Damals hatte man es einem Großherzog von Baden glatt verboten, die verfemte Hortense zu besuchen. Der jetzige, Großherzog Friedrich, kam gern von seiner Mainau herüber. Es kamen der Botschafter Metternich, dessen Vater das Arenenberger Treiben der Beauharnais einst so scharf und mißtrauisch hatte beobachten lassen, die Königin von Holland, der Prinz von Asturien, die Herren von Talleyrand und von Montmorency, anderer Träger sehr wohlklingender Namen nicht zu gedenken; es kamen auch die Herren vom napoleonischen Adel, die Murats und Neys, und die uralten Kinder, Mathilde und Plon-Plon, jene Mischung von Zank und Zusammenhalt erneuernd, die wir kennen. Geld floß reichlicher als zu Hortenses Zeiten; nicht so romantisch und musikalisch und an die Bohème streifend dürften die Unterhaltungen gewesen sein. Eugénie besaß mehr Klugheit als Geist; ein stark auf Erhaltung des Bestehenden gerichtetes Urteil; gegen Ende ihres Lebens einen Schatz von Erfahrungen, den man sich kaum vorzustellen vermag. Die Freundin Stendhals war sie gewesen und die Freundin Jean Cocteaus; hatte 1859 gegen dies neue, falsche Kunstgebilde gewettert, das Königreich Italien, und 1919 gegen dies neue, falsche Kunstgebilde, die Tschechoslowakei; hatte den Pariser Friedensvertrag von 1856 studiert und den Versailler Friedensvertrag von 1919 und ihn unbillig gefunden. „In jedem Artikel dieses Vertrages sehe ich eine Keimzelle neuer Kriege ... Die Alliierten erlegen unmögliche Bedingungen auf. Damit nicht zufrieden, gehen sie daran, die deutsche Seefahrt, den deutschen Handel, alles zu vernichten. Wie kann Deutschland jemals das Geld aufbringen, um seine gerechten Schulden zu bezahlen? Narreteien! Wahnsinn!" ... Kurz vor ihrem Tod, 1920, nannte die ‚Berliner Illustrirte Zeitung' sie einen „weiblichen Ahasver", ohne zu wissen, daß sie selber sechzig Jahre früher geschrieben hatte: „Wir, die wir zur Ruhelosigkeit verurteilt sind, wie der Ewige Jude ..." In den Arenenberger Tagen war so nicht ihr Gefühl, noch wollte sie leben, der verlorenen Herrlichkeit zum Trotz, und kämpfte um den Rest ihrer Schönheit. Einige sagen, mit Erfolg. Andere sind anderer Meinung. „Man sah", so schildert sie Maxime du Camp, „daß sie schön gewesen war, aber jetzt, da sie es noch scheinen wollte, wurde sie häßlich. Ihre Korpulenz, die ungeheuren Dimensionen ihres Busens, von denen man die Augen wandte, um sie nicht zu bemerken zu scheinen, die übertrieben mageren Hände, die mehr heisere als verschleierte Stimme machten sie älter als ihre 52 Jahre; die gelbliche Farbe ihrer Haare, von denen sie aus Koketterie eine weiße Locke über die Stirne flattern ließ, der Puder, der ihr Gesicht bedeckte und dessen Falten noch vertiefte, die schwarz untermalten, künstlich vergrößerten Augen, all dieser geborgte Glanz ... gab ihr das Aussehen einer überalterten Schauspielerin, die noch immer die junge Liebhaberin spielen möchte ..."

Du Camp, ein Freund Plon-Plons, war keiner der Kaiserin.

Dann gab es das neue Kind, das auch kein Kind mehr war, den kaiserlichen Prinzen, den armen Lou-Lou. Er spielte ein wenig die Rolle, die ehedem Louis Napoléon gespielt hatte. Er vergötterte des Vaters Andenken, wie dieser das des großen Oheims vergöttert hatte. Er diente in der englischen Armee, wie der Vater in der schweizerischen. Er war arm oder, bei 500 Franken Taschengeld, doch in seiner prinzlichen Existenz arg beschränkt, wie Louis Napoléon es gewesen war; freilich nicht wie dieser, weil die Mutter nicht mehr geben konnte, sondern weil sie ihn kontrollieren und von sich abhängig halten wollte. Er hatte des Vaters kurze Gestalt und feine, träumerische Züge, auch seinen Willen, sich durch allerlei ritterliche Übungen zu stählen, des Vaters Ernst und freundliche Heiterkeit. Aber er war wohl schlichteren Geistes, fühlte die Last einer großen Sendung, die er früher oder später würde übernehmen müssen, und glaubte an Tugend und Pflicht. Den lasterhaften alten Plon-Plon soll er gehaßt haben, wie er ihn denn in seinem Testament ausdrücklich enterbte. „Er ist nichts als ein Lebemann", rief er aus, „etwas Gefährlicheres als einen prinzlichen Lebemann gibt es nicht!" Auf den Einwand, daß doch nicht jedermann tugendhaft sein könnte: „Dann darf man nicht Prinz und nicht Prätendent sein!" – Seine Freunde ahnten, daß Lou-Lou nicht glücklich war in seinem goldenen Käfig, daß die Mutter ihn bedrückte, und schließlich ahnte auch sie es und suchte ihn zu zerstreuen mit edlen Pferden und allerlei repräsentativen Scheinpflichten und Reisen an befreundete Höfe und bequemte sich am Ende sogar, ihr Vermögen mit ihm zu teilen, so daß er nun wie ein großer Herr hätte leben können. Aber da war es zu spät und Prinz Louis schon auf dem Weg, der ihn in seine frühe Gruft brachte. Er wollte, hatte er einmal gesagt, sich nicht zu Tode langweilen, wie der Herzog von Reichstatt, der Sohn des Gründers, sein Schicksalsbruder. Es gab andere Arten traurigen Sterbens ohne Sinn. Solange noch ein Offizier seiner Batterie nicht im Zululand war, folgte er den Beschwörungen seiner Mutter. Als Letzter *mußte* er gehen, bei seiner Offiziersehre, und kam nicht wieder.

Eugénies Schmerz war von der Art, die Menschen nicht zugemutet werden sollte und es dennoch wird, und die auch, weil nichts anderes übrigbleibt, ertragen wird –

und hier noch volle vier Jahrzehnte einer unstet irrenden, zum Schluß wie geisterhaften Existenz ertragen
wurde. Mit den Träumen von Restauration, mit dem
stattlichen Hof, der sie umgeben hatte, war es vorbei.
Arenenberg sah sie, bis 1890, noch ein paarmal, flüchtig,
mit bitterer Wehmut. 1906 schenkte sie das Schlößchen
dem Kanton Thurgau; ein Lohn für die Tapferkeit, mit
welcher der Stand einst die Sache seines Bürgers Louis
Napoléon durchgefochten hatte, und ein Vermächtnis,
das er bis zum heutigen Tag nobel verwaltet.

Von der Familie Hugentobler, auch schon in der zweiten Generation, so gelehrt wie liebevoll behütet, breitet
Schloß Arenenberg seine Erinnerungen vor uns aus. Es
ist die Geschichte der Bonapartes, dieser für das
19. Jahrhundert so sehr charakteristischen und in ihm so
einzigartigen Familie, zu unsolide und kurzfristig, um
eine echte Dynastie zu sein, zu reich an Talenten und
Käuzen, zeitweise zu gewaltig wirkend, um bloße Ope-
rette zu sein; Militärs und Politiker, Träumer, Men-
schenfreunde und Hasardeure, Salonlöwen, Ehebrecher,
Schuldenmacher, Gestalten Balzacs, Gestalten Stendhals,
Gestalten Zolas – Fortuna, Infortuna, Fortuna. Da hängen ihre Porträts an den Wänden, offizielle Prunkge-
mälde, private Skizzen, Selbstbildnisse, Photographien.
Da stehen die Tische, an denen sie speisten, spielten,
schrieben, die Fauteuils, in denen sie saßen, erekt und
fein wie die Kaiserin, hingerekelt und Zigarren rau-
chend wie Plon-Plon, Möbel im Stil des Ersten Empire,
in dem des Zweiten, im Viktorianischen. Da sieht man
die Geschenke, welche die echten Gekrönten den falschen übersandten, die Bücher, in denen sie blätterten,
beim Schein der Kerzen, dann der Petroleumlampen,
Piano und Harfe, Malinstrumente und Stickrahmen der
Hortense, Louis Napoléons bernischen Säbel, Lou-Lous
englische Schreibgarnitur. Der das Schloß nie sah, ohne
den aber all die Herrlichkeit nie möglich gewesen wäre,
dominiert in ihm, so wie er über Geschwister und Adop-
tivkinder, Neffen und Großneffen dominierte. Man
sieht ihn in allen Phasen seines Lebens, als fahnen-
schwingenden, hager romantischen Revolutionsgeneral,

im roten Staatskleid des Ersten Konsuls, im Kaiserschmuck, und die Totenmaske. Von da geht die Kette über die schönen, eitlen, pfauenhaft geschmückten Brüder und Schwestern zum jungen Louis Napoléon, wie er sein Pferd den winterlichen Arenenberg hinaufführt oder als Hauptmann seiner bernischen Kompanie voransprengt, zum alternden, bürgerlich dunkel gekleideten Kaiser am Arm seiner Frau, zum armen Lou-Lou als Kind, Knabe, Jüngling, auf den Photographien ein ernster spanischer Aristokrat aus der Zeit der Jahrhundertwende. Weil er so früh starb, so realisieren wir kaum, daß er der Generation Wilhelms II. angehörte. Wir haben Leute gekannt, die viel älter waren als er.

Von Conrad Ferdinand Meyer gibt es das Gedicht über die „Alte Brücke", die einst so buntes Treiben sah, Landsknechte und Kaiser auf ihren Romzügen und fahrende Schüler, und die nun, manch Jahrhundert außer Amt, vergessen, moosüberwachsen und wellenstaubumwoben, der Vergangenheit nachträumt, von welcher der Reisende auf dem neuen Bau nichts ahnen kann.

> Vorbei! Vorüber ohne Spur!
> Du fielest heim an die Natur ...

Von Arenenberg gilt das genaue Gegenteil. Hier ist es, als hätte ein Dornröschenschloß sich aufgetan, so wie es war, als der böse Zauber es traf. Im intimsten, persönlichsten Rahmen wandelt man auf den Spuren vergangenen Lebens, mit einem Gefühl von Feierlichkeit und fast von Indiskretion.

(1963)

Simón Bolívar – der Befreier als Opfer und Prophet zugleich

Bolívar überstrahlte von seinen Zeitgenossen alle, wußte und wollte es auch. Zu einem seiner kraftvollsten militärischen Gehilfen, Paez, sagte er in einem Moment des Stolzes: „Ich bin wie die Sonne inmitten meiner Offiziere: leuchten sie, so ist es dank dem Licht, das ich ihnen borge." Lieber würde ich ihn einem Sturmwind vergleichen, zerstörend und befreiend. Seine Energie ließ kein Hindernis gelten. Er gewann so viele Bataillen, wie er Ideen produzierte, Ideen, die hilfreich waren oder hätten sein können, wäre man ihnen gefolgt – mit ganzer Konsequenz verfolgte er sie mitunter selber auch nicht. Man sagt wohl, Bolívar war seiner Zeit voraus. Zu fürchten steht, daß er allen Zeiten voraus war. Zwei bedeutende Schriftsteller, nicht zufällig Spanier, haben ihn dem Don Quijote verglichen; sie wollten das spanische Element in ihm sehen, was unvermeidlicherweise in ihm war, wenn auch keineswegs ausschließlich. Der eine, de Madariaga, der dem Helden seiner Biographie nicht verzeihen kann, daß er Spaniens Weltreich zerstörte, sieht in Don Quijote eine übertrieben egozentrische, tragikomische, in den Folgen ihres Tuns mehr schädliche als nützliche Figur.

Der andere, Miguel de Unamuno, Spaniens bedeutendster Philosoph in unserem Jahrhundert, verstand den Don Quijote als einen wahren Helden, ernst und edel, der Gerechtigkeit, Frieden auf Erden machen will, wo keines von beiden ist, also beinahe überall; für sein Ziel kämpft er manchmal mit gar zu rauhen Mitteln, großmütig ist er im Sieg. So einer sei auch Bolívar, und ohne ihn, so endet Unamuno seinen schönen Essay, wäre die Menschheit nicht vollständig.

Übrigens soll es noch einen dritten gegeben haben, der Bolívar mit Don Quijote verglich, und das war der Befreier selber. Während seiner letzten Krankheit habe er diese Worte gesprochen: „Die drei größten Narren der Geschichte waren Jesus Christus, Don Quijote ... und ich." Sicher ist, daß Bolívar zu Selbstironie, zu Zweifeln und Spott neigte.

Der kriegerische Ruhm

Wie die Laufbahn Napoleons, so war die Bolívars zunächst die Laufbahn eines Kriegers; und ohne seine Leistungen im Krieg wäre alles andere nicht möglich gewesen. Die Taten des Kriegers, nach unglaublich kurzer Lehre, ein paar Monate nur, mehr nicht, bleiben nach ihren geographischen, natürlichen, zivilisatorischen Bedingungen einzig in ihrer Art. Unvergleichlich ist schon der erste Feldzug, den der junge Flüchtling aus Venezuela im Jahre 1813 unternahm. Da erhielt er vom nationalen Kongreß der neuen, noch arg ungesicherten Republik Neu-Granada, dem späteren Colombia, den Auftrag, an der Spitze eines höchst geringfügigen Heeres, am Anfang ganzen siebenhundert Mann, die Verteidigung oder Vorverteidigung eines Stückes Ostgrenze zu unternehmen, die Region zu säubern von spanischen Truppen, wie wir sie der Einfachheit halber nennen.
Sofort war Bolívar entschlossen, sich um diese Einschränkung nicht zu kümmern, sondern bis Caracas vorzustoßen, in einem Marsch, der später mit Grund die „Campaña Admirable" genannt wurde. Die Planung setzte genaue Kenntnis des weiten Landes voraus, der Flüsse als Hindernisse wie auch als Möglichkeiten für den Transport, der Gebirge und Täler, der Städte. Der Erfolg beruhte auf Schnelligkeit, Überrumpelung, Täuschung, leider auch auf Terror, mit dem er den Terror der Gegner erwiderte. Nach drei Monaten und fünfzehn Bataillen, die man sich, was die schieren Zahlen betrifft, nicht nach europäischen Maßstäben vorstellen darf, die aber, was die Hemmnisse der Natur, die Entfernungen betrifft, noch die Siege Napoleons als bequem erscheinen lassen, zog er in Caracas ein, aus dem er im Jahr vorher hatte fliehen müssen. Sein Rang oder Ehrenname als

Libertador stammt von daher, obgleich die Freiheit, die er gab, für diesmal nur ein flüchtiges Geschenk war und getrübt durch blutige Taten in der Stadt und draußen. Jedoch der kriegerische Ruhm dessen, der eben noch ein Anfänger gewesen war, stand von nun an fest, spätere Niederlagen, die seine inneren Feinde ihm als selbstverschuldet anrechneten, konnten ihm nichts mehr anhaben.

Der andere Feldzug, der immerhin erwähnt werden muß, ist der von 1819, sechs Jahre nach der Campaña Admirable. Hatte er durch sie seine Heimat von Neu-Granada aus befreit, so schlug er diesmal die spanischen Truppen nahe Bogotá, indem er sie aus den Ebenen Venezuelas, den Landen des Orinoco und Apure, her angriff. Sein früh in ihm wach gewordenes Ziel, die beiden neuen Republiken zu vereinigen, beruhte, neben anderen Motiven und von ihnen nicht zu isolieren, auf dieser militärischen Erfahrung: sie gehörten zusammen, die Unabhängigkeit der einen konnte nicht dauern ohne die Unabhängigkeit der anderen.

Der Feldzug von 1819 übertrifft noch bei weitem den von 1813 in den Entfernungen, in der Grausamkeit, mit der die Natur sich ihm widersetzte; in den Ebenen zuerst, die Überquerung von einem Dutzend zu Seen angewachsenen Flüssen ohne jede Ausrüstung dafür, ein Wechsel zwischen Durst und Wassernot, dann die Überquerung der Anden, dort, wo man sie für unmöglich hielt, zwischen drei- und viertausend Meter Höhe. Daß die spanischen Anführer es für unmöglich hielten, machte es möglich. Danach der Sieg bei Boyáca, welcher der spanischen Herrschaft über Neu-Granada ein Ende machte, diesmal für immer. Alle späteren Unternehmungen Bolívars, in den Äquatorial-Landen, demnächst Ecuador genannt, in Peru, in Hochperu, bald República Bolívar genannt, wie auch die zweite und endgültige Befreiung Venezuelas im Jahre 1821, sind späte Früchte jenes furchtbaren Abenteuers auf der Höhe der Anden.

Bolívar also war Krieger; nicht von Haus, nicht nach Plan, sondern hineingerissen, aber nach eigenem Willen, in einen Katarakt von Ereignissen, aus denen er als Feldherr auftauchte. Nur so konnte er zum Staatsmann und Staatengründer werden; als bloßer Politiker, Parlamentarier, Jurist hätte er es nie vermocht. Aber seine Begabungen waren viele; Flüge eines starken, phantasiereichen und generösen Geistes nach vielen Richtungen, getragen von der Kraft des Willens. Er war nicht starr wie Napoleon, der während seiner langen Agonie sich regelmäßig weigerte, zur rechten Zeit die Kompromisse zu schließen, die ihn hätten retten können. Dazu war Bolívar durchaus bereit, momentan: später würde man sehen. Momentan neigte er auch zum Kleinmut, ja, zur Verzweiflung, nicht nur am jugendlichen Anfang, auch in der Mitte, vom Ende zu schweigen. Immer, bis hin zur letzten Krankheit, überwand er solche Versuchungen, ging er mit neu gesammelten Kräften aus ihnen hervor. So erreichte er mit vierzig, oder etwas darüber, das Ziel, das der Jüngling sich während eines mehrjährigen Europa-Aufenthaltes konzipiert, das er im Jahre 1805 auf dem Monte Sacro in Rom feierlich beschworen hatte: seiner Heimat die Unabhängigkeit zu gewinnen. Von der Stärke seines Willens zeugt eine Anekdote. Es ist die Geschichte von dem Erdbeben des 26. März 1812, welches die Stadt Caracas zum größten Teil zerstörte, ungezählte Tausende unter den Trümmern begrabend, eine Naturkatastrophe, die zugleich diese erste Phase des Krieges entschied. Ein Doktor José Domingo Díaz erzählt: „Ich hörte die Schreie derer, die in der Kirche starben, kletterte über die Trümmer und trat in das Innere. Ich sah, daß etwa vierzig Personen tot oder sterbend unter den Trümmern lagen … Ich kletterte wieder hinaus und werde diesen Augenblick nie vergessen. Auf dem Trümmerhaufen traf ich Simón de Bolívar in Hemdsärmeln, der ebenfalls heraufkletterte, um zu erblicken, was ich gesehen hatte. Auf seinem Antlitz standen äußerstes Entsetzen und äußerste Verzweiflung geschrieben. Er sah mich an und richtete diese gottlosen und unerhörten Worte an mich: ‚Stellt die Natur sich gegen uns, so werden wir sie bekämpfen und sie zwingen, uns zu gehorchen.'" Zu betonen ist, daß dieser Doktor ein entschiedener Gegner Bolívars war oder wurde. Aber nur ein

Poet hohen Ranges hätte die zitierten Worte erfinden können, ein Poet, wie Domingo Díaz gewiß keiner war, wohl aber Bolívar, der Krieger. Es sind Worte, die das innerste Metall seiner Seele enthüllen, die sonst aus einer so wunderlichen Legierung gemacht scheint; warmherzig gegenüber Elend, Armut, Unwissenheit und Sklaverei, aber gleichgültig gegenüber Menschenleben, wenn es Zwecke zu verfolgen gilt; immer bereit zur äußersten Kargheit, zu den härtesten Strapazen und auch vergnügungssüchtig zum Erstaunen; von unstillbarem Tatendrang, aber bedroht durch Melancholie; gesellig und sehr einsam, geliebt und gehaßt. Es war in den großen Krisen, daß er nicht nur über alle anderen, sondern auch über sich selbst hinauswuchs. „Was werden Sie nun tun?", fragte ihn einer, als es wieder einmal überaus schlimm stand. Bolívar: „Ich werde triumphieren."

Die Trennung Hispano-Amerikas vom Mutterland lag in der Zeit. Die Nordamerikaner hatten vorgemacht, wie so etwas getan werden kann. Die Französische Revolution hatte das Selbstbestimmungsrecht der Völker zum Prinzip erhoben, freilich, ohne ihm treu zu bleiben. Lange vor Bolívar hatte es in diesem Sinn Vorläufer gegeben, Verschwörer, Märtyrer.

Anderthalb Kontinente wollten unabhängig werden von einer europäischen Halbinsel. Genauer gesagt: die herrschende Rasse und Klasse jener Länder. Es waren die Kreolen, die zu allen Vorrechten, die sie schon besaßen, Monopol des Reichtums und der Bildung, nun auch das höchste Privileg zu fügen wünschten, jenes, sich selber zu regieren. Der Ehrgeiz, die unnatürlich gewordene Beschränkung loszuwerden, war unvermeidlich, und losgeworden wäre man sie auch ohne Bolívar, nur daß niemand bestimmen könnte, wann und wie.

Aber der großen Mehrheit der Einwohner Venezuelas lag an der Unabhängigkeit gar nichts. Die Mestizos, die Indios, von denen es in dieser Gegend nur wenige gab, zu schweigen von den afrikanischen Sklaven, verhielten sich gleichgültig oder feindlich, insoweit sie wußten oder fühlten, daß eine ferne, wohlmeinende Autorität sie bisher doch ein wenig geschützt hatte vor der Arro-

ganz der Kreolen und besser hatte schützen wollen, obgleich nicht können.

Bolívar war der reichste Kreole im Land, aufgewachsen
in Samt und Seide, bedient von Sklaven, erzogen von
den besten Hauslehrern, die man finden konnte; nach
dem frühen Tod seiner Eltern Herr über ein Riesenver-
mögen, lange bevor er mündig gesprochen wurde; in
Madrid, wo er zwischen dem sechzehnten und neunzehnten Lebensjahr lebte und lernte, aufgenommen fast
wie ein fremder Prinz, Federball mit dem Thronfolger
Ferdinand spielend, wohnend in einem Haus, in dem
die Königin heimlich aus und ein ging, Leutnant der
spanischen Armee, ohne daß er Ernsthaftes dafür geleistet hätte. Es gehört zu den schönsten Aspekten seines
Lebens, daß er alle diese Vorrechte preisgab, daß von
den vier Millionen Pesos, auf die sein Vermögen ge-
schätzt worden war, ihm ganze siebentausend blieben,
als er ins letzte Exil ging, und die waren dem Verkauf
seines Silbergeschirrs zu verdanken. Aus Ruhm machte
er sich überaus viel, aus Geld rein gar nichts, so daß er
es verschenkte, Stück für Stück.

Bolívar, der Aristokrat, stellte sich als erster unter den
Kriegern die Frage, warum denn die Mehrheit nicht mit-
machte, warum, wie er sich einmal ausdrückte, „wir an
unsern eigenen Mitbürgern gescheitert sind". Zunächst
noch tröstete er sich mit solchen allgemeinen, klassischer Staatsphilosophie entlehnten Weisheiten, wonach
es eben leichter sei, Menschen zu versklaven, als Sklaven
zu freien Menschen zu machen. Auf die Dauer genügten
solche billigen Erklärungen ihm nicht. Aus dem Manne
des Krieges wurde ein sozialer Denker und Reformer.
Und da stieß er nun auf die gleichen zähen Widerstände,
an denen die bestmeinenden Könige von Spanien in
Amerika gescheitert waren.

Ein Abenteuer des Gedankens

Nach der ersten Niederlage, dem Ende der Ersten Republik von Caracas 1812, verfaßte er in Cartagena, der Hafenstadt, welche der Theorie nach zum Bereiche Bogotás, zu Neu-Granada gehörte, aber nun den Rang einer souveränen Republik erstrebte, ein paar Denkschriften, in denen er sich über die Ursache des Zusammenbruches klarzuwerden versuchte. Hier ist sein Denken noch rein politisch-militärisch, nicht sozial. Schuld sei eine von den Nordamerikanern kopierte Föderativ-Verfassung, wunderschön an sich, aber für dort und dann ungeeignet bis zum Grotesken: eine Anzahl von Regierungen, mit neuen, unfähigen, verschwenderischen Bürokratien, anstatt starker, zentraler Führung; schuld sei der Aberglaube, in einer Republik müsse jeder freie Bürger zugleich auch Soldat sein, anstatt daß man ein diszipliniertes Heer geschaffen hätte, solange Zeit dafür war. Schuld sei eine mißverstandene Philanthropie, in deren Sinn man die inneren Gegner schonte, anstatt sie zu vernichten; Schuld sei der irrige Glaube an die Perfektibilität des Menschen überhaupt ... Hier werden harte, von harter Erfahrung abgezogene, entschieden anti-ideologische Grundsätze formuliert. Nie, bis zum Ende nicht, hat Bolívar sie aufgegeben, am wenigsten den von der Notwendigkeit einer starken, dauerhaften Zentralregierung. Aber er fügte ihnen einiges sehr Wichtige hinzu.

Drei Jahre später, nach der zweiten Niederlage wieder im Exil, diesmal auf Jamaica, kehrt er zurück zu seinen Meditationen, denen die Schriftstellerei folgte; eine Mischung aus Einkehr bei sich selber und politischer Propaganda höchsten Niveaus. Er kennt auch das tiefere Wort, kennt und beherrscht seine Macht, von der überströmenden Schönheit vieler seiner Briefe, über die Ausgewogenheit vieler seiner Staatsreden, von der Freiheit und Stärke seiner Manifeste bis hin zur eigentlichen Demagogie. Die Publizistik nennt er eine „Artillerie des Geistes", ist selber der Gründer von Zeitungen, in denen er schreibt, mit Namen oder anonym. Der sogenannte Jamaica-Brief befaßt sich nicht mehr mit der unmittelbaren Vergangenheit, viel weniger mit der eigenen Verteidigung, sie hat der Libertador nicht mehr notwendig, sondern mit der Zukunft dessen, was er am liebsten das „ehemals spanische Amerika" nennt, América antes española.

Die Frage, mit der er sich vor allem befaßt, ist: Wer sind wir und was werden wir sein? Wir werden ohne Zweifel souverän über das ehemals spanische Amerika sein. So prophezeit er in einem Moment, in dem es mit den „Patrioten" übler steht als je zuvor. Denn erst jetzt, 1815, nach dem Ende des großen Krieges in Europa, kommen aus Spanien reguläre Truppen in Massen, wie sie Amerika noch nie sah, geführt von den erfahrensten Könnern. Aber das ist nur der Schein für den, der die historische Perspektive besitzt, es wird nicht dauern, es ist nicht einmal der Rede wert. Wer also sind wir? Ganz offenbar noch immer die herrschende Rasse und Klasse, die Kreolen. „Wir sind weder Indio noch Europäer, wir stehen in der Mitte zwischen den legitimen Besitzern des Landes und den spanischen Eroberern. Amerikaner von Geburt, leiten wir doch unsere Rechte von Europa her und müssen sie durchsetzen gegen die Rechte der Eingeborenen, indes wir uns gleichzeitig gegen die europäischen Eindringlinge zu verteidigen haben. Das bringt uns in eine außerordentliche und verworrene Situation." Das ist noch immer die Stimme eines, der sich der herrschenden Schicht zugehörig fühlt und deren Privilegien ungern preisgeben möchte, Revolution hin oder her.

Aber schon in dieser Schrift finden sich auch andere Töne. Weitausholend in die Vergangenheit, empört der Verfasser sich ehrlichsten Herzens über die Greueltaten, deren die spanischen Urereroberer, die Conquistadores, sich schuldig machten, zumal über die zum Himmel schreiende Arglist und Grausamkeit des alten Pizarro in Peru. Indem er von einer seiner Lieblingsideen spricht, der Vereinigung Venezuelas und Neu-Granadas, will er die erst noch zu gründende Bundesstadt nicht etwa Bolívar nennen, wie seine Verehrer es wollen, sondern Las

Casas: zu Ehren jenes Bartolomé de Las Casas, spanischer Dominikanermönch, Missionar, „Beschützer der Indios", der in der Mitte des 16. Jahrhunderts ein Buch voller furchtbarer Anklagen gegen die Conquistadores und ihre Nachfolger veröffentlichte. Drei Jahre später, in einer Rede vor dem Kongreß von Angustura, ist er auf dem hier nur angedeuteten Weg schon ein großes Stück weiter. Ganz anders schon beantwortet er die Frage: Wer sind wir? „Wir dürfen nicht vergessen, daß unser Volk weder europäisch noch amerikanisch ist; vielmehr sind wir eine Mischung von Afrikanern und Amerikanern, die aus Europa stammen. Spanien selber hatte schon aufgehört, europäisch zu sein, kraft seines afrikanischen Beisatzes, seiner Institutionen, seines Charakters. Es ist unmöglich, irgendwie genau unseren Platz innerhalb der menschlichen Familie zu bestimmen. Die eingeborenen Indios wurden zum großen Teil vernichtet, Spanier vermischten sich mit Amerikanern und Afrikanern, Afrikaner sich mit Indios und Spaniern. Wir alle kommen von der gleichen Mutter (da meint er nun den Kontinent), aber unsere Väter sind verschieden nach Herkunft und Blut, sind Fremde unter sich durch die Farben ihrer Haut; eine Tatsache, die uns die allerschwerste Verantwortung auferlegt." Es ist, als begänne er erst, vorsichtig, seine Mitbürger engeren Sinnes an eine Aufgabe heranzuführen, bei deren Erfüllung er gerade bei ihnen auf bösartigen Widerstand stoßen würde.

Wohin immer Bolívar kam, von Bogotá nach Ecuador, von Ecuador nach Peru und Hochperu, das er zur Republik Bolivien umschuf, wo er hingerufen wurde, um die spanischen Truppen zu schlagen, zu vertreiben oder schachmatt zu setzen, da wirkte er auch im Sinn der von ihm erstrebten sozialen Verbesserungen. Die Negersklaverei wurde abgeschafft im Prinzip, jedoch auf längere Sicht, mit Entschädigungen für die ehemaligen Besitzer. Überall sollten die Indios von ihrer Fronarbeit befreit werden, mit ihren ehemaligen Herren regelrechte Arbeitsverträge schließen. Kein Kazike, das waren die privilegierten, wohlhabenden Indios, kein Richter, kein

Priester sollte noch irgendwelche Vorrechte gebrauchen dürfen, und Schulen sollten sein für alle, Schulen mit anständig bezahlten Lehrern, damit aus unwissenden Knechten gleichberechtigte Bürger werden könnten, oder wenn nicht mehr aus ihnen, so doch aus ihren Kindern. Das waren seine unmittelbaren sozialen Ziele, für die er die Zeit reif hielt; ein Irrtum. Was die Ureinwohner betrifft, so sind sie noch nicht einmal heute überall in Hispano-Amerika erfüllt, noch nicht in Guatemala, um nur ein düsteres Beispiel zu nennen.

Bei dem Versuch, das Leben der Mehrheit ihrer Bürger ein wenig menschenwürdiger zu machen, gab es erbitterten Widerstand. Im Jahre 1828 schrieb Bolívars Vizepräsident in Bogotá, Santander, in einem Privatbrief: Schon öfter hätten die zahlreichen und konsequenten Anhänger Bolívars „unsere Existenz" – jene der Oberschicht – bedroht. „Was kann das Ergebnis sein? Ein Bürgerkrieg, den die gewinnen, die nichts haben, die immer die vielen sind, und den wir verlieren werden, wir, die etwas haben und die wir wenige sind." Das ist deutlich.

Den Haß, dessen Gegenstand Bolívar in den letzten Jahren seines Lebens wurde, am bittersten in seinem heimatlichen Caracas, aber auch in Bogotá, auch in Lima, hatten bis unlängst die Historiker mit seinen wirklichen oder angeblichen Diktaturgelüsten erklärt, mit der Atmosphäre von Schmeichelei, ja Vergottung in seinem engsten Kreis, mit der baren Tatsache, daß, nachdem im Jahre 1825 der Krieg aufgehört hatte, man den Feldherrn Bolívar nicht mehr benötigte, endlich damit, daß er ganz einfach zu lange zu machtvoll gewirkt hatte auf der historischen Bühne und man des großen Mannes überdrüssig war. In alledem ist gewiß etwas Wahres. Die stärkste und tiefste Quelle des Hasses könnte aber recht wohl die Abtrünnigkeit des Aristokraten gewesen sein, der die Privilegien seiner eigenen Standesgenossen reduzieren und allmählich aus der Welt schaffen wollte.

Es hat den Anschein, als ob der Libertador dieses Konfliktes sich nie recht bewußt geworden ist. Wohl mußte er auf seinen gelegentlichen Inspektionsreisen erfahren, daß seine Reformen sabotiert wurden, überall. Dann griff er zornig ein, und der Eingriff wirkte, solange er anwesend war, und war er wieder fort, dann versickerte auch die Wirkung seines Besuches. Das Reich, so schrieb er einmal in jubelndem Stolz, welches er erfahren hatte und gleichsam umarmte, von Potosi im Süden Hochperus bis zur Mündung des Orinoco – es war zu groß, als daß ein einzelner, im Grunde einsamer Wille es hätte durchdringen können. Wäre es besser gewesen, Bolívar hätte sich auf sein Colombia beschränkt? Unnützer Zweifel. Es ist sein historisches Schicksal, das ihn in immer weitere Ferne zog und dem sein Glaube korrespondierte: der Glaube, dem ganzen ehemals spanischen Amerika zu gehören. Daß in diesem einen Geist die Verbundenheit aller hispano-amerikanischen Nationen aufleuchtete und für einen flüchtigen Moment der Verwirklichung nahekam, darin liegt nicht zuletzt seine historische Bedeutung.

Nie war Bolívar ein Diktator dem Wortlaut nach. Der Sache nach wohl, kraft der unbeschränkten Vollmachten im militärischen wie im zivilen Bereich, die ihm immer wieder aufgedrängt wurden, die er sich jedoch auch wünschte; nie war er ein Caudillo. Aber er verstand seine Diktatur wie eine römische zur Zeit der frühen Republik; anzunehmen in höchster Not und zurückzugeben, wenn die Not überwunden war. Daß er immer wieder seinen Rücktritt anbot, hält mancher Historiker für bloße Taktik und Heuchelei. So viel sichere Seelenkenntnis traue ich mir nicht zu. Ohne jeden Zweifel fühlte er sich während der letzten fünf oder sechs Jahre seines Lebens früh gealtert, verbraucht und krank, ohne noch zu wissen, wie krank er war. Warum sollte eine ehrliche Sehnsucht nach Ruhe nicht gestritten haben mit dem ihr entgegengesetzten Wunsch, sich an der Macht zu halten, zumal er sich für unentbehrlich hielt? Einmal nur riß er die Diktatur durch einen dünn verschleierten Staatsstreich an sich, in Bogotá, im Sommer 1828. Die folgenden anderthalb Jahre waren dann die unglücklichsten seiner Laufbahn. Im Inneren wütete blutiger Parteienstreit, für ihn, gegen ihn, draußen, jenseits der Grenzen, ging sein Groß-Colombia schon wieder verloren, trennten sich erst Venezuela, dann Ecuador davon ab; gegen Peru, wo er vor kurzem noch der Vater des Vaterlandes gewesen war, der Präsident auf Lebenszeit, mußte er einen Krieg führen, den ersten jener Grenzkriege, die dann ein Jahrhundert lang Hispano-Amerika blutig heimsuchen sollten und die für immer unmöglich zu machen sein leidenschaftlich verfolgtes Ziel gewesen war.

Ob Bolívar, wäre er noch der Bolívar von 1819 gewesen, die Auflösung hätte hintanhalten können? Jedenfalls macht das Folgende ihm Ehre. In dem Dekret, kraft dessen er noch einmal die ganze Macht an sich riß, war auch schon deren Dauer bestimmt; zu Beginn des übernächsten Jahres, 1830, würde er eine neue Versammlung wählen lassen, vor ihr Rechenschaft geben und seine Ämter niederlegen. Dieses Versprechen hielt er aufs Wort. Die neue Versammlung, in ihrer Mehrzahl von Anfang an gegen ihn, wählte ihn trotzdem noch einmal, er nahm auch an; dann kam es zu einem Konflikt über die Abtrennung Venezuelas, wieder trat er zurück, und diesmal wählte man einen anderen. Er reiste nach Norden, mit der Absicht, in Europa, in England, allenfalls in Frankreich ein Asyl zu suchen. Unnötig, nach dem Ernst dieses Reiseplanes zu fragen; ein letztes Mal stritten zwei Seelen in seiner Brust. Nährte ein neuer Umsturz in Bogotá seine Hoffnungen im Frühsommer, so wußte er im Herbst, daß seine Uhr abgelaufen war. Im Dezember starb er nahe Santa Marta, auf dem Landsitz eines seiner spanischen Verehrer – solche waren ihm geblieben, sogar, oder besonders, unter den spanischen Generalen, die er besiegt hatte. Das Ende, seine persönlichen Abschiedsbriefe, seine Botschaft an das Volk von Colombia, hätte bei aller Trauer würdiger nicht sein können. Die Sterbesakramente nahm er, weil man ihn dazu überredete: er schulde es seinem Bilde. In Wahrheit hatte er die katholische Kirche immer nur politisch gesehen; lange Zeit als Feind, zuletzt noch als Bundesgenossen. Gegenüber den geistlichen Gaben der Kirche blieb er kalt; ein Sohn des 18. Jahrhunderts.

Viele und wesentliche Aspekte dieses Lebens wären noch zu erwähnen. Zum Beispiel das von Bolívar mit Passion verfolgte, nicht erreichte Ziel eines hispanoamerikanischen Staatenbundes; zum Beispiel die von ihm niedergeschriebenen Entwürfe für Staatsverfassungen, denen genügend Zeit, um Wirklichkeit zu werden, nie vergönnt wurde, die aber für sein Denken doch auch bezeichnend sind. Er hatte viel gelesen und war stolz darauf, zumal englische und französische Staatsphilosophie. Aber er blieb ein Denker auf eigene Faust, ein Abenteurer des Gedankens. Er bewunderte England und die englische Verfassung, wie er auch in England den einzigen naturgegebenen Bundesgenossen, sogar Beschützer seines Hispano-Amerika sah. Dagegen fühlte er für die Vereinigten Staaten wenig Sympathie. Es ist, als habe er die Drohung empfunden, welche dies Gemeinwesen mit seiner schon damals wirkenden Dynamik für die eigene, so ganz anders geartete Heimat bedeutete.

Ein Liberaler wollte er sein, ein Demokrat auch, ja, sein Amerika mußte demokratisch sein, um die eigene Identität gegenüber dem monarchisch-reaktionären Europa, gegenüber Rußland, Frankreich, Spanien, zu festigen. Aber wieviel stand dem im Wege! Ein Gegner der Plutokratie, fürchtete er die Anarchie, die Herrschaft der „unwissenden Massen", wie er sie nannte, noch viel mehr. Daraus folgen die Widersprüche in seinen Entwürfen; ein Präsident auf Lebenszeit, gewählt allerdings, aber von einer beschränkten Wählerzahl, in Bolivien sogar mit dem Recht, seinen Nachfolger zu bestimmen, Senatoren auf Lebenszeit, wenn nicht sogar erblich und andere konservative Vorkehrungen.

Aber zuletzt war es doch Bolívar und nur er, der die verfassungspolitischen Notwendigkeiten der neuen Staaten klar erfaßte: Republik ja, und das hieß, mit einer starken, dauerhaften Regierung auf behutsam zu konstruierender, zunächst noch beschränkter demokratischer Grundlage. Man darf nicht vergessen, daß im vielbewunderten Großbritannien die Zahl der Wahlberechtigten bei sechzehn Millionen Einwohnern damals kaum mehr als vierhunderttausend betrug.

Zum Schluß ein Brieffragment aus der Zeit der letzten Düsternis, November 1830, geschrieben an den General Flores: „Sie wissen, daß ich zwanzig Jahre lang kommandiert habe; in dieser Zeit gelangte ich zu nur wenigen sicheren Schlüssen. Erstens: Amerika ist für uns unregierbar. Zweitens: Wer einer Revolution dient, pflügt auf dem Meer. Drittens: Das einzige, was man in Amerika tun kann, ist Auswandern. Viertens: Dies Land wird unfehlbar in die Hände der Entfesselten fallen, danach unter die Herrschaft einer Zahl winziger Tyrannen von allen Farben und Rassen ..." Weiter geht es in diesem Sinn oder in einem noch verzweifelteren.

Hier, fünfeinhalb Wochen vor dem Sterben, war Bolívar nun wehrlos jenem Pessimismus ausgeliefert, gegen den er die längste Zeit hat ankämpfen müssen, um seine historische Leistung zu vollbringen und uns sein Bild zu hinterlassen, wie es heute vor uns steht: durch die Zeit gereinigt von den Schlacken des Allzumenschlichen, Opfer, Triumphierer und Prophet zugleich, ernst und groß.

(1984)

Otto von Bismarck

Die Diskussion über Bismarck hat, von dem Moment an, in dem er preußischer Ministerpräsident wurde, etwa ein Jahrhundert lang gedauert, um sich erst in unseren sechziger Jahren zu beruhigen. Anstelle von Thesen, hinter denen mehr oder weniger hitzige Parteimeinungen standen, trat Sachforschung, die auf Aktualität keinen Anspruch mehr erhebt. Bismarcks Andenken wirkt nicht mehr. Daß es aber so lange nachwirkte, ist um so erstaunlicher, als es mit seinem Werk, dem „Bismarck-Reich", schon so früh ein Ende nahm. Wann?

Jedes Datum, das man hier setzt, hat etwas Willkürliches. 1914? Den europäischen Weltkrieg hintanzuhalten, von dem er wußte, daß sein Deutsches Reich in ihm nicht bestehen könnte, als Besiegter nicht und nicht einmal als Sieger, hatte der Reichskanzler als die zentralste seiner vielen Aufgaben angesehen. Dieser gefürchtete Krieg war nun da. Aber manches, was Bismarck veranlaßt hatte oder was nicht ohne sein Mitwirken entstanden war, war auch noch da: die innere Zerrissenheit der Nation; eine den Notwendigkeiten der Zeit schauerlich ungewachsene Verfassung. 1916? Die Gründung eines Königreichs Polen durch die Mittelmächte war, im Äußeren, einem Kernprinzip der Bismarckschen Politik radikal zuwider; so im Inneren der Machtverfall der preußischen Monarchie, die Entstehung einer verschleierten Generaldiktatur. 1917? Die letzten kaiserlichen Reichskanzler waren auch formal nicht mehr Kanzler im Stil Bismarcks; das Parlament übernahm Rechte und Funktionen, die er ihm nie hatte einräumen wollen. 1918? Dies Jahr setzt eine schärfere Grenze. Die katastrophale Niederlage mit den nachfolgenden Gebietsverkürzungen, der Sturz der deutschen Monarchien, die Auflösung des Habsburger Reiches und seine Ersetzung durch eine Anzahl radikaldemokratischer, wirklicher oder angeblicher Nationalstaaten, in Rußland der Triumph des Bolschewismus, den Bismarck, unter einem anderen Namen, so sehr gefürchtet hatte – hier war nicht mehr Korrumpierung, Verwirrung, Niedergang, sondern eigentlicher Zusammenbruch; mit Grund schrieb Max Weber, großer, noch in der Bismarckzeit wurzelnder Staatsgelehrter im November 1918: „Bismarcks Werk ist dahin." Es war zwanzig Jahre nach Bismarcks Tod. Die Politiker der Weimarer Republik in ihrer Mehrzahl, in ihrer Mehrzahl erst recht die deutschen Historiker der Zeit verstanden das aber nicht so, weil sie den Ausgang des Krieges als geschichtlich illegitim und undauerhaft ansahen. Die Republik, welche den Namen „Deutsches Reich", den Namen von 1871, beibehielt, wurde zum verkrüppelten Kaiserreich ohne Kaiser, dann mit einem Ersatzkaiser, die inneren Schwächen von Bismarcks Gründung nicht überwindend, sondern zur häßlichen Karikatur steigernd. Geisterhaft wiederholten die „Präsidialkabinette" der Jahre 30 bis 33 das Grundprinzip der Bismarckschen Verfassung: eine vom Reichstag unabhängige, ihren Auftrag vom Souverän, hier dem Reichspräsidenten nehmende Kabinetts-Regierung.

In dem verzweifelten Bündnis zwischen den alten sozialen Kräften und Mächten, Heer, preußischer Adel oder doch ein Teil von ihm, an der Spitze der preußische Feldmarschall von Hindenburg, Industrie, Bürokratie, Universität auf der einen Seite, dem aus Österreich stammenden, großdeutschen, pseudo-demokratischen Demagogen auf der anderen, in dem schnellen und völligen Sieg des falschen Retters über seine betrogenen Bundesgenossen erwies sich der Versuch, zu einer Art von Bismarck-Legitimität zurückzukehren als das, was er war; geisterhaftes Spiel. Der Ausdehnung des Bismarckreiches erst zu Großdeutschland, dann zu einem jeder rationalen Ziel- und Grenzsetzung entbehrenden, wüsten, den Großteil Europas und des europäischen Rußland umfassenden Imperium ging im Inneren die langsam, nach dem 20. Juli 1944 mit äußerster Grausamkeit betriebene Zerreibung der ehemals staatstragenden Mächte parallel. Wie im Ersten Weltkrieg hätte ein Sieg Deutschlands, der hier freilich nicht einmal ausdenkbar ist, die letzten Spuren von Bismarcks Leistung ganz ebenso vertilgt, wie 1945 die Niederlage.

Es gibt eine Familien-Fotografie aus Bismarcks Spätzeit, 1885: Des Kanzlers jüngerer Sohn Wilhelm, Bill, feiert auf Varzin, Bismarcks nach 1866 erworbenem Herrensitz, Hochzeit mit Sybille von Arnim, Tochter von Bismarcks geliebter Schwester Malwine; der Schloßherr, nach seiner Gewohnheit als Kürassier verkleidet, steht auf sommerlicher Terrasse zwischen Bräutigam und Braut. Gräfin Sybille von Bismarck beging Selbstmord in Schloß Varzin, sechzig Jahre später, ein paar Stunden bevor Soldaten der Roten Armee dort anlangten. Sie hatte nicht fliehen wollen wie die anderen, sondern bleiben und das Ende abwarten; das Ende alles dessen, woran ihr Herz hing. Ihr Entschluß, geringfügig inmitten des millionenfachen Ruins, bleibt doch ein tragisches Symbol.

Genaugenommen kennt die Geschichte Ende so wenig wie Anfang. In der Bundesrepublik Deutschland mag, wer will, noch immer ein Nachwirken sehen. Darin, zum Beispiel, daß es überhaupt eine Bundesrepublik gibt; in den Jahren 1945 bis 1949 zweifelte im Ernst niemand daran, daß wenigstens die nicht von den Russen besetzten deutschen Gebiete, Länder, Zonen sich wieder zu einem Staat zusammenfügen würden. Darin, ferner, daß es eine *Bundes*-Republik ist, dem nach dem allgemeinen und gleichen Wahlrecht gewählten Parlament ein „Bundesrat" nebengeordnet ist, welcher die „Länder" vertritt, Bismarcks „Verbündete Regierungen". So auch im Wirtschaftlichen, Gesellschaftlichen. Der Prozeß, der die deutsche Industrie in immer größeren Zusammenballungen konzentrierte, begann in der Bismarckzeit und geht heute noch weiter. Auf die Anfänge einer allgemeinen Sozialversicherung, die unter Bismarck gemacht wurden, geht das unvergleichlich komplexere und reichere System sozialer Sicherheiten ursprünglich zurück, das heute die Bürger der Bundesrepublik genießen. Ein Maß von Kontinuität ist immer, stellt sich trotz aller Abbrüche, Katastrophen, Neuanfänge wieder her. Aber die Spuren, die ein geschichtlich handelndes Individuum hinterläßt, werden schwächer und schwächer, je weiter es sich in der Zeit von uns entfernt; was der Staatsmann tat oder versucht, vermischt sich mit anderem, dem persönlichen Ursprung fremden, nimmt Dimensionen an, die er nie hatte intendieren können; zum Schluß versinkt es und hat dann keine Aktualität mehr als jene, die, für uns, aller Vergangenheit eigen ist.

Tradierung seines Ruhmes

Es gibt zahlreiche historische Schulen, die sich ihren Begriff von Bismarck machten, jede mit so viel Variationen wie Gelehrte oder Publizisten ihr angehörten. Man muß vereinfachen, indem man sie charakterisiert.

Seine einflußreichsten Verherrlicher waren jene nationalliberalen Historiker, die, zuerst noch kritisch, nach dem Sieg über Österreich und der Gründung des Norddeutschen Bundes auf Bismarcks Linie einschwenkten: Heinrich von Sybel, Heinrich von Treitschke, Johann Gustav Droysen; in der nachfolgenden Generation Erich Marcks, Hermann Oncken, Erich Brandenburg. Ihnen allen war Bismarck der große Mann des Staates und der Nation, des Nationalstaats; der Moral der Macht, welche anders beschaffen sein muß, als die Moral von Privatleuten; der Vereiniger von Kultur und Macht zu weltweiter Sendung. Später wurde die Katastrophe des Hohenzollern-Reiches nicht auf Bismarck, vielmehr auf seine vorzeitige Entlassung und den Verrat an seinem Erbe zurückgeführt. Auf dem linken Flügel der Orthodoxen (Oncken, Friedrich Meinecke) war das Urteil nuancierter, unsicherer. Es wandelte sich bei den Spätbismarckianern mit nationalliberalem Hintergrund, die noch in unseren fünfziger und sechziger Jahren wirkten, Gerhard Ritter, Hans Rothfels. Den furchtbaren Erfahrungen, die diese Schriftsteller hatten machen müssen, stellten sie Bismarck als das gute Beispiel gegenüber: Kunst der Anpassung, Maß, Frömmigkeit, ausgleichende Weisheit. Als Nationalist, brutaler Eroberer, bloßer „Realpolitiker", Krypto-Absolutist, war er gänzlich mißverstanden worden.

Das wurde er in der Tat im Zeitalter Wilhelms II., von den „Alldeutschen", den Imperialisten, Schlachtflotten-Enthusiasten und Feinden der drohenden Demokratie. Der „Eiserne Kanzler", der germanische Recke, dem statt konventioneller Denkmale die ragenden „Bismarcktürme" hoch über den Städten galten, hätte die Nation anders in Zucht genommen als der schwache Kaiser, der sich vor dem Krieg fürchtete und zur Unterdrückung der sozialistischen Gefahr die Machtmittel des Staates nicht einzusetzen wagte. Auf Bismarck berief 1917/18 sich, wer bis zum „Siegfrieden" kämpfen und phantastische Kriegsziele zu erreichen hoffte. Nur zu gern übernahmen Engländer und Franzosen die in Deutschland selber propagierte Legende: von Friedrich von Preußen reichte, über Bismarck, bis zu Wilhelm II., Hindenburg-Ludendorff, und dann noch weiter, die Tradition preußisch-deutscher Eroberungssucht und Verachtung des Rechtes nach außen, der Zwangsherrschaft im Inneren. Während des Zweiten Weltkrieges hat der englische Historiker A. J. P. Taylor diese Interpretation von Deutschlands moderner Geschichte, die These der Kontinuität, in deren Zentrum er Bismarck sah, noch einmal brillant vertreten. Allerdings änderte Taylor seine Meinung in den fünfziger Jahren und schrieb nun ungefähr so, wie die eben erwähnten, späten und reformierten Meister der konservativen deutschen Historie: als Außenpolitiker wurde Bismarck ihm zu einer Art von zweitem Metternich, einem höchst europa-bewußten Staatsmann der Erhaltung und des Friedens; im Inneren zu einem durchaus zeitgemäß denkenden Regierungschef, dem besten Typ des britischen Prime Ministers vergleichbar. Nun sah, nach Taylor, die Verfassung des Deutschen Reiches von 1871 essentiell alles vor, was für ein funktionierendes parlamentarisch-demokratisches System gebraucht wurde. Wenn der Kanzler zuverlässige parlamentarische Mehrheiten niemals fand und giftiger Zank die politische Szene beherrschte, so war das nicht seine Schuld; er litt darunter.

Es war trotzdem seine Schuld in den Augen einiger Kritiker, die, im Kern nationalliberal auch sie, die korrumpierenden, Zwietracht nährenden Folgen von Bismarcks persönlichem Regiment verdammten: Hermann Baumgarten, Theodor Mommsen, Max Weber. In Webers akademischer Antrittsrede von 1895 lesen wir: „Ein Vierteljahrhundert stand an der Spitze Deutschlands der letzte und größte der Junker, und die Tragik, welche seiner staatsmännischen Laufbahn neben ihrer unvergleichlichen Größe anhaftet und die sich heute noch immer dem Blick vieler entzieht, wird die Zukunft wohl darin finden, daß unter ihm das Werk seiner Hände, die Nation, der er die Einheit gab, langsam und unwiderstehlich ihre ökonomische Struktur veränderte, und eine andere wurde, ein Volk, das andere Ordnungen fordern mußte, als solche, die er ihm geben und denen seine cäsarische Natur sich einfügen konnte. Im letzten Grund ist eben dies es gewesen, was das teilweise Scheitern seines Lebenswerkes herbeigeführt hat." Teilweises Scheitern: Die Einheit der Nation nach außen war gewonnen, aber ein unentbehrliches Minimum von innerem Consensus nicht. Max Weber, an anderer Stelle: „Der von der Presse zur Karikatur verzerrte, aber grundehrliche Haß von Millionen deutscher Proletarier und breiter Schichten des Bürgertums gegen diesen einzigen Mann ist die Antwort auf einen Zug tiefer Menschenverachtung, welcher seinem Tun und Reden unauslöschlich aufgeprägt war." In seinen Analysen der furchtbar verrotteten deutschen Verfassungszustände während des Ersten Weltkriegs, mit der Folge eigentlicher Steuerlosigkeit, ist Weber mehrfach zum Grundfehler des Anfangs, zum „Bismarckschen Kompromiß" zurückgekehrt. Während des Zweiten Weltkrieges brachte Erich Eyck, deutscher Emigrant in London, die Kritik Webers in einer monumentalen Bismarck-Biographie in epische Form. Man hat gegen Eyck eingewendet, was man auch gegen Weber hätte einwenden können: daß er als nationaler, liberaler Demokrat die Gründung des Deutschen Reiches bejahte, aber nicht zeigen konnte, wie es ohne Bismarcks den Machtgegebenheiten sich anpassende Künste und gewalttätige Ränke denn hätte gegründet werden können, zumal 1848/49 der demokratisch-friedliche Versuch dazu eindeutig und endgültig gescheitert war. – In den späteren Arbeiten von Hans Rothfels mag man eine Korrektur der Eyckschen Auffassung finden.

Für Karl Marx war Bismarck bis 1871 und noch etwas darüber hinaus der Vollstrecker historischer Notwendigkeit. Das kapitalistische Bürgertum brauchte den erweiterten Staat als erweiterten Markt und die seinen Interessen entsprechende Gesetzgebung; beides erhielt es, so mußte es sein und war auch gut für die ebenso revolutionäre Entwicklung der Zukunft: „... für die Arbeiter ist natürlich alles günstig, was die Bourgeoisie zentralisiert." Nach getanem, im Sinn der historischen Dialektik notwendigem Werk, so urteilte Friedrich Engels, sei Bismarck stimmig wieder auf das Niveau eines gewöhnlichen Junkers herabgesunken. An „großen Männern" grundsätzlich uninteressiert, hat die Marxsche Schule zum Streit über Bismarck wenig beigetragen. Jedoch mag man in einigen wissenschaftlichen Veröffentlichungen, etwa Helmut Böhmes ‚Deutschlands Weg zur Großmacht' Spuren der von ihrem Doktrinarismus gereinigten „materialistischen" Geschichtsphilosophie entdekken. Böhmes imposant dokumentierte Erkenntnis: das „Primat der Außenpolitik", das Bismarck dem Bilde von sich selber einzeichnete, und das von orthodoxen Bismarckianern ihm geglaubt wurde, fand in Wirklichkeit nicht statt; es konnte im späten 19. Jahrhundert gar nicht mehr stattfinden. Zölle waren dem preußischen Ministerpräsidenten mehr als eine Frage „wirtschaftlicher Trinkgelder" – sein eigener Ausdruck; sie standen zeitweise als scharfe Waffe im Zentrum seiner Politik. Vollends wurde für den Reichskanzler die Wirtschaft ebensosehr zum Schicksal wie die Außenpolitik, eines in engster Verbindung mit dem anderen, nicht von ihm getrennt, wie er meinte oder zu meinen vorgab; enger noch als mit politischen Parteien spielte er nun mit wirtschaftlichen Interessengruppen.

Über allem gelehrten und halbgelehrten Streit blieb durch die Jahrzehnte die immense Popularität des Namens; der Ruf „Zurück zu Bismarck" oder nach einem

„neuen Bismarck"; die Bismarcktürme, Bismarckstraßen, die großartig stilisierten Porträts von Lenbach, hunderttausendfach reproduziert, in den guten Stuben der Bürger und den Amtszimmern der Politiker; die Erinnerungen alter Herren, die als Studenten nach Friedrichsruh gepilgert waren, um zuerst matt begrüßt, nachdem aber der Fürst sich reichlich an Champagner gelabt hatte, mit einer feurig-witzigen Ansprache geehrt zu werden. In dem 1889 neugegründeten amerikanischen Staat North Dakota wurde, damit deutsche Siedler kämen, der 1873 entstandene Ort „Bismarck" zur Hauptstadt gemacht. So heißt sie heute noch.

Wessen Ruhm da überliefert wurde

Die Vielfältigkeit der Bismarck-Überlieferungen, an denen, wenn man absieht von der plumpen Vergötzung durch die Alldeutschen, doch immer etwas Wahres ist, erklärt sich zunächst aus des Mannes historischem Platz. Es war unter Bismarck, im diplomatisch-politischen Bereich durch Bismarck, daß die Nation „modern" wurde. Vor ihm war Biedermeier; nach ihm der ungeheuer konzentrierte, imperialistische, pseudodemokratische Industrie-Staat. Die besonderen Formen dieses schwierigen Übergangs wurden ihm als strahlender Ruhm oder Irrtum oder Erbsünde angerechnet. Diese Vielfältigkeit der Auffassungen hat aber auch mit der Person zu tun. Bismarck *verwirrte* seine Mitmenschen, und zwar von Anfang an; seit dem Moment, in dem er zweiunddreißigjährig, als ritterschaftlicher Vertreter im „Vereinigten Landtag" Friedrich Wilhelms IV., die preußische politische Szene betrat. Dieser typische Krautjunker, für den man ihn hielt, konnte scharfzüngiger sprechen als irgendein Redner der Opposition, konnte so geistvoll und witzig sein wie Heinrich Heine, den er liebte. Drei Jahre später, Mitglied des Parlaments der „Preußischen Union", galt er schon als der gewaltigste Redner, den die Konservativen an die Front zu schicken vermochten; sie merkten nicht, was sie schon damals hätten merken können, daß er ihr zuverlässiger Bundesgenosse nicht war, indes er gleichzeitig die Liberalen, die nationalen Demokraten, bis aufs Blut reizte. Der Diplomat der fünfziger Jahre, preußischer Gesandter am Bundestag in Frankfurt, brachte seine österreichischen Partner, Männer von solider Überzeugung und ohne Phantasie, buchstäblich in Verzweiflung; er redete einmal so, einmal ganz anders, immer offen, immer paradoxal, über jede Regel und Routine sich hinwegsetzend, aber derart, daß sie doch den Eindruck geistreicher bloßer Windbeutelei nicht hatten, vielmehr hinter allem Feuerwerk Ernst und persönlichste Stärke zu fühlen nicht umhin konnten.

Was über einen solchen Menschen denken, wie sich mit ihm vertragen? Und so ist es immer geblieben, zu seinen Lebzeiten und danach. Er war der große Überraschende. So galt er den Zeitgenossen wie den späteren als jeweils das eine und das andere auch: Als Konservativer und als Revolutionär, als zynischer Zerstörer der alten europäischen Ordnung und als tief verantwortlicher europäischer Staatsmann, als listenreicher Mogler und als Politiker, der das Vertrauen der Welt durch die großartige Zuverlässigkeit und Stetigkeit seines Handelns gewann, als Verächter der „Parlamentsschwätzer" und als der bei weitem größte Parlamentarier, den es im deutschen Sprachraum je gab, als liebenswürdiger, lebensvergnügter Mensch und harter, gieriger, selbstischer Despot ohne Freunde und ohne Freude, als kerngesunder, kräftiger Mann, glücklich in seinen Wäldern, und als Leidender, gequält von allerlei heimlichen und unheimlichen Krankheiten, nervösen Gesichtsschmerzen, Schlaflosigkeit, Gelbsucht und Gallenfieber, Depressionen, hysterischen Anfällen. All das war er auch, es ist aus seinen Äußerungen und Taten, wie aus den Beschreibungen jener, die mit ihm umgingen, hundertfach belegbar.

Läge in einem solchen Bündel einander widersprechender Attribute ein Rätsel, so wäre es zum Teil durch die unterschiedlichen Epochen seiner Biographie zu lösen, Epochen des eigenen Lebens, denen die historischen entsprachen. Die achtzehnhundertfünfziger und -sechziger Jahre waren für Europa Jahre verwegenen politischen Spieles; da spielte er am verwegensten und war gesund genug dafür. In den achtziger Jahren zeigte Europas Barometer auf Frieden; der friedlichste, ängstlich-vorsichtigste Politiker war der deutsche Reichskanzler. Nun auch war er alt und krank und vereinsamt. Sein Mitarbeiter, Geheimrat von Holstein, notiert: „Keine Freunde, nur Werkzeuge, die man wie Messer und Gabel nach jedem Gang wechselt. Sein Geschick und seine Machtmittel sind so außerordentlich, daß er dieses Spiel länger als ein anderer ohne Schaden treiben kann; früher hat er es auch nicht so offen gespielt wie jetzt mit zunehmendem Größengefühl." Über den preußischen Gesandten in Petersburg, ein Vierteljahrhundert früher, auf der Höhe des Lebens, berichtet Holstein, damals junger Attaché: „Ich habe kaum einen Menschen gekannt, der sich so wenig freute, wie Bismarck. Während der Zeit seiner vollen geistigen Kraft hatte man den Eindruck, daß er immer auf irgendein Ziel hinarbeitete und das Erreichte hinter sich warf ... Ein wirklich fröhlicher Grundton fehlte, die Heiterkeit, wenn sie entstand, ging immer auf irgend jemandes Kosten ..." So daß wenigstens dies Attribut nicht erst im Alter erschienen wäre. Dagegen atmen Bismarcks Jugendbriefe Lebenslust, mitunter romantischen Überschwang, Humor, noch ohne grimmigen Spott, Vertrauen, Freundschaft, jene an die Braut und Gattin die zarteste Liebe. – Daß er sich wandelte, indem er wuchs, und wieder sich wandelte, indem er verfiel, muß man es lange sagen?

Man muß es doch sagen und nuancieren, indem man es sagt. Bismarcks Identität war eine überaus starke, stark die Dauer im Wechsel. Schon der junge Mensch überraschte; der „dolle Bismarck" wurde er in der Umgebung von Kniephof oder Schönhausen genannt. Schon der Dreiundzwanzigjährige kannte seine Überlegenheit, auch seinen Ehrgeiz: „Ich will aber Musik machen, wie ich sie für gut erkenne, oder gar keine." Den Vorwurf der Menschenverachtung, den Holstein und so viele andere gegen den alternden Reichskanzler erhoben, machte der Gesandte von Bismarck sich selber: „Der Mann [Napoleon III.] imponiert mir durchaus nicht. Die

Fähigkeit, Menschen zu bewundern, ist in mir nur mäßig ausgebildet, und es ist vielmehr ein Fehler meines Auges, daß es schärfer für Schwächen als für Vorzüge ist." Von Prinzipien, Ideologien, „Ismen" hielt der Zweiunddreißigjährige so wenig wie der Achtundvierzigjährige und der Sechsundsechzigjährige. „... An Grundsätzen hält man nur fest, solange sie nicht auf die Probe gestellt werden; geschieht das, so wirft man sie fort, wie der Bauer die Pantoffeln und läuft, wie einem die Beine von Natur gewachsen sind ..." „Ich bin in keiner Weise kriegsscheu, im Gegenteil; bin auch gleichgültig gegen revolutionär oder konservativ, wie gegen alle Phrasen ..." „Wenn die Einwendung des Herrn Abgeordneten Richter richtig wäre, daß man sich wie vor einer ansteckenden Krankheit vor der Möglichkeit des Staatssozialismus hüten müsse, wie kommen wir darauf, bei Notständen in einer oder der anderen Provinz Arbeiten zu organisieren, Arbeiten einzurichten, die wir sonst nicht machen, wenn die Arbeiter Beschäftigung und Verdienst hätten? Wir veranlassen in solchen Fällen den Bau von Eisenbahnen, deren Rentabilität zweifelhaft ist; wir veranlassen Meliorationen, die wir sonst jedem auf eigene Rechnung überlassen. Ist das Kommunismus, so bin ich in keiner Weise dagegen, aber mit solchen prinzipiellen Stichworten kommt man wirklich nicht vom Fleck." Die These des neuen Ministerpräsidenten, 1862, die sich wie ein Fluch an seinen Namen heftete – „... nicht durch Reden und Majoritätsbeschlüsse werden die großen Fragen der Zeit entschieden ..., sondern durch Eisen und Blut" – erscheint dreizehn Jahre früher in einem Brief an seine Frau: „Die [deutsche] Frage wird überhaupt nicht in unseren Kammern, sondern in der Diplomatie und im Felde entschieden und alles, was wir darüber schwatzen und beschließen, hat nicht mehr Wert als die Mondscheinbetrachtungen eines sentimentalen Jünglings ..."

Der Vorstellung von dem gewalttätigen Eingriff, der chirurgischen Operation, die allein entscheiden, steht spät der ganz andere Gedanke gegenüber, wonach der einzelne, selbst der Politiker an der Spitze, im Grund doch nur wenig oder gar nichts tun könne, und dieser Gedanke findet sich früh wie spät. „Der Strom der Zeit läuft seinen Weg doch wie er soll, und wenn ich meine Hand hineinstecke, so tue ich das, weil ich es für meine Pflicht halte, aber nicht weil ich seine Richtung damit zu ändern meine." (An die Mutter seiner Frau, 1852) „Mein Einfluß auf die Ereignisse, die mich getragen haben, wird zwar wesentlich überschätzt, aber doch wird mir gewiß keiner zumuten, Geschichte zu machen; das, meine Herren, könnte ich selbst in Gemeinschaft mit Ihnen nicht … die Geschichte können wir nicht machen, sondern nur abwarten, daß sie sich vollzieht." (Im Reichstag des Norddeutschen Bundes, 1869) – Solche Beispiele für die Kontinuität von Bismarcks Sein und Denken, für das Frühe in der Mitte und am Ende ließen sich leicht vermehren.

Was er immer blieb, von dem ersten Brief des Fünfzehnjährigen, den wir kennen, bis zu den Memoiren des Greises, den ‚Gedanken und Erinnerungen', bis zu den letzten Gesprächen, war dies: ein Mann des Geistes und Wortes, ein Schriftsteller, Redner, Causeur von höchsten Graden. Seine Parlamentsreden und politischen Denkschriften bilden ein Kompendium der Staatsweisheit. Es heißt, und er sagt es selber, das Reden sei ihm schwergefallen, auch brauchte er viel Alkohol dazu; aber beim Lesen merkt man davon nichts. Über sein Gespräch ist tausendfach bezeugt, was Graf Kessler über den im Ruhestand lebenden alten Mann berichtet: „Seine Konversation war blendend, von einer Farbigkeit und Plastik, wie ich sie auch später selten erlebt habe. Leider kann eine Niederschrift keinen Begriff von ihrem seltsamen Zauber geben; denn sie bestand aus einer Verbindung von meisterhafter Bildhaftigkeit der Sprache mit einer teils bewußten, teils unbewußten Schauspielerei, die so vollendet war, daß sie wie knorrige norddeutsche Natur wirkte. Dabei half ihm ein durch 40 Jahre Parlamentsreden entwickeltes sicheres Gefühl für Effekte, die oft nur durch raffiniert eingelegte Pausen erzielt wurden – und noch mehr die Romantik seiner Erscheinung, seines tief gefurchten, wie von tausend Stürmen zerrissenen Gesichts, seiner sonderbar großen, durch einen greisenhaften Schleier noch wetterleuchtenden Augen, seines weißen Halstuches nach der Mode von 1848 ... Er bediente sich dieser Vorteile bewußt, aber mit der bestrickenden Courtoisie, die an den Höfen von Berlin und Petersburg zur feinsten Technik des Menschenfanges geschliffen worden war, und formte sie zu einem Gesamtkunstwerk, das er gleichzeitig spielte und selber war ..." So fünfunddreißig Jahre früher der Legationsrat von Schlözer über den preußischen Gesandten in St. Petersburg: „Er ist die verkörperte Politik, alles gärt in ihm, drängt nach Betätigung und Gestaltung ... Er erzählt mir viel, fabelhaft offen, interessant, sprunghaft, revolutionär, wirft alle Theorien über den Haufen ..."

Die Briefe des jungen Bismarck stehen literarisch noch über den Briefen Fontanes, die man so gut kennt; jene liest niemand mehr, zumal sie nur in einer verschollenen fünfzehnbändigen Gesamtausgabe zu finden sind. In den späteren verschwinden die beglückten Landschaftsbeschreibungen, die Freude an den Menschen, die vorüberziehen, nur noch die Diplomaten und Potentaten, mit denen er Umgang hat, läßt er gnadenlos Revue passieren. Übrig bleibt die Vollkommenheit des Ausdrucks, die Schärfe und Frische des Auszudrückenden. Bismarck las viel, in der Jugend und noch in mittleren Jahren: Historie, zumal die preußische, derart, daß er über die preußische Politik um 1800 politisieren konnte, als sei sie gegenwärtig, Philosophie, deutsche Dichter, zeitgenössische französische Romane; zuletzt dürften es hauptsächlich Zeitungen gewesen sein. Er sprach ein elegantes Französisch und Englisch, aber nicht ganz so leicht, wie man wohl glaubt; worüber in ihren Tagebüchern die Brüder Goncourt: „Einer, der langsam spricht, der kunstvoll gebaute Sätze mit Mühe zu Ende bringt, der lange das rechte Wort sucht und die Hilfe ablehnt, die man ihm – als Franzose – anbietet, der zum Schluß immer den treffenden Ausdruck findet, den ungewöhnlichen Ausdruck, den souverän ironischen Ausdruck, den Ausdruck, der die Situation schlagend charakterisiert." Ähnliches wird über den Parlamentsredner berichtet. Als Gesandter in Petersburg lernte er russisch; in der Jugend hatte er sogar polnische Sprachstudien betrieben, und zwar als der Preuße oder Brandenburger, als der er sich fühlte. Zu dem späteren Kaiser Wilhelm II: Der Große Kurfürst habe polnisch gesprochen wie deutsch, und bis zu Friedrich dem Großen jeder Hohenzoller; er möge ein Gleiches tun.

Das Porträt eines typischen „Junkers" ist das nicht, trotz Max Weber; auf den zweiten Blick viel eher das Porträt eines klassisch gebildeten, romantisch influenzierten, genialischen Literaten; genialisch und gefährdet. Gefährdet, weil er zu jedem Gedanken fähig war, auch dem pessimistischen, selbst dem nihilistischen. Es steht mit Bismarck ein wenig wie mit Goethe, aus dessen Werk man sprichwörtlich „alles beweisen" kann. Auch bei Bismarck findet man „alles", Faust wie Mephisto; den Frommen und den Zyniker, den Royalisten und den Fürstenverächter, den Menschenverächter und schwer an seiner Verantwortung tragenden Friedensbeschützer. Was ein Bündel nach allen Seiten drängender Denk-Kräfte zusammenhielt, war der sehr starke Wille. Bismarck wurde fromm, weil er es werden wollte, von Haus war er es eingestandenermaßen nicht, und fremde Einflüsse hat man hier wohl zu hoch angeschlagen; so ein treuer Königsdiener, nicht ohne auch über seinen König, Wilhelm I., sich gelegentlich mit Verachtung zu äußern; so, in den späteren Jahren, „deutsch" oder „national", obgleich sehr in Grenzen. Die Stärke seines Willens, verbunden mit Furchtlosigkeit, verbunden mit Härte und einer nur durch den zivilisierten Geist der Zeit gemäßigten Neigung zur Gewalttat mag man denn mit seiner Herkunft, dem ostelbischen Adel und Grundbesitz, zusammensehen. Aus ihr, aus dem Land, so wie es damals war, zog er, nicht seinen Geist, wohl aber die Stärke des Charakters, ohne die der Geist nur der eines Sprachkünstlers gewesen wäre; zog aus ihr sie sehr bewußt, und wiederum: allzu bewußt. „Ich bin ein Junker und will auch etwas davon haben", sagte er; ein gewöhnlicher Junker hätte das nicht gesagt. Tatsächlich war es nur die halbe Herkunft, die Mutter stammte aus einer Professorenfamilie, eine hochgebildete, ehrgeizige und, so schildert er sie, eher gemütskalte Dame – „kühl bis ins Herz hinan".

Im Alter behauptete er, seine Standesgenossen hätten ihn nie ganz als ihresgleichen genommen, woran etwas war. Weil er ihresgleichen nicht war, konnte er sich, zu ihrem Ärger, so hoch über sie schwingen. Zu fragen wäre ja auch, warum der Mann des Landes, der Liebhaber der Wälder und Felder, der Pferde und Hunde, denn nicht dort blieb, wo er hingehörte, warum es ihn in die Hauptstadt trieb, dann in Europas Hauptstädte, in große und immer größere Politik. Der Reichskanzler verspottete die Abgeordneten im Parlament, die von den Fährnissen des Wirtschaftens auf eigene Faust nichts wüßten, die lebten von Gehältern, Dividenden, Honoraren, „die unsere Sonne nicht brennt und unser Regen nicht näßt, außer wenn sie aus Versehen den Regenschirm zu Hause gelassen haben". Aber in seinem eigenen Budget spielten nun Gehalt und Dividenden eine beträchtlichere Rolle als das Einkommen aus seinen Gütern, die er gieriger als geschickt verwaltet zu haben scheint. Er hatte auch wenig Zeit dafür. – Bismarcks Junkertum, um mit Kessler zu sprechen, gehörte zu dem „Gesamtkunstwerk", das er „gleichzeitig *spielte* und selber war ..."

Darin blieb er ein Junker, daß die Gesellschaft ihm aufging in Adel, Bürgern, Bauern und Knechten. Höfling, Salondiplomat und sehr hochmütig, glaubte er sich dem „Volk" nahe, näher als den „Parlamentsschwätzern", und war es auch; aber nur dem Landvolk, so wie es gewesen war, als er anfing. Das heraufkommende Proletariat sah er wohl, aber verstand es nicht, oder verstand es nur als Feind, wenn es nämlich, anstatt sich mit patriarchalischer Härte und Milde beschützen zu lassen, aus eigener Kraft nach sozialen und politischen Veränderungen strebte. Darin, ferner, daß er die ständische Anordnung der Gesellschaft in Preußen – an der Spitze der König, aber durchaus kein absoluter, der Adel herrschend im Heer, in der Administration und auf dem Lande – zu erhalten wünschte, solange es irgend ging. Zuletzt wußte er, daß es nicht mehr lang gehen würde.

Im übrigen wirkte sein Geist wie ein Behälter, der die verschiedensten Inhalte aufnahm und wieder abgab, je nachdem. Bismarck verachtete alle Ideologien, ungefähr wie Napoleon, mit dem er sonst wenig gemeinsam hat; er besaß Humor und Manieren, was der Kaiser beides nicht besaß; völlig fremd war ihm Napoleons egozentrisch-maßlose Phantasie. An den Bürgermeister von Osnabrück, der bei ihm anfragte, ob die Annexion Hannovers durch Preußen (1866) eine bloße Personalunion oder eine Realunion darstelle: „Uns an das Konkrete haltend und Zwecke verfolgend, nicht Theorien realisierend, legen wir auf die noch nicht einmal von der Wissenschaft zu allgemein rezipierten Definitionen herausgearbeitete Unterscheidung zwischen Personalunion und Realunion keinen Wert." Und wenn selbst die „Wissenschaft" solche „allgemein rezipierte" Spinnewebereien hervorgebracht hätte, was kümmerten sie ihn? Nur mit andrängenden Sachen ging er um; schöpferisch nach der Art, in der er sie erkannte, zusammenband, meisterte, unschöpferisch nach der Art, in der er die Zukunft sah; er sah keine, gab seinen Mitmenschen keinerlei Begriff oder Vision von dem, was einmal sein sollte. Kein anderer großer Staatsmann der Vergangenheit hat eine so untransparente, hoffnungsarme, im tiefsten Grund pessimistische, wenn man es positiv werten will, bescheidene, sich bescheidende Politik getrieben. Fromm war er geworden und fand Halt daran; in sein Werk ließ er sein Christentum nicht eingehen und verachtete als gefährliche Narren jene, die, wie Gladstone, christlich-humanitäre Staatsleiter zu sein strebten. Erklärte ein gläubiger Freund sich besorgt über die Wege, welche der Politiker ging, so reagierte er mit echter Empfindlichkeit: „Als Staatsmann bin ich nicht einmal *hinreichend* rücksichtslos, meinem Gefühl nach eher feig, und das, weil es nicht leicht ist, in den Fragen, die an mich treten, immer *die* Klarheit zu gewinnen, auf deren Boden das Gottesvertrauen wächst. Wer mich einen gewissenlosen Politiker schilt, tut mir Unrecht und soll sein Gewissen auf *diesem* Kampfplatze erst selbst einmal versuchen ..." Sich selber nicht rücksichtslos genug –

anderen war er es. Gut lutherisch, unterschied er zwischen *seinem* Kampfplatz, dem Reich dieser Welt, und dem göttlichen. Gut lutherisch sprach er gern von Gott, der ihn auf seinen Platz gestellt habe, von der Pflicht, und Pflicht allein, die ihn im Amte halte. Ob man ihm diese Erklärung glauben oder als Selbstbetrug – Jean-Paul Sartres *Mauvaise foi* – auslegen will, ist Sache des Geschmacks.

Tatsächlich war er „verkörperte Politik". Tatsächlich mochte er, sehr bald schon nach seinem ersten Auftreten, ohne den politischen Betrieb nicht mehr sein und machte sich blauen Dunst vor, wenn er meinte, er könnte ebensowohl wieder zur behaglichen Existenz des Landedelmannes zurückkehren; er fühlte seine unendliche Überlegenheit über all die Parlamentarier, Diplomaten, Monarchen, mit denen er es zu tun bekam; der Gesandte von Bismarck genoß sein hohes Gehalt, die mondänen Reisen und Jagdpartien, selbst – wenn auch nicht ohne Spott – die repräsentativen Pflichten; mit Lust spielte, zwischen 1862 und 1871, der Ministerpräsident sein kühnes, ränkereiches Staatsspiel; der alte Reichskanzler, stets gern von Rücktrittsabsichten redend, krallte sich an die Macht bis zuletzt, hoffte noch als Entlassener gegen alle Vernunft, man werde ihn zurückberufen – „Le Roi me reverra" – und fand in den Ruhestand sich unter den schwersten Bitternissen. Was hier Machtgier war, was sorgende Verantwortung – wer will es entscheiden?

Epochen

Eine Biographie braucht Kapitel und nimmt sie von den Daten des äußeren Lebens. Bis 1847 lebt Bismarck privat: Jura-Student, Referendar, Reisender, Gutsverwalter nach Verlassen des Staatsdienstes, der ihn langweilt; nach dem Tod des Vaters Gutsbesitzer. 1847 beginnt er, Politik zu treiben, und zwar als Deputierter, als Redner, Salonlöwe, Mann der höfischen und politischen Freundschaften oder Beziehungen. In dieser Position trifft ihn die – sogenannte – Revolution von 1848, die seine Karriere entschieden fördert, übrigens ein einschneidendes, sein Denken bis zum Ende stark beeinflussendes Erlebnis bleibt. Von 1851 bis 1862 ist er Diplomat; bis 1859 in Frankfurt und, praktisch, in Deutschland, denn es gibt keine „Residenz", die er nicht besucht, um sich mit den deutschen Verhältnissen vertraut zu machen, von 1859 bis 1862 in Petersburg, danach noch, einige Sommermonate lang in Paris. Zu dem Amt des preußischen Ministerpräsidenten, das er im Herbst 1862 antritt, fügt er 1866 das eines Kanzlers des Norddeutschen Bundes, 1871 des Reichskanzlers, das er neunzehn Jahre lang innehat, von ihm trägt er seinen historischen Namen. 1890 ist er am Ende. Was danach noch kommt, Kritik aus der Einsamkeit seines Ruhesitzes, Reden, diktierte oder inspirierte Zeitungsartikel, zählt geschichtlich nicht mehr oder zählt nur, insofern erst damals, nicht ohne sein eigenes Zutun, der Mythos vom „Eisernen Kanzler" auf- und ausgebaut wurde. Wirkliche Popularität – jedoch, wenn man sie zählen will, nie bei der Mehrheit aller Deutschen – gewann Bismarck erst im Exil. – Insgesamt hat sein aktives Leben vierundvierzig Jahre gedauert.

Schicksalsschwere Jahre, welche europäischen Jahre wären das nicht. Jedoch wird man sagen können, daß jene schicksalsschwerere waren, als die vorhergehenden dreißig, daß sie tiefere Veränderungen brachten, als das 18. Jahrhundert insgesamt. Längst haben wir uns daran gewöhnt, „Ereignisgeschichte", die „Haupt- und Staatsaktionen", in denen Bismarck ein Meister war, zusammenzusehen mit Wandlungen in Wirtschaft und Gesellschaft; nicht in dem Sinn, daß diese jene direkt und unvermeidlich produziert hätten, wohl aber in dem, daß der eine Bereich unverständlich bleibt ohne den anderen. Die Zeit Bismarcks war die Zeit, in der es in Europa mit der Großindustrie ernst wurde; in Deutschland später als in England, etwas später als in Frankreich, dann aber um so schneller und radikaler. Zwischen 1850 und 1873 herrschte das, was man heute „Hochkonjunktur" nennt; kontinuierliche und kräftige wirtschaftliche Expansion. Seit der Wirtschaftskrise von 1873 intensivier-

ten sich besonders in Deutschland die Wachstums-
schwierigkeiten, in einzelnen Industrien bis zur Stagna-
tion, ohne jedoch, auf lange Sicht, den Prozeß der
Industrialisierung, der Verstädterung, der Verlagerung
des Schwergewichts von der Landwirtschaft auf die Industrie aufzuhalten; so daß Deutschland sich in Bismarcks Reichskanzlerzeit tiefer, zugleich leidensreicher
veränderte, als in den Jahren Bismarcks des Diplomaten
oder nurpreußischen Ministers. Daraus erklärt sich, zu
einem Teil, die zänkische Atmosphäre, welche die Hier-
archie des neuen „Reiches" bezeichnete, Parlamente,
Parteien, Interessenverbände. Auf der anderen Seite ist
zu betonen, daß gerade die Periode der Hochkonjunktur
auch die der Kriege war, fünf in Europa, dazu noch der
amerikanische Bürgerkrieg; jene der Krisen oder schweren wirtschaftlichen Rückschläge, der verschärften Konkurrenz und der Schutzzölle aber eine Epoche des langen äußeren Friedens. – Von einer direkten Verursachung der „Ereignisse" durch die „Strukturen" kann nun
einmal nicht die Rede sein.
Grundstürzende Neuerungen in der weiten Welt gehören in diesen Großzusammenhang: die Abschaffung der
Sklaverei in Amerika, der Triumph des kapitalistischen
Nordens über den agrarischen Süden; die Aufhebung
der Leibeigenschaft in Rußland; die Meiji-Periode in Ja-
pan. Es gehören dazu die Forderungen eines wachsend
selbstbewußten, interessenbewußten Bürgertums, nicht
ruhend, bis sie, ungefähr, befriedigt wurden; der Nationalismus in Italien, in Deutschland, in Osteuropa, in den
Balkanländern. Es gehört dazu das Erscheinen eines
theoretisch fundierten Sozialismus, der Aufstieg der Sozialdemokratie, die Furcht vor dem „Proletariat". Es gehört dazu der neue europäische Imperialismus seit den
siebziger Jahren. Auch Regierungsformen gehörten
dazu, die man für dauerhaft hielt, solange sie dauerten;
vor allem das Zweite französische Kaiserreich, der „Bonapartismus". Mit alldem hatte Bismarck sich vertraut zu
machen. Er half nicht, es zu erschaffen, er fand es vor,
oder sah es seinen Einzug halten. Er war nichts weniger
als ein Mann der Ideen. Er ging mit ihnen um, vorausge-

setzt, daß Kräfte hinter ihnen waren oder in ihnen sich ausdrückten, die er wohl oder übel respektieren mußte. Er besaß Ehrgeiz genug, möglichst viel von dem, was sowieso und ohne ihn geschah, unter seine persönlichste Kontrolle zu bringen, Intelligenz genug, um zu lernen, was er in seiner Jugend zu lernen keine Gelegenheit gehabt hatte, abenteuernde Neugier genug, um solches Neue zu erfassen und sich ihm anzupassen, was er, als er anfing, sich nie hätte vorstellen können.

Die deutsche Revolution von 1848 erkannte er als das, was sie war, nur scheinbar unwiderstehlich, redselig und schwach in ihrer Wirklichkeit. Zu einem Staatsstreich, einer Gegenrevolution riet er im März, nicht ohne an der Haltung des Königs von Preußen schonungslos Kritik zu üben. Für die deutsche, die preußische Nationalversammlung kandidierte er nicht, wäre auch schwerlich gewählt worden; betätigte sich aber als Mitgründer der Konservativen Partei und ihres Organs, der „Kreuz-Zeitung", für die er Artikel schrieb: gegen die Gründung eines Deutschen Reiches, die „Frankfurterei", den „Nationalitätsschwindel", die Demokratie. Daß er sich über die Kette der Niederlagen, welche die europäische Revolution in Böhmen, Italien, Frankreich, Österreich, Preußen erlitt, herzlich freute, versteht sich von selbst; genauso hatte er von Anfang an geurteilt. Er war Mitglied des nach dem Dreiklassenwahlrecht gewählten preußischen Landtages von 1849, des Erfurter Unionsparlaments von 1850, hielt aber von dem postumen, künstlichen Sprossen der Revolution, der preußischen, norddeutschen „Union", so wenig wie er von dem Frankfurter „Reich" gehalten hatte. Die durch Zar Nikolaus I. erzwungene Preisgabe der Union verteidigte er in einer Rede, die ihn und seine Gesinnungen berühmter oder berüchtigter machten, als alles was bis dahin von ihm gekommen war. „Die einzige gesunde Grundlage eines großen Staates, und dadurch unterscheidet er sich wesentlich von einem kleinen Staate, ist der staatliche Egoismus und nicht die Romantik, und es ist eines großen Staates unwürdig, für eine Sache zu streiten, die nicht seinem eigenen Interesse angehört." Der „Staat"; nicht die „Gesellschaft";

nicht die Ideen der Professoren, der Literaten, der „gekränkten Kammercelebritäten". Auf die Frage, *wer* denn der Staat sei und für wen, hätte er die Antwort kaum improvisieren können; er war kein Soziolog. Später gab er sie, aber gesprächs- und stückweise.

Seine Ernennung zum Gesandten bei dem wiederhergestellten Frankfurter Bundestag kam als Frucht seines Wirkens während der Revolutionszeit. Dem König Friedrich Wilhelm hatten Geist, Kühnheit, Freimut und radikaler Royalismus des jungen Edelmannes Eindruck gemacht.

Die folgenden zehn Jahre waren für Bismarck überwiegend Jahre der Diplomatie, der äußeren Politik. Die Erstickung der bürgerlichen Revolution war oder schien zunächst so geglückt, daß man sich dem Luxus der Machtpolitik eines „großen Staates" ungestört widmen konnte. Daß Deutschland, Österreich, Italien 1848 ihre politische Unschuld trotzdem verloren hatten, daß Fragen aufgeworfen worden waren, die einmal doch würden beantwortet, auch schon Lösungen formuliert worden waren, die so oder so einmal wieder würden angenommen werden müssen, verstand er erst allmählich.

Einstweilen sah er Europa als ein Schachbrett mit einigen wenigen Offizieren, England, Frankreich, Österreich, Rußland, Preußen und einer größeren Zahl von Bauern, die er verachtete, weil sie nicht aus eigener Kraft existierten. In Deutschland machte ihm hier allenfalls das Königreich Bayern eine Ausnahme; alles andere, von Stuttgart bis Bückeburg, war ihm der „ganz unhistorische, gott- und rechtlose Souveränitäts-Schwindel der deutschen Fürsten", die sich erdreisteten, im Bundestag die preußische Großmacht zu majorisieren. Also war er nichts weniger als „Legitimist", wie damals der Ausdruck war; nur Royalist, nämlich für den eigenen König, oder redete sich ein, daß er es wäre. Für Preußen durfte es keine Macht in Europa geben, mit der zu spielen ihm verboten wäre; Napoleon III., Erbe der Revolution, Mann des Staatsstreichs und des nachfolgenden Plebiszits, halb Diktator, halb Demokrat, war ihm dabei so lieb wie, oder lieber als der Chef des ehrwürdigen, ihm aber wenig ehrwürdigen Hauses Habsburg. Die russische Autokratie gefiel ihm, solange sie, unter Nikolaus I. und Alexander II., von nationalistisch-demagogischen Kräften noch nicht überspült wurde. Für England, und nur für England, gestand er persönliche Sympathie, die jedoch seine Politik nicht berühren durfte; was gut für den englischen Adel war, war nicht gut für den preußischen, englische Einflüsse mußten die Anordnung der Herrschaft bedrohen, die er zu erhalten wünschte.

Während der langen Frankfurter Jahre wurde Österreich, das im Bundestag das Präsidium führte, ihm zum eigentlichen Gegner. Mit wachsender Ungeduld erfuhr er, daß zwei „Großmächte" und ein Gewirr von Kleinstaaten keine echte Föderation ergaben; daß der Bund und Österreich die preußische Politik in Fesseln legten. Es waren Zeiten, in denen allenthalben mit kühnen Kombinationen gespielt wurde, für eine intakte, expansionswillige Macht sich Chancen ergaben; der Krim-Krieg, da gehörte Bismarck zu jenen, die einen Anschluß Preußens an die Westmächte energisch verhinderten, während er gleichzeitig zu irgendeinem gewinnbringenden Alleingang riet; der österreichisch-französische Krieg von 1859. Da hätte Preußen schon, wenn es nach ihm ging, seine Grenzpfähle in Mitteldeutschland ausgerissen und am Bodensee, oder wenigstens dort, wo das protestantische Deutschland aufhörte, eingepflanzt, seinetwegen unter dem Namen eines „Königreichs Deutschland". Damals auch bemerkte er zu einem liberalen Politiker und Industriellen: „Der alleinige, zuverlässige, ausdauernde Alliierte, welchen Preußen haben kann, wenn es sich danach benimmt, ist das – deutsche Volk." Um, als der Gesprächspartner ungläubige Augen machte, erklärend hinzuzufügen: „Nun, was denken Sie denn, ich bin derselbe Junker wie vor zehn Jahren, als wir uns in der Kammer kennenlernten, aber ich müßte kein Auge und keinen Verstand im Kopfe haben, wenn ich die wirkliche Lage der Verhältnisse nicht klar erkennen könnte." Die Dinge waren nicht stehengeblieben, wo sie 1849 gestanden hatten. Der Drang des deutschen

Bürgertums nach einem gestrafteren, wirkungsfähigeren gemeindeutschen Staatswesen hatte sich als Macht erwiesen und würde sich weiterhin als Macht erweisen. Warum sich, im Interesse Preußens, nicht mit ihr verbünden, ebenso wie man sich mit Louis Napoleon zu einem kurzfristigen Zweck verbünden konnte? ... Was Bismarck zwischen 1866 und 1871 vollbrachte, war in seinem Geist nicht neu, es hatte längst schon in ihm gegärt. Das heißt nicht, daß er längst schon dazu entschlossen gewesen wäre. Im Grunde war er nie zu etwas entschlossen, ehe er an die Grenze kam, wo das Denken des Möglichen, Wünschbaren, zunehmend Wahrscheinlichen sich in Handeln umsetzt. Bis zuletzt gab es für seinen spekulativen Geist noch andere Möglichkeiten. Man darf nicht sagen, daß er je unter eigentlichem Zwang, in eigentlicher Not gehandelt hätte – eine Quelle seines Erfolges.

Die Ministerpräsidentschaft fiel ihm zu, als nicht er, sondern der neue König von Preußen, Wilhelm I., sich in höchster Not und schon zur Abdankung bereit fand. Ein Konflikt mit dem Parlament oder der nun bei weitem stärksten bürgerlich-liberalen Fraktion des Parlaments, der „Fortschrittspartei": Gegenstand war die an sich legitime Vergrößerung der Armee, an der seit 1815 sich nichts geändert hatte. Die Verwirklichung der nur noch auf dem Papier stehenden allgemeinen Wehrpflicht gedachten jedoch die Generale, vorab der Kriegsminister von Roon für eine Reform zu gebrauchen, welche die „Landwehr" mit der „Reserve" verband und sie so ihren bürgerlichen, zivilistischen, vermutlich politisierenden Offizieren entzog. Zugespitzt lief der Konflikt auf die Frage hinaus, ob das Heer Königsheer bleiben sollte, ein Instrument auch, oder vor allem, zur Erhaltung der bestehenden Herrschaftsordnung im Inneren (als was es sich 1848/49 erwiesen hatte), oder aber sich verwandeln würde in ein Bürgerheer, unter demokratischer Kontrolle. Bismarck trat an die Spitze der Regierung, weil kein anderer es wagte, den Kampf für König und Königsheer bis zum Äußersten zu führen; es war seine Stunde. Zunächst wäre er mit der rebellischen Kammer recht gern zu einem Kompromiß gekommen, der ihm die Substanz, den „Kammerschwätzern" den Schein eines Viertel-Sieges gelassen hätte. Als er keine Gegenliebe fand, brach er die Verfassung, indem er sich, Jurist, der er war, auf die sogenannte „Lückentheorie" stützte, regierte ohne Budget vier Jahre lang, gab für die Aufstellung neuer Regimenter Geld aus, das niemand ihm bewilligt hatte. Die Knebelung der Presse, die Entlassung politisch unzuverlässiger Beamter ging damit zusammen. Später wollte Bismarck glauben, er habe damals sein Leben eingesetzt. Furchtlos war er allerdings und überaus kampfesfreudig. Trotzdem: er wußte recht wohl, daß es ein lebensgefährliches Spiel nur schien. Das Maß der preußischen Liberalen, der Industriellen, der Anwälte, Professoren und Publizisten hatte er schon zu Ende des Jahres 48 genommen, als die Nationalversammlung sich kampflos auseinanderjagen ließ, die angedrohte „Steuerverweigerung" im Sand verlief, die vom König „oktroyierte" Verfassung, demnächst ergänzt durch das „Drei-Klassen-Wahlrecht", glattestens funktionierte. Warum solche Leute jetzt fürchten?

Als er, auf dem Höhepunkt des Streites zwischen Parlament und Monarchie, rechtzeitig in Berlin eintraf, kam er aus Paris und Biarritz, aus dem Umkreis Napoleons III. Daß dieser ihm kräftige Ratschläge erteilt habe, war die allgemeine Überzeugung: Bismarck selber sprach von seinem Ruf als „Knuto-Bonapartist". Tatsächlich hatte der Theoretiker des Zweiten Kaiserreichs, der Herzog von Persigny, ihm genau das geraten, was er dann in Berlin praktizierte. Bismarck zu Persigny, 1867, als alles überstanden war, lachend: „Nun, habe ich Ihre Lektionen gut befolgt?" Persigny: „Ja, aber ich muß bekennen, daß der Schüler seinen Meister weit übertroffen hat." – Noch neuerdings ist Bismarcks Staatsführung, zumal in der Kanzlerzeit, als „bonapartistisches Diktatorialregime" bezeichnet worden. Gewisse, nicht so sehr charakter- wie zeitbedingte Verwandtschaften sollen nicht bestritten werden: Spielen mit der Demokratie, ohne sie doch im Ernst verwirklichen zu wollen, spielen mit dem „Sozialismus", im gleichen Sinn, jonglieren zwischen oder über den Parteien, mit dem Zweck, sie alle von der Verantwortung auszuschließen, Beschwichtigung der „Massen" durch Brot und Spiele, Notwendigkeit spektakulärer Erfolge, um persönliche Macht immer aufs neue zu festigen.

So weit reicht der Vergleich, nicht weiter, auch wenn man von radikalen Unterschieden zwischen den Individuen absieht. Preußen war nicht Frankreich, auch nach 1871 nicht. Deutschland hatte keine *Grande Revolution* erlebt, nicht einmal das Jahr 1848 so, wie Paris es erlebt hatte. Die alte preußische Führungsschicht war ungebrochen; die alte französische Führungsschicht gab es überhaupt nicht mehr. Napoleon III. war in nichts verwurzelt als im Mythos seiner Familie, so wie er ihn sich ausgedacht, oder zurechtgelegt hatte; zu tun hatte er es mit Bourgeoisie, Bauern, Proletariat, und warb um alle drei. Bismarck hatte ganz andere Wurzeln und konnte sie nicht durchschneiden, selbst als, vorübergehend, die Junker, die Konservativen ihn befeindeten. Auch die Monarchie gab es in Preußen noch, und zwar, wie Lasalle warnend an Marx schrieb, als eine nicht zu unterschätzende, weil allgemein populäre Institution. Nicht nur behauptete Bismarck, sie zu erhalten, nicht nur stützte er seine persönliche Macht auf sie, anstatt wie Louis Napoleon auf das Plebiszit; er hätte sie gar nicht abschaffen können; wie erfolgreich er ihr gedient hatte, erfuhr er 1890, zu seinem eigenen Leidwesen. – „Bonapartismus" ist eine Sache, die nur in Frankreich war und sein konnte. Vergleiche mögen aufschlußreich sein; aber zur Definition der Rolle Bismarcks kann der fremde Name viel nicht beitragen.

Die spektakulären Erfolge, später in Deutschland die „großen Erfolge" genannt, waren 1864 der Krieg Preußens und Österreichs gegen Dänemark, 1866 der Krieg Preußens gegen Österreich und die Mehrheit des Deutschen Bundes, 1870 der Krieg Preußen-Deutschlands gegen Frankreich, drei „Waffengänge" in insgesamt sieben Jahren. Man darf nicht sagen, daß sie nach dem Maßstab der Zeit „unmoralisch" gewesen wären; keinesfalls unmoralischer als jene, die, bei preußischer Neutralität, unmittelbar vorhergegangen waren. Krieg als unter Kontrolle gehaltenes, nach Erreichung oder halber Erreichung des Zweckes rasch abgebrochenes Unternehmen war ein Charakterzug dieses Zeitalters, wie nie vorher oder nachher. Auch waren die Kriege von 1864 und 1866 als solche in ihren außenpolitischen Folgen nicht verhängnisvoll auf lange Sicht; sie hinterließen keine „unheilbaren Wunden". Der Krieg von 1870 hinterließ sie allerdings. Aber gerade ihn hatte Bismarck nicht notwendig, um irgendwelche unlösbare innere Schwierigkeiten nach außen abzuladen; seit dem „Sechswochenkrieg" von 1866 fand er sich in gesicherter Stellung, er, samt allem, was ihm lieb und teuer war. Anders 1864 bis 1866. Das heißt nicht, daß er mit Österreich gegen Dänemark Krieg führte, dann gegen Österreich, um nur aus dem innerpreußischen Konflikt herauszukommen. Den hätte er wohl sich noch weiter hinschleppen lassen können, in der Voraussicht, daß die „Fortschrittspartei" eines Tages einen glimpflichen Frieden anbieten würde. Sein Spiel umfaßte *auch* den preußischen Verfassungskonflikt, aber umfaßte mehr. Die „deutsche Frage", 1849 auf Eis gelegt, nicht aus der Welt geschafft, erhob sich schärfer und lauter, seit 1861 die engverwandte „italienische Frage" ungefähr gelöst worden war durch die Gründung eines Königreichs Italien; es war nicht möglich, daß die Deutschen, nur sie, im Zeitalter eines neuen Nationalismus sich mit ihrer Existenz in allerlei Kleinstaaten, dann in einem „Bund" begnügten, der eine in Vorzeiten vortrefflich ausgedachte, nun veraltete, mehr europäische als nationale Gründung war. Jedenfalls gab es zunehmend starke Anzeichen dafür, daß ein Wandel der Dinge ersehnt und agitatorisch betrieben wurde von dem Teil der öffentlichen Meinung, der am stärksten zählte.

Der Reim, den Bismarck sich auf die Situation machte, war dieser: der preußische Königsstaat sollte an dem, was so oder so unvermeidlich war, nicht verlieren, sondern gewinnen, die Anordnung der Herrschaft in Preußen ein wenig tangiert, aber nicht revolutioniert werden. Der Rest war Gelegenheit. Hätten die Dänen ihm nicht den Gefallen getan, die Herzogtümer Holstein und Schleswig, mit ihrer Krone nur durch „Personalunion" verbunden, zu annektieren, was sie völkerrechtlich nicht durften, so hätte er die Österreicher nicht zu einem Unternehmen verlocken können, das für sie keinerlei Gewinn versprach, aber für Preußen einen doppelten, die spätere Annexion von Schleswig-Holstein *und* einen „nationalen" Triumph: Holsteiner und Schleswiger „nach Deutschland heimzuholen", war Traum und Forderung der deutschen Demokraten im Jahre 48 gewesen. Hätte er sich mit den Wiener Diplomaten über die Zukunft Deutschlands, die Reform des Bundes einigen können – oder wollen – so wäre es über die Frage, was denn nun mit den der Krone Dänemarks abgenommenen Herzogtümern zu machen sei, nicht zum Bruch gekommen. Es ist richtig, daß Bismarck Österreichs Versuche, den Bund irgendwie den Forderungen der Zeit anzupassen, sabotierte. Es ist auch richtig, daß die Habsburger Monarchie, so wie sie einmal geworden war, der Staat vieler, nun ihrerseits zunehmend „nationalbewußter" Völker, sich in einen Bund, der nur etwas weniger gewesen wäre als ein nationaldeutscher Bundesstaat, nicht fügte. Für die „kleindeutsche", die „bismarckische" Lösung sprach eine Tatsache, eine Erfahrung. Die Tatsache: der deutsche Zollverein existierte recht erfolgreich seit dreißig Jahren, und von ihm war Österreich ausgeschlossen. Die Erfahrung: die deutschen Patrioten hatten es versucht mit der Habsburger Monarchie, 1948–49, waren belehrt worden, daß es mit ihr nicht ging, hatten erst nach Empfang der Lehre dem König von Preußen eine „kleindeutsche" Kaiserkrone angeboten. Die Lektion blieb aufbewahrt. Wenn Bismarck 1863, noch einmal auf dem Höhepunkt der Krise von 1866 ein nach dem allgemeinen und gleichen Wahlrecht zu wählendes Bundesparlament, neben dem nur aus Gesandten bestehenden Bundestag, in Vorschlag brachte, so wurde das dem in Berlin gegen die Verfassung regierenden despotischen Junker als demagogischer Trick, als zynischer Scherz ausgelegt. Das Merkwürdige ist, daß er demnächst Wort hielt. Den Krieg gegen Österreich – genauer: den Deutschen

Bund – hat er lange für möglich, dann für wahrscheinlich gehalten, zuletzt bewußt erzwungen, weil hier ein klassischer *casus belli* vorlag: ein Revier, das deutsche, über das beide Mächte sich nicht einigen, das sie auch nicht teilen konnten. Im Rückblick, zweiundzwanzig Jahre später: „Der Deutsche Bund ist durch uns zerstört worden" – mit „uns" verstand er Preußen – „weil die Existenz, die man uns in ihm machte, weder für uns noch für das deutsche Volk auf die Dauer erträglich war." Da, denke ich, sprach er die Wahrheit, wie er sie sah. Die prompte Beendigung des Krieges nach Königgrätz, die Schonung des Besiegten, dem nichts abverlangt wurde, als auf den Bund, das hieß, auf seine institutionalisierte Stellung in Deutschland zu verzichten, wird als Bismarcks politische Meisterleistung angesehen, mit gutem Recht. Er vollbrachte sie gegen die zähesten Widerstände im eigenen Lager, unter den furchtbarsten Anstrengungen; mit einundfünfzig Jahren war er seither ein kranker oder von krankhaften Anfällen periodisch gequälter Mensch.

Der „Norddeutsche Bund", die föderative Vereinigung Preußens mit Sachsen und einigen Kleinstaaten nördlich des Mains war die Folge des Sechswochenkriegs. Hätte Bismarck damals mit Sicherheit vorausgesehen, was sich vier Jahre später ergab, den vollen, staatsrechtlichen Anschluß auch Süddeutschlands an Preußen, so würde er denkbarer Weise auf die „Annexionen" verzichtet haben, die sein Friedenswerk verunzierten und später allerlei politisches Gift produzierten; besonders auf das Einschlingen des Königreichs Hannover. Das hatte – allenfalls – Sinn, wenn Preußen Preußen blieb; nicht, wenn es in Deutschland „aufging" oder, worauf es hinauslaufen sollte, ganz Deutschland beherrschte. Die süddeutschen Staaten hatte er ebenso geschont, nämlich in ihrem territorialen Besitz, wie Österreich, danach ihnen militärische Bündnisverträge aufgezwungen, die ihre Armeen praktisch zu Anhängseln der preußischen machten. Zusammen mit dem Zollverein, dann sogar mit einem demokratisch gewählten „Zollparlament" in Berlin, ging das weit; trotz entschieden antipreußischer Stimmungen unter den württembergischen Demokraten, den bayerischen „Patrioten", war die völlige staatsrechtliche Verschmelzung des Südens mit dem Norden doch wohl nur eine Frage der Zeit. Gewaltlos vollzogen hätte sie von Frankreich und dem deutschfreundlichsten, preußenfreundlichsten Staatschef, der je in Paris regiert hatte, akzeptiert werden *müssen*. Bismarck, der so sehr weise reden konnte, deutete dergleichen im Norddeutschen Reichstag wohl auch an: man müsse Geduld haben, nichts forcieren.

Wie er 1866 Österreich und Süddeutschland in kluger Voraussicht schonte, so auch den preußischen Landtag, dem er nun als Triumphator gegenübertrat. Gegen den Willen der großen Mehrheit, mit militärischer Macht, die nach dem Gesetz gar nicht hätte sein dürfen, hatte er den Willen der großen Mehrheit erfüllt: Habsburg, den Hort der Reaktion, aus Deutschland hinausgeworfen, einen Bundesstaat gegründet, der die Verwirklichung des kleindeutschen Traumreichs von 1849 deutlich ankündigte. Nun, konziliant, brachte er ein Gesetz ein, das seiner Regierung für die in den letzten vier Jahren begangenen Ungehörigkeiten „Indemnität" gewährte, sie also mit rückwirkender Kraft legalisierte. Das Gesetz wurde angenommen, wobei eine von der auf dem Recht bestehenden „Fortschrittspartei" sich abspaltende neue Fraktion, die „Nationalliberalen", praktisches und wirtschaftlich denkendes Bürgertum, den Ausschlag gab. Man hat in der „Indemnität" den folgenschwersten Sündenfall des deutschen Liberalismus gesehen. Ich denke, daß der früher liegt, insoweit man ihn überhaupt zeitlich lokalisieren kann. Sie hätten ihn nicht regieren lassen dürfen, 1862–63, das heißt, sie hätten „Revolution" machen müssen, wie der König fürchtete, daß sie sie machen würden. Das konnten sie aber nicht, feige, loyal auch dem Illoyalen gegenüber, wenn er nur König oder Minister hieß, und so stark, wie der Obrigkeitsstaat gebaut war.

Nun kam die „Revolution von oben"; ein gewundener Kompromiß zwischen dem Alten und dem Neuen, dem Königsstaat und der Demokratie. Diese wurde durch den Reichstag dargestellt, einer nach dem allgemeinen Wahlrecht gewählten Legislative. Ihr standen die „Verbündeten Regierungen" gegenüber, die, wenn man es genau nahm, identisch waren mit dem Bund als solchem, und sich im „Bundesrat" vertreten ließen. Der Bundesrat war zugleich ein dem Reichstag gleichgeordnetes gesetzgeberisches Gremium *und* auch die Bundesregierung, insofern es eine gab oder geben sollte. Daß Preußen im Bundesrat allemal einer Mehrheit sicher war, dafür war gesorgt. Ein preußischer Beamter, mit dem Titel eines „Kanzlers", hatte den Vorsitz zu führen und sich nach den Direktiven der preußischen Regierung zu richten. Es waren die Nationalliberalen, die, wenn sie schon eine eigentliche nationale Regierung nicht durchsetzen konnten, den Bundeskanzler zu einem „verantwortlichen", die Politik des Bundes im Reichstag vertretenden Chefpolitiker machten, ohne daß bestimmt worden wäre, wem gegenüber denn der Kanzler „verantwortlich" sei. Bismarck, der hier den Liberalen nachgab, konnte darauf nicht umhin, das Amt selber zu übernehmen und praktisch mit dem des preußischen Ministerpräsidenten zu verbinden. All das galt nur im „Bund", nicht in Preußen, das nach Quadratkilometern und Bevölkerungszahl etwa vier Fünftel des Bundes darstellte, so wie es demnächst zwei Drittel des „Reiches" darstellen würde.

In Preußen änderte sich nichts. Noch gab es den Landtag mit seinem Dreiklassenwahlrecht, das ihm gleichgeordnete Herrenhaus, eine Vertretung des Erbadels mit einem geringen Annex von Honoratioren; den König und was um ihn herum Einfluß besaß; die Armee und die Bürokratie und die dominierende Stellung des Adels in beiden. Eine „Revolution von oben" in der Tat. Die „oben" waren, blieben oben und gedachten oben zu bleiben, indes sie gleichzeitig den von „unten" Heraufdrängenden ein passendes Minimum von Konzessionen machten. Dies Minimum hatte das Bürgertum sich nicht erkämpft. Es wurde ihm hingeworfen, nachdem die reorganisierte preußische Königsarmee die Situation erkämpft hatte, die den „Bismarckischen Kompromiß" zugleich ermöglichte und notwendig machte. Bismarck,

Außenpolitiker *par excellence*, sah den Kompromiß im Grund als eine Zweck-Allianz an, wie jene, die er, dank der Vermittlung Napoleons III., 1866 mit Italien geschlossen hatte, um Österreich zu schlagen; einen Bündnisvertrag, den man auch wieder aufkündigen, notfalls brechen konnte, wenn er nicht mehr taugte. Worin er, in *diesem* Fall, irrte. Der Kompromiß wurde von einem großen Virtuosen erreicht. Aber er war schief, und in den folgenden Jahrzehnten erwies er sich als immer schiefer, immer paralysierender. Rückgängig zu machen war er nicht.

Das „Deutsche Reich" von 1871 war dann nichts mehr als eine Erweiterung des Norddeutschen Bundes durch Süddeutschland, ein in Ruhe abzuwartendes, vorgegebenes Resultat. Wie aber 1864 die Dänen Bismarck den Gefallen getan hatten, sich ins Unrecht zu setzen, so tat es 1870 die französische Politik, indem sie eine federleicht wiegende Gelegenheit zum europäischen Drama erhob. Wer hier etwas planmäßig „eingefädelt" hatte oder nicht, wer an dem Ausbruch des Krieges die direktere Schuld trug, scheint uns heute eine Frage letzten Ranges. Sicher ist, daß Bismarck sein doch nun weltkundiges politisches Ingenium nicht im allergeringsten einsetzte, um eine Katastrophe zu verhindern, deren lang nachhallende schlimme Folgen ihm bekannt sein mußten; daß er, sicher der überlegenen neuen preußisch-deutschen Kriegsmaschinerie, die ihm gebotene Chance mit Vergnügen ergriff und zuletzt durch einen Trick die Verwirklichung des nur Drohenden provozierte. Nach Sedan hätte er gerne Frieden geschlossen, wie nach Königgrätz. Diesmal gelang es nicht. Von einem Krieg zwischen Kabinetten und Armeen wurde der Krieg zu einem zwischen Nationen, geriet außer Kontrolle, wurde im höchsten Grade bösartig. Unter den Deutschen machte eine törichte Leidenschaft sich breit, endend in Dünkel und Übermut; man rächte sich nun, wenn auch spät, für alle durch den bösen Nachbar vor Jahrhunderten erlittenen wirklichen oder angeblichen Demütigungen. Die Proklamation des neuen deutschen Reiches fand nicht friedlich zu Hause statt, wie sich das gehört hätte, sondern im Prunkschloß der Könige von Frankreich. Der Friedensvertrag legte dem Besiegten nicht nur eine Kontribution von bis dahin unerhörter Höhe auf; er entzog ihm zwei Provinzen, Elsaß, samt einem Großteil von Lothringen, darunter Gebiete, von denen niemand zu behaupten wagte, daß sie „deutschsprachig" seien. Bismarck hat später gern erzählt, er habe die Festung Metz eigentlich nicht nehmen wollen, mit ihren strategischen Argumenten hätten die Generale ihn dazu genötigt. Das mag wahr sein oder nicht. Er hat auch erzählt, nicht er habe Hannover mit Preußen vereinigen wollen, sondern der König Wilhelm. Da ist notorisch das Gegenteil wahr.

1866 hatten die Preußen Deutschland besiegt, eine Erfahrung, die in den annektierten Provinzen wie in Süddeutschland schwerlich Enthusiasmus erregen konnte. 1870–81 waren es die Deutschen insgesamt, unter Preußens Führung, die es dem „Erbfeind" heimzahlten; die innere Einigung ging in einem Aufwaschen zusammen mit dem äußeren Triumph, so als ob dieser dafür notwendig gewesen wäre. Der letzte der „großen Erfolge" wurde zum Verhängnis; nicht nur, weil inskünftig zwischen Frankreich und dem neuen „Reich" alles sein konnte, nur nicht Freundschaft; noch mehr, weil der vielberufene deutsche „Militarismus" hier, und erst hier seinen Ursprung hatte, hier die prahlerische Militarisierung des öffentlichen Lebens, die Rolle des Leutnants, des Reserve-Offiziers, der Veteranen-Verbände erst eigentlich begann, die Vergötzung des Erfolgs seither zusammenfiel mit der Vergötzung „schimmernder Wehr". Bismarck, von Haus aus durchaus Zivilist, durchaus gewillt, den Generalen keinen Einfluß auf seine Politik zu gewähren, konnte diese breite und tiefe Tendenz an ihrem schädlichen Werk nicht hindern, selbst wenn er es versucht hätte; was er manchmal tat. – Durch sinnlosen Krieg entstand das „Bismarckreich"; durch sinnloseren Krieg ging es unter.

Trotzdem bleibt Bismarcks Leistung von 1862 bis 1870 eine historisch unvergleichliche. Es ist kein anderer uns bekannter Politiker bei so weit geschwungenem europäischen Spiel so Herr über die Ereignisse geblieben, es hat kein anderer Intelligenz, Kühnheit und Maß zu solcher Präzisionsarbeit verbunden. Natürlich verketteten sich Verdienst und Glück. Er hatte es mit lauter unterlegenen Partnern zu tun; an ihrer Spitze der Kaiser der Franzosen, dessen Glaube an die „Selbstbestimmung" der Völker zu Nationalstaaten eine rechtzeitige, wirksame Opposition gegen die Einigung Deutschlands unmöglich machte. Rußland fiel seit dem Krimkrieg nahezu aus. Die englische Politik überließ den Kontinent sich selber, solange dort nichts drohte, was nach „Universalherrschaft" aussah; einen solchen Anblick bot Preußen vorderhand nicht. Im Inneren erwies der Landtag sich als das, was man heute einen „Papiertiger" nennen würde und als was Bismarck ihn durchschaute; eine dünne Ober- und Mittelschicht vertretend, unverbunden mit der neuen Fabrikarbeiterschaft, dem „Proletariat", das seinerseits eine eigene politische Existenz noch kaum besaß. So war es am Ende das schwierigste, Auftraggeber und Standesgenossen zu dem zu überreden, was sie mit gutem Instinkt nicht wollten: Krieg gegen Österreich, Bündnis mit dem Italien Garibaldis, Enteignung dreier alter Dynastien. „Mit-auf-die-Pfanne-Werfen" – Bismarcks Ausdruck – des demokratischen Wahlrechts, Vermählung mit dem „Nationalitäts-Schwindel". Was er ihnen nicht verriet, weil sie es nicht verstanden hätten: daß es dabei trotz allem um die Rettung ihrer Privilegien ging, die anders nicht mehr zu retten waren.

Selber hielt er sich für bereit, notfalls noch weiterzugehen. Wie man Kriege machte und wieder beendete, je nach dem Interesse, so hielt er auch „Revolution" für etwas Machbares, zu Zwecken Einsetzbares. Während des Sechswochenkriegs trug er keinen Anstand, Tschechen und Ungarn, nach dem Vorbild von 1848–49, zum Aufstand gegen Habsburg anzutreiben. „Krieg und Revolution kombiniert", nach seinem Ausdruck. Damals auch in einem Telegramm nach Petersburg: „Pression des Auslandes wird uns zur Proklamierung der deutschen Reichsverfassung von 1849 und zu wirklich revolutionären Maßnahmen treiben. Soll Revolution sein, so werden wir sie lieber machen als erleiden." Was das für revolutionäre Maßnahmen sein würden, ließ er im dunklen, falls er es selber wußte. Während der folgenden zwanzig Jahre fürchtete er auf Erden nichts so sehr, wie die Auflösung Österreichs zugunsten nationaler Staaten, die nie etwas anderes sein könnten als revolutionär; es dürfe in Ost-Mitteleuropa nur „historische Staaten" geben.

Während der nächsten zwanzig Jahre – wir gelangen zum zweiten Teil von Bismarcks politischer Laufbahn, der, läßt man sie 1871 beginnen, ebensolang dauerte wie der erste. Entschieden der weniger erfolgreiche Teil. Wäre er auf der Höhe seines Triumphs, nun „Fürst", nun dank königlicher Dotationen einer der größten Grundbesitzer des Landes, in den Ruhestand getreten, sein Bild wäre ein entschieden helleres geblieben. Aber daran war kein Gedanke. Der, in seiner Formulierung, „das deutsche Volk in den Sattel gesetzt" hatte, traute ihm dennoch nicht und traute überaus stark den eigenen Gaben. Das Kunstwerk, das „Reich", scheinbar, nicht wirklich vollendet, niemals vollendet, immer bedroht, würde des Künstlers bedürfen, solange er lebte. An Bismarcks Namen hatte der Mythos der „großen Erfolge" sich geheftet, obgleich er persönlich zu geschmackvoll war, um ein großes Wesen davon zu machen. Das ging nun von alleine. Durch die Jahrzehnte lebte er von langsam schwindendem Ruhmeskapital.

Noch blieb er am liebsten Außenpolitiker, noch hantierte er virtuos mit den gewöhnten Größen, „Frankreich", „Österreich", „Rußland", „England", „Italien". Gern betonte er dabei, daß die inneren Vorgänge in diesen Ländern ihn nichts angingen, zumal die öffentliche Meinung nicht, die nur Druckerschwärze und Papier sei; die französische Politik werde von der französischen Regierung bestimmt, die russische von niemand anderem als Seiner Majestät dem Kaiser von Rußland. Heimlich wußte er es besser. Und wenn er der Dirigent des mißtönigen „europäischen Konzerts" blieb oder erst jetzt wurde, so traten doch ganz andere Kräfte und Fragen ins

Zentrum seiner Aufmerksamkeit; wirtschaftliche und soziale. Da hatte er noch viel zu lernen und blieb auch lernfähig. Aber Freude war nicht mehr dabei, für ihn nicht, und nicht für jene, mit denen er umging.

Die Regierungsform des Reiches war eine konstitutionelle, worauf er Wert legte. Eine parlamentarische sollte sie nicht sein, den Parteien die Regierung niemals zufallen. Tatsächlich wuchs die Bedeutung des Reichstags, wie nach ihm so schon unter ihm; wofür *ein* Beweis in den vielen, vielstündigen Reden liegt, mit denen er sich jahraus jahrein vor den Reichstagsabgeordneten plagte, oft sehr großartigen Reden, und nicht bloß zur Außenpolitik, oft auch kleinlich-zänkischen. Kein Zwischenruf, auf den er nicht mit schneidender Gereiztheit, mit Reminiszenzen aus seiner großen Zeit, welch letztere seinen Zuhörern, je mehr Jahre ins Land gingen, um so gleichgültiger wurden, mit hochmütigen Belehrungen reagiert hätte. Das Niveau des Gentleman hielt er, ehrenkränkende Vorwürfe vermied er betonter Weise, selbst den Sozialdemokraten gegenüber; war die Kritik „sachlich", war ausnahmsweise einmal Übereinstimmung zwischen den gewichtigsten Fraktionen, so zeigte er sich dankbar dafür. „Sachliche Kritik" – er selber glaubte, im Auftrag seiner Majestät und der Verbündeten Regierungen nichts anderes zu vertreten als die ausschließlich richtige, wahre Sache. Also durften, nach seinem Verstand, Vorschläge zu Verbesserungen, Verfeinerungen, Milderungen seiner Gesetzesvorlage sein, nicht Verneinung aus parteilichen, weltanschaulichen, „ideologischen" Gründen. Weil keine Regierungsparteien, genauer, keine regierenden Parteien sein sollten, so auch keine Opposition; deren Sinn begriff er nie. Mit drei Siebteln des Reichstags, so klagte er, sei im Grundsatz keinerlei Zusammenarbeit möglich – mit „Fortschritt", Zentrum, Sozialdemokratie. „Es ist das wie beim Manöver das Terrain, das man nicht betreten darf."

Zum Reichstag kam der Landtag, zum Landtag das Herrenhaus – er hatte viel zu reden, noch mehr anzuhören während seiner langen Kanzlerschaft. Auch erwarb er sich die ihm von Haus aus fremde Kunst, das Parlament im rechten Moment aufzulösen und für Wahlkämpfe die rechten patriotischen Streitparolen zu finden: die „rote Gefahr", sie vor allem; die Stärkung des Heeres gegen Bedrohungen von Frankreich oder Rußland her; die neuen Kolonien in Afrika und Albions ärgerliche Haltung ihnen gegenüber. Nie besaß er im Reichstag eine feste Mehrheit; teils, weil Fraktionen, die zur Regierung grundsätzlich nie berufen werden konnten, eine geschlossene Mehrheit zu bilden keinen Anlaß fanden, wenn sie dazu überhaupt fähig gewesen wären, teils, weil der Kanzler allerdings Mehrheiten brauchte, aber von keiner Gruppierung dauernd abhängig zu werden wünschte. Die Folge war, daß er für jedes ihm wichtige Gesetz sich die Ja-Stimmen irgendwie zusammensuchen oder, durch Konzessionen auf anderen Gebieten, zusammenkaufen mußte – eine Regel, die erst mit dem Kaiserreich selber verschwand.

Die stärkste Gruppe des Reichstags, beinahe eine Regierungspartei, auf die Bismarck sich bis 1878 stützte, deren linken Flügel er freilich den „roten" nannte, waren die Nationalliberalen. Mit ihnen wurden die Gesetze gemacht, welche dem „Ewigen Bund deutscher Fürsten und Freier Städte" den Charakter eines Bundesstaates, die rudimentären Züge eines Nationalstaates gaben: Einrichtung von Reichsämtern unter Staatssekretären als Gehilfen, nicht Kollegen, des Reichskanzlers, Reichswährung und Reichsbank, Aktienrecht, Presserecht und so fort. Auch waren die Liberalen Bismarcks entschiedene Parteigänger im sogenannten „Kulturkampf", einem gehässigen, sowohl im Reich wie in Preußen geführten Gesetzesfeldzug gegen die katholische Kirche, von dem wir uns nicht überzeugen können, daß irgendeine ernsthafte Notwendigkeit hinter ihm stand; andernfalls hätte er nicht seit 1879 wieder abgeblasen, hätten die in seinem Zeichen beschlossenen bösartigen Maßnahmen nicht Stück für Stück wieder rückgängig gemacht werden können. Kampfgewohnt, brauchte Bismarck den Kampf auch weiterhin; brauchte Alliierte und Feinde im Inneren wie im Äußeren. Hier schien beides ihm zusammenzufließen. Katholisch waren die preußischen Polen, ein Großteil der Elsässer und Lothringer; katholisch war Frankreich, solange dort die laizistische Republik nicht gesiegt hatte; katholisch waren die mit dem neuen Reich unversöhnten Bayern, die „Patriotenpartei", und die unversöhnten Österreicher; katholisch war der bedeutendste Politiker der „Welfen", der unversöhnten Hannoveraner, Ludwig Windthorst, nun der Chef der neugegründeten katholischen Zentrumspartei; über diesen allen stand der Papst, als „Bettler" – so Bismarck – gefährlicher als vorher, als er im Besitz des nun untergegangenen Kirchenstaates gewesen war. Das Ganze eine Phantasmagorie, erstaunlich bei dem Politiker, der bis dahin so bewundernswert realistischen Sinn bewiesen hatte; und eine Phantasmagorie mit schlimmen Folgen. Für gute Katholiken, deren Bischöfe im Gefängnis saßen, deren Pfarreien verwaist waren, die im Sterben die letzte Tröstung nicht erhalten konnten, war Bismarck fortan der Feind, späterer Ausgleich nur an der Spitze; so wie sie für ihn „Reichsfeinde" waren.

Nicht die einzigen. Die neue Partei – er nannte sie auch die „Sekte" – der Sozialdemokraten verstand Bismarck so wenig, daß er glaubte, sie durch polizeiliche Verfolgungen und Schikanierungen, 1878 legalisiert durch ein „Ausnahmegesetz", aus der Welt schaffen zu können. Daß die Nationalliberalen, sehr gegen ihre „liberalen" Grundsätze, dem Gesetz zustimmten, bedeutete eine abermalige Kapitulation. Periodisch erneuert, blieb das Gesetz bis 1890 in Kraft. Bei weitem nicht konsequent, nicht total genug, um die Bewegung zu „vernichten", wie dies – allenfalls – eine Tyrannei im Stil des 20. Jahrhunderts vermocht hätte, war es doch boshaft und quälend genug, um aus den sozialdemokratischen Führern und ihren Anhängern zu machen, was sie sonst nicht notwendigerweise geworden wären: bittere Feinde des neuen „Reiches" und seiner Gesellschaftsordnung insgesamt. Da es nur die politisch-agitatorische Tätigkeit im Lande, nicht aber die Partei selber verbot, so saßen ihre Vertreter nach wie vor im Reichstag – in stetig wachsender Zahl. Während der zwölf Jahre des „Ausnahmegesetzes" verdreifachte sich die sozialdemokratische Wählerschaft – die schwerste von Bismarcks innenpolitischen Niederlagen und eine, die – indirekt – zu seinem Sturz beitrug.

Die Jahre 78–79 werden manchmal geradezu als die Jahre einer zweiten oder Neugründung des Reiches bezeichnet. Der Ausdruck übertreibt. Wenigstens fand damals ein tiefgehender Kurswechsel statt, eine Konsolidierung, nicht mehr im liberalen Sinn wie 1866, viel weniger in dem einer „Revolution von oben", sondern im konservativen. Dem Sozialistengesetz, als einem Schlag gegen die Grundprinzipien des Liberalismus, dem allmählichen Abbau der „Kulturkampf"-Gesetze, dem Rückzug von einer militant laizistischen Gesinnung, korrespondierten im ökonomischen Bereich die industriellen und landwirtschaftlichen „Schutzzölle" von 1879, ein Abschied von Theorie und Praxis des Freihandels, dem Bismarck gehuldigt hatte. Die Agitation der hart bedrängten ostelbischen Großagrarier und der seit der Weltwirtschaftskrise von 1873 stagnierenden rheinischen Schwerindustrie bestärkte ihn in dem, was er suchte: eine neue, feste, seinen dauernden Gesinnungen adäquatere Basis seiner Herrschaft; fort von den liberalen Theoretikern, den Rechtsanwälten, Gelehrten, unabhängigen Honoratioren; hin zu den Vertretern nackter Interessen, mit denen man sich einigen konnte, schöner gesagt, den „staatserhaltenden und produktiven Ständen"; zurück zu jenen, aus deren Reihen er gekommen · war, den preußischen Konservativen. Daß über der Schutzzollfrage die Nationalliberale Partei noch einmal auseinanderbrach, der „rote" Flügel sich von dem „staatserhaltenden" trennte, war ihm genehm; er förderte den Bruch mit allen Mitteln. Von nun an stützte er sich auf eine Koalition – man sagte „Kartell" – der Konservativen, Freikonservativen und Rest-Nationalliberalen, wozu, wenn es sich fügte, die katholische Zentrumspartei kam. Das 1879 gestiftete Bündnis zwischen Agrariern und Industriellen ist für das „Reich" beherrschend und verhängnisvoll geblieben bis 1918, wenn nicht bis 1933. – Die Zölle, zunächst noch bescheiden, wurden in den achtziger Jahren um ein Vielfaches erhöht. Ihr ostensiver Zweck war, abgesehen davon, daß sie dem „Reich" eine direkte Einnahmequelle verschafften, der „Schutz der nationalen Arbeit". Daß sie das Leben der breiten Massen, der Konsumenten, erleichtert hätten, wird mit gutem Grund bestritten.

Das System von Sozialversicherungen – Krankheit, Unfall, Invalidität, Alter –, schrittweise aufgebaut in den Jahren 81 bis 89, steht zu dem seit 1878 eingeschlagenen starr konservativen Kurs nicht im Widerspruch. Wenn es neu war für seine Zeit, in der Tat bahnbrechend, so war es von Bismarck im Ursprung patriarchalisch gedacht: eine modernisierte, weit vorangetriebene „Armenfürsorge" im Sinn des alten Obrigkeitsstaates. Nebenbei, oder nicht nebenbei, war sein Zweck ein politisch-taktischer: die wirklichen Arbeiter, die ja, wenn man es genau nahm, zu den „produktiven Ständen" gehörten, von ihren, wie der Reichskanzler es sah, unproduktiven, demagogischen Wortführern zu trennen. In seiner dreibändigen Biographie hat Erich Eyck geurteilt, die Versicherungsgesetze seien das Werk der „Geheimräte" gewesen, Bismarck habe wenig daran teilgenommen; in den ‚Gedanken und Erinnerungen‘ kämen sie überhaupt nicht vor. Da kommt aber manches nicht vor. Tatsächlich beweisen seine Reichstagsreden ein starkes, tiefes Interesse für das soziale Experiment. Mit der ihm eigenen Neugier ergriff er die unvertraute Materie; mit der Ehrlichkeit und Bereitschaft zur Selbstkritik, die ihm eigen war – eigen sein *konnte* – gestand er, hier sich auf Neuland zu befinden, noch lernen zu müssen, Hilfe zu brauchen. Was er zu sagen hatte, entlockte mitunter selbst dem Abgeordneten Bebel ein „Sehr gut!" Über das ganze Vorhaben: „Der Herr Vorredner [der Zentrumsabgeordnete Georg von Hertling, 1917/18 Reichskanzler] hat die Schwierigkeiten und Schäden, von denen unsere Industrie und die Mitwirkung der Arbeiter an derselben begleitet ist, lebhaft und drastisch geschildert; er hat dadurch das Interesse der Regierung, die Sorgfalt, mit der die Regierung bemüht ist, diesen Schäden abzuhelfen, nicht steigern können, wenigstens die meinige nicht. Es ist, wie ich schon häufig wiederholt habe, die einzige

Aufgabe, die mir die Notwendigkeit, im Dienst zu bleiben, willkommen macht ..."

Damals also, Januar 1882, interessierte ihn das Unternehmen auf das lebhafteste. Es trifft zu, daß es ihn während der letzten Jahre seiner Regierung nicht mehr interessierte, hauptsächlich darum, weil es den Erfolg, den er sich davon erhofft hatte, nicht brachte: die Befriedung der neuen Fabrikarbeiterschaft, das Schwinden der Partei, die sich anmaßte, sie zu vertreten. Da dachte er dann, kurz vor dem Ende seiner Laufbahn, an ganz anderes als Befriedung. – Was er bis zuletzt nicht verstand: die Nöte, die Begehrungen und Forderungen der *gesunden* Arbeiter, Arbeitsbedingungen, Arbeitszeit, Sonntagsruhe und so fort, geschweige denn ihre politischen Aspirationen. Nur den Hilflosen, den Alten und Kranken sollte die staatlich gelenkte Vorsorge gelten; und die, dem Geist der Zeit, wohl auch den Möglichkeiten einer noch höchst unreifen Ökonomie entsprechend, blieb kümmerlich genug.

Bismarck war zu alt geworden, um das Proletariat und seine Partei zu verstehen. Auch wohl zu ängstlich; er bangte um „Bildung und Besitz", vermutlich nicht zuletzt um seinen eigenen, sehr stattlichen Besitz. Im Alter fiel er zurück auf die Grundbegriffe seiner Jugend, die Zeit, in der gedroht hatte, rechtdenkende Bauern würden notfalls die großen Städte samt allen ihren Sünden vom Erdboden vertilgen; als ob, was dazwischen lag, seine ganze große Laufbahn, das verwegene Spiel mit „Krieg und Revolution", nie gewesen wäre. Um ein Vierteljahrhundert jünger hätte er, denkbarer Weise, August Bebel und seine Leute recht wohl verstanden und ein Zweckbündnis mit ihnen gesucht, wie seit 1860 mit dem „deutschen Volk" – sollte heißen, mit dem liberalen, nationalen Bürgertum. Dergleichen vermochte er jetzt nicht mehr.

Insgesamt also war seine zwanzigjährige Regierung des neuen Reiches keine glückliche. Wie Max Weber fünf Jahre nach seinem Sturz bemerkte: er hatte der Nation die äußere Einheit gegeben, aber die innere nicht. Inwieweit das ein einzelner Mensch überhaupt gekonnt hätte, inwieweit Bismarck, gerade in seinen letzten Jahren sich für allmächtig haltend, der Gefangene sozialer Kräfte war, denen er sich unterwarf und ihnen, nämlich den herrschenden Klassen in Preußen, gewaltige Privilegien sicherte, um sich selber oben zu halten, und anders sich gar nicht hätte oben halten können, diese Frage muß hier dahingestellt sein bleiben. Jedenfalls *versuchte* er nicht, was ein schöpferischer, eine fernere Zukunft ins Auge fassender Staatsmann doch wenigstens hätte versuchen müssen: die anachronistische Herrschaftsordnung in Preußen allmählich zu verändern, das Gewicht des Königsstaates, der wie ein Incubus auf dem „Reich" lag, allmählich zu reduzieren. Er versuchte das genaue Gegenteil. Die Gewalt seiner Persönlichkeit. Geist und Stil seiner Reden, selbst seine imponierende äußere Erscheinung warfen einen Schleier über die Wirklichkeit: harte Klassenherrschaft und Korruption; soziale Konflikte, die um so bösartiger wurden, weil sie, unter einer weisen Obrigkeit, der schönen Theorie nach gar nicht sein durften; in der Nähe des Kanzlers eine Schar würde- und treuloser Kreaturen; eine Verfassung, die keine war und eine handlungsfähige, vom Consensus einer Mehrheit der Bürger getragene, einem modernen Industriestaat angemessene, verantwortliche Regierung gar nicht hervorbringen konnte. Nach Bismarcks Sturz kam das alles ans Licht – für jene, deren Augen Licht vertrugen.

Es scheint auch nicht, daß dies furchtbar lange Nachspiel ihm eigentlich Freude gemacht hätte. Er klagte beständig; in privaten Gesprächen; selbst im Reichstag; über seine Krankheiten; über jene, die pietätlos genug waren, ihm durch ausschließlich von persönlicher Streberei und Bosheit inspirierte Opposition das Leben sauer zu machen. Mitunter wünschte er sich, daß er tot wäre. Auf den Einwand eines Schmeichlers, das wäre ja ein unersetzlicher Verlust für das Vaterland: „Wer weiß, vielleicht wäre es besser." Also ahnte er, manchmal, daß er zur hindernden Last geworden war.

Es ist hier noch ein Blick auf die äußere Politik des Reichskanzlers zu werfen. Sie war Friedenspolitik, von

1871 bis 1890. Das wird von keinem ernsthaften Historiker mehr bestritten; auch jene angelsächsischen Schriftsteller, die früher anderer Meinung waren, haben sich mittlerweile darauf geeinigt. Wenn Krieg, der spektakulärste Erfolg nach außen, zum „Bonapartismus" gehört, dann war Bismarck seit 1871 ganz offenbar *kein* Bonapartist mehr. Man mag es aus kleinlich-persönlichen Motiven erklären: reich, glorreich, krank, früh alternd, wünschte er nun sich Ruhe und Sicherheit. Man mag es, was mir wahrer scheint, aus großartig-persönlichen Motiven erklären: sein Werk, das Deutsche Reich, im Inneren gebrechlich, gefährdet nach außen, wollte er schützen durch strengstes Maßhalten. Man mag sein Christentum dazunehmen: *seine* drei Kriege wollte er, rückblickend, für notwendig ansehen, er sei mit Gott darüber ins reine gekommen; an einem Weltkrieg, wie es der nächste Krieg unvermeidlich sein würde, begehrte er nicht schuld zu sein. Im Reichstag, Februar 1888: „Mit der gewaltigen Maschine, zu der wir das deutsche Heerwesen ausbilden, unternimmt man keinen Angriff … Bulgarien, das Ländchen zwischen Donau und Balkan, ist überhaupt kein Objekt von hinreichender Größe, um daran die Konsequenzen zu knüpfen, um seinetwillen Europa von Moskau bis zu den Pyrenäen und von der Nordsee bis Palermo hin in einen Krieg zu stürzen, dessen Ausgang kein Mensch voraussehen kann; man würde am Ende nach dem Krieg kaum mehr wissen, warum man sich geschlagen hat." Setzt man statt „Bulgarien" „Serbien" ein, so ist hier die Situation von 1914 vorweggenommen.

In der gleichen späten Rede, wohl der großartigsten, die er, „klapprig", nach Theodor Fontane, und nach einer Weile genötigt sich zu setzen, je gehalten hat, klingt etwas wie Sehnsucht nach der verlorenen Vergangenheit an: „Wir hatten ja früher in den Zeiten der Heiligen Allianz – mir fällt ein altes amerikanisches Lied ein, welches ich von meinem verstorbenen Freund Motley gelernt habe; es sagt: In good old colonial times, when we lived under a king – nun, das waren eben patriarchalische Zeiten, da hatten wir eine Menge Geländer, an denen wir uns halten konnten, und eine Menge Deiche, die uns vor den wilden europäischen Fluten schützten. Da war der Deutsche Bund, und die eigentliche Stütze und Fortsetzung des Deutschen Bundes, zu deren Diensten er gemacht, war die Heilige Allianz. Wir hatten Anlehnung an Rußland und Österreich ..." Der „Dreikaiservertrag" von 1873 war etwas wie eine – irreale – Wiederbelebung der Heiligen Allianz. Das Adjektiv „saturiert", das er seinem Deutschen Reich gern beilegte, stammte, und er wußte es, aus dem Wortschatz Metternichs. Der „Schüler" Napoleons III. war zum „Schüler" Metternichs geworden. Ein monarchisches Mittel- und Osteuropa für den Frieden und gegen die rote Revolution. Die Erhaltung des *Status quo*, um einen hohen Preis; die Beschwörung des Augenblicks als des Dauernden. Aber das „Reich" war keineswegs saturiert; nicht, wegen seiner übel ausgewogenen inneren Verhältnisse; nicht in Anbetracht der Dynamik seiner Ökonomie; nicht als „Nationalstaat", denn es fehlte viel, daß es alle von Deutschen bewohnte Länder umschlossen hätte. Nationalstaat – dies neue Reich, urteilte 1871 ein österreichischer Politiker, werde ja doch nie einer werden können. Es werde vielmehr immer weiter dringen müssen bis zur Beherrschung ganz Europas, was bisher noch keinem europäischen Staat gelungen sei, oder es werde eines fernen Tages scheitern und aufgeteilt werden. – Bismarck sah beide Alternativen; ihrer Vermeidung galt sein Mühen.

Nicht saturiert war aus anderen, ihm eigenen Gründen das Reich des Zaren, und selbst Österreich-Ungarn war es nicht. Indem die Machtkonkurrenz der beiden Ostmächte auf dem Balkan wieder aufflammte und gleichzeitig die Petersburger Stimmung einen stark irrationalen antideutschen Akzent gewann, vollzog Bismarck 1879, was später die „Option" für Österreich genannt wurde; das Militärbündnis mit Österreich-Ungarn, gegen Rußland gerichtet, aber eindeutig defensiv. Ein Novum in der Geschichte der europäischen Diplomatie; bis dahin waren Bündnisse stets für einen akuten Zweck gemeint gewesen. Um den Vorteil zu behalten, die üble

Wirkung zu eliminieren, ließ der alte Staatskünstler 1887 den „Rückversicherungsvertrag" mit Rußland folgen; in ihm garantierten beide Mächte sich Neutralität, wenn eine von ihnen das Opfer eines Angriffs würde, nicht aber, wenn Rußland Österreich oder Deutschland Frankreich angriffe. Ein kompliziertes, vielfältiges Greisenspiel, immer mit dem Zweck, Koalitionen gegen die neue, starke, aber gefährdete europäische Zentralmacht zu verhindern, mögliche Feinde auseinanderzuhalten, zu binden und den einzigen potentiellen Feind, der weder zu versöhnen noch zu binden war, Frankreich, isoliert zu halten.

Es wären diesem System diplomatischer Pantomimen noch manche andere, ohne historisches Gewicht, hinzuzufügen: die Stärkung oder Schwächung des deutsch-österreichischen Bündnisses durch Italien, die Allianz mit Rumänien, auf dem Umweg über Österreich, die Förderung eines englisch-italienisch-österreichischen Abkommens zur Erhaltung des *Status quo* im östlichen Mittelmeer. Internationale Konferenzen, denen der Reichskanzler präsidierte – Berliner Kongreß, 1878, Vermittlung des „ehrlichen Maklers" zwischen England und Rußland (aber gerade dies wohlgemeinte Unternehmen wurde ihm in Petersburg sehr übel genommen), Berliner Kolonial-Konferenz, 1884 – ließen Bismarck als Schiedsrichter und Friedenserhalter erscheinen; auch dies ein Stück des Schleiers, der über der falschen deutschen Staats- und Gesellschaftsverfassung lag.

Auf die Frage, ob in Europa in den siebziger und achtziger Jahren nicht auch ohne Bismarck Friede gewesen wäre, ist nur eine spekulative Antwort möglich. Ebenso muß unentschieden bleiben, ob die Katastrophe von 1914 in seinem System bereits angelegt war, oder aber durch die Unfähigkeit seiner Nachfolger verschuldet wurde. Angelegt, könnte man vermuten, allerdings; aber nur er verstand es, die Folgen dessen, was er selber gegründet hatte, hintanzuhalten, solange er im Amt war. Jedenfalls blieb von allen seinen Kunstwerken nur eines, die Bindung an Österreich-Ungarn, übrig.

War Bismarck ein Imperialist, einer, der nun auch ein

großes deutsches Kolonialreich in Afrika und anderswo erstrebte und, so wie der deutsche „Kapitalismus" sich entwickelte, erstreben mußte? Es wird neuerdings wieder behauptet. Ich bestreite es. Vom Anfang bis zum Ende seiner Karriere dachte er kontinental. Amerika amüsierte ihn, zog ihn sogar an – besonders amerikanische Eisenbahnaktien – ohne daß er es politisch ernst genommen hätte. Afrika, Asien, der Pazifik waren ihm völlig fremd. Hätte er Kolonien als Quelle von Reichtum und Macht – nämlich europäischer Macht – hoch eingeschätzt, er würde den französischen Imperialismus in Afrika und „Hinterindien" nicht begünstigt haben, wie er es tat; um den neuen „Erbfeind", wenn nicht zu versöhnen, so doch zu beruhigen. Zu einem deutschen Kolonialenthusiasten: „Das ist alles schön und gut. Aber – auf eine Karte Europas weisend – hier ist mein Afrika. Hier ist Frankreich, hier Deutschland, hier Rußland, das ist mein Afrika." Daß er, 1883–1885, dennoch in die Erwerbung einiger Fetzen Landes in Afrika und im Pazifik willigte – Niederlassungen zuerst, Protektorate dann, und zum Schluß, weil es sich als unvermeidlich erwies, Kronkolonien – ist als Konzession an den „Geist der Zeit" anzusehen, an den Nationalismus des Bürgertums, aufgewiegelt durch den „Kolonialverein", an die allgemeine Erwartung neuer „großer Erfolge". Mit der „Dialektik des Kapitalismus" kann das Unternehmen im Ernst nur wenig zu tun gehabt haben; als Rohstoffquellen waren die unter Bismarck gewonnenen deutschen Kolonien von geringstem Wert, als Absatzmärkte vollends lächerlich. Der schiere *Glaube* wäre eine andere Sache. Da tat nun auch der Kanzler, flüchtig informiert, im Parlament wohl oder übel so, als ob er an Kolonien glaubte. Auch ließen sie sich im europäischen Spiel verwenden; flüchtige Annäherung an Frankreich; flüchtiger Streit mit England, willkommen für die Reichstagswahlen von 1887, die letzten, die Bismarck mit seinem konservativen „Kartell" gewann.

Er verlor die Wahlen vom Januar 1890 gegen eine gewaltige Mehrheit von Zentrum, Freisinnigen, Sozialdemokraten. Sein Sturz im folgenden März ist also nicht nur,

wie gern behauptet wurde, auf jene Institution zurück-
zuführen, die gerade er so sehr gestärkt hatte: auf die
Monarchie, auf höfische Intrigen. Ohne die vorherge-
hende parlamentarische Niederlage hätte Wilhelm II.
den großen Mann nicht zu entlassen gewagt. Daß Bismarck nach der Niederlage mit dem Gedanken eines
Staatsstreiches spielte, wie im März 1848, wie im Sommer 1862 – damals, belustigt: „Staatsstreicheln", „meine
alte Reputation von leichtfertiger Gewalttätigkeit ..." –
wenn er eine Veränderung des Wahlrechts im Reich in
Betracht zog, sogar eine „Aufkündigung" des Reiches
von 1871 zugunsten von irgend etwas anderem, und offenen, militärischen Kampf gegen die Sozialisten, so lassen solche ungare Pläne ein schauerliches Mißverstehen
der Zeit erkennen.
Bismarcks Entlassung kam nicht zu früh, sie kam zu
spät. Von seinem physischen und geistigen Verfall, dem
schrumpfenden Kopf und den zitternden Händen, mit
denen er nach Morphium griff, von seiner Vereinsamung, von seiner nun ganz unfruchtbar gewordenen
Machtgier, seiner Geldgier, seinen kapriziösen, schwan-
kenden, obgleich immer noch mit der alten Gewandtheit
vertretenen Urteilen gibt das Tagebuch seines Gehilfen
Friedrich von Holstein, lange Zeit sein Bewunderer, ein-
drucksvolle Zeugnisse.
Nach seiner Entlassung schrieb Theodor Fontane, der
auf seine Art wohl auch ein Bismarckbewunderer war:
„Die Welt hat selten ein größeres Genie gesehen, selten
einen mutigeren und charaktervolleren Mann und selten
einen größeren Humoristen. Aber eines war ihm versagt
geblieben: Edelmut. Das Gegenteil davon, das zuletzt
die häßlichste Form kleinlichster Gehässigkeit annahm,
zieht sich durch sein Leben ... Es ist ein Glück, daß wir
ihn los sind."
Dem sei, weil man über diesen unerschöpflichen Gegenstand immer das eine und das andere sagen muß, ein anderes Urteil gegenübergestellt. Es wurde ein gutes halbes Jahrhundert später formuliert, und zwar von
Heinrich Mann, dem bitteren Kritiker des Hohenzol-
lernreichs, dem Verfasser des ‚Untertan'. In einem merk-

würdigen Kapitel von Heinrich Manns Erinnerungsbuch, genannt „Nächte Bismarcks", lesen wir: „Ich bin weder befugt, von der menschlichen Größe abzusehen, noch verbiete ich mir, ihre Schwächen zu erraten. Die Anwandlungen von Entmutigung sind häufig, wie ich weiß, bei schöpferischen Gemütern. Wie denn anders, ihr Mut wäre ohne Relief. Fürst Bismarck, Reichskanzler, nach der seither erfolgten Aufklärung einziger Kanzler eines Reiches, das mit ihm kam und ging – war außerordentlich von Feindschaft belastet, je höher seine erarbeitete Geltung, je grandioser die Gestalt … Ich bin verpflichtet, darauf zu bestehen, daß Deutschland in seiner Gestaltung durch Otto von Bismarck eine konservative Wohltat dieses Erdteils gewesen ist – von seiner Bedrohung endlos entfernt. Nicht die Furcht entfernt von schädlichen Wagnissen endgültig: leicht kann sie aufhören, wenn am wenigsten die Zeit wäre. Was einen Mann gegen Versuchungen befestigt, ist die Erkenntnis und ist das Gewissen."

(1978)

Lord Acton

John Dalberg-Acton – es gibt im Augenblick, in dem
dies niedergeschrieben wird, noch Leute, die ihn gekannt haben. Eine alte Dame in München erzählt, die
Taschen seien ihm stets voller Goldstücke gewesen, mit
denen er zu klimpern liebte und nur allzu zerstreut und
großzügig umging. Das ist lange her. Acton selber liebte
die raschen historischen Durchblicke, den Zusammenhang der Generationen, den Zusammenhalt der Zeiten
durch Erinnerung. „Ein Girondist, der als Senator des
Zweiten Kaiserreichs starb" – dergleichen verblüffende,
ein halbes Jahrhundert überspringende Nebensätze ließ
er sich nie entgehen. „Nahe Verwandte von mir", so er-
zählte er 1895 seinen Studenten, „waren in Rom im
Jahre 1846, als die Reformen des neuen Papstes ihn zum
populärsten Souverän Europas machten. Sie fragten eine
italienische Dame, warum alle die Freudendemonstratio-
nen sie nur traurig stimmten. Sie antwortete: ‚Ich war in
Versailles im Jahre 1789.'" Nahe Verwandte von mir –
wahrscheinlich seine reiselustige Mutter und sein Stief-
vater. Es hätte aber auch er selber, der damals zwölfjäh-
rige geschichtskundige Junge sein können. Erinnerungen seiner Älteren brachten ihn in direkten Kontakt mit
dem Zeitalter der Französischen Revolution. Er lebte in
einer Epoche, die von Napoleon bis zum Ersten Weltkrieg reicht; das ganze neunzehnte Jahrhundert, seit
1815, war für ihn ‚Gegenwart'. ‚Moderne Geschichte'
nannte er den Zeitraum zwischen der Renaissance und
der amerikanischen Unabhängigkeitserklärung; was danach kam, war noch ungeklärt, umstritten, zeitgenös-
sisch. Gegen Ende seines Lebens sah er, mit wissenden
Augen, die Zeit, da niemand mehr mit Goldstücken
klimpern würde, sich vorbereiten.
Actons Erinnerungs-Sinn fand Stützpunkte innerhalb
der eigenen Familie in noch tieferer Vergangenheit. Sein
Großvater, Sir John Acton, Günstling der Königin von

Neapel, Premierminister des Königreichs zur Zeit der Französischen Revolution, starb 1811 in Palermo. Er hatte zwei Söhne, Richard und Charles Januarius, später Kardinal Acton. Die Familie, katholisch und stark italianisiert, blieb in Neapel, wo sie einen Palast besaß. Sir Richard heiratete das einzige Kind des Duc de Dalberg, süddeutsch-französischen Diplomaten, der Talleyrand auf dem Wiener Kongreß assistierte, übrigens ein Neffe des Rheinbund-Primas und Goethe-Freundes war. Nach dem Tode seines Schwiegervaters kam Richard in den Besitz des Schlosses Herrnsheim und fetter Güter am Rhein; um den alten deutschen Adelsnamen zu bewahren, nannte er sich seitdem Dalberg-Acton. Er starb jung. Produkt eines wunderlichen anglo-italienischen Familien-Romanes, Erbe eines durch England, Frankreich, Italien, Deutschland verstreuten Besitzes, blieb übrig der Sohn John, geboren 1834 in Neapel. Die Mutter vermählte sich zum zweiten Mal mit Lord Leveson-Gower, nachmals Lord Granville; diese Heirat brachte den überlebenden Acton zurück nach England. Zu den mannigfachen Linien, die sich in dem einen bevorzugten Individuum kreuzten, kam eine neue: der Einfluß seines Stiefvaters, Hauptes einer der großen Whigfamilien, Lordpräsidenten, Außenministers, des weltweisen, lebensvergnügten Politikers.

Dann die Begegnungen, Kämpfe, selbstgestellten Aufgaben des Reifenden. Das Haus Professor Ignaz Döllingers in München, in dem der Jüngling Deutsch und die kritische Wissenschaft der deutschen Historiker erlernte. Reisen nach Rußland und den Vereinigten Staaten. Herausgabe einer katholischen Zweimonatsschrift durch den noch nicht Sechsundzwanzigjährigen. Eine kurze, übrigens ereignislose Periode im Unterhaus. Heirat mit seiner Cousine, einer Gräfin Arco, die den britischen Neapolitaner noch näher mit Bayern und Österreich verband. Veröffentlichungen, aber immer nur essayistischer Natur; Büchersammeln, Verschwenden, Geldsorgen. Reiseleben zwischen Tegernsee in Bayern, Sankt Martin in Österreich, Cannes, London, Aldenham in Shropshire. Der publizistische Kampf gegen den Absolutismus Papst Pius' des Neunten, und die Freundschaft mit Gladstone. Ehrungen, meistens durch Gladstone vermittelte: die Baronisierung, die ihm den berühmt gewordenen Namen gab; die Erhebung zum Lord-in-Waiting der Königin; endlich, 1895, die Berufung zum Regius Professor für moderne Geschichte in Cambridge. Es war die späte, aber vollständige Anerkennung des Historikers eben dort, wo er fünfundvierzig Jahre früher als Student wegen seines katholischen Bekenntnisses vergebens Einlaß begehrt hatte. Sieben Jahre später starb er, achtundsechzigjährig, in Tegernsee.

Actons Porträts zeigen einen schönen, fast ehrfurchtgebietenden Mann mit hoher Stirne, nach hinten gekämmtem wallendem Haar, klaren Augen; das Untergesicht ist durch einen deutschen Gelehrten-Vollbart verborgen. Auf einem Gruppenbild aus Tegernsee aus dem Jahre 1879 sieht man ihn im Kreis seiner Freunde: Gladstone mit Löwenhaupt über dem hohen Kragen, um den, rundum sichtbar, die Krawatte läuft, im dunklen Rock und hellen Hosen auf eiserner Gartenbank; Mrs. Gladstone mit Haube und Fächer; ‚der Professor‘, Ignaz Döllinger, klein, alt und fein; Acton, mit überkreuzten Beinen, den runden Hut auf den Knien. Dahinter Sohn und Tochter Gladstones, jung und manierlich; ein Damenflor mit Federhüten und Sonnenschirmen; die efeu-umrankte Terrasse, auf welcher der Tee serviert wird. Es ist ein weiter Weg von dieser Sommer-Welt unserer Großeltern zu der Welt Stendhalscher Romane, aus der Acton kam: dem Palast des Rokokogünstlings in Palermo, dem Haus des Talleyrand-Schülers in der Rue d'Anjou.

Wie Lord Acton zum Prototyp und Opfer germanischer Gelehrsamkeit werden konnte, zum Meister der Bibliographie, zum Leser und Annotator von 20000 Bänden, bleibt ein Rätsel, das man niemandem aufgeben sollte, weil es nicht gelöst werden kann. Auch kam es seinem Werk nicht unbedingt zugute. Actons Produktivität litt darunter, daß er zuviel wissen wollte; nicht bloß alles, was es über einen Gegenstand wirklich zu wissen gab, auch alles, was je über ihn geschrieben worden war, und was nicht immer das Lesen lohnte. Der Anlage nach ein Universalhistoriker und Essayist von höchster Brillanz, suchte er sein Talent hinter der Maske des Fußnoten-Virtuosen zu verbergen. Von den Mitarbeitern der Cambridge Modern History, deren Programm er entwarf, verlangte er vollkommene Askese und Entpersönlichung: man dürfe nicht merken, wer von ihnen für dieses oder jenes Kapitel verantwortlich sei. Sein eigener Stil ist freilich unverkennbar. Aber sein Werk blieb fragmentarisch: zwei Bände akademischer Vorlesungen; zwei Bände gesammelter Essays; einige Bände Briefe; mehr Essays und Kritiken, die in keinem Sammelband Platz fanden. Das ist nicht viel für ein der Forschung und Schriftstellerei gewidmetes Leben. Es erklärt das Vage, seltsam Abstrakte, das Actons Ruhm selbst in den angelsächsischen Ländern lange Zeit anhaftete. Er war ein berühmter Historiker; aber keine Schule oder Theorie, kein großes Subjekt der Geschichte blieb mit seinem Namen verbunden.

Inzwischen fand etwas wie eine Wiederentdeckung Actons statt. Ein deutscher Gelehrter machte den Versuch, Actons in Essays und Aphorismen existierende Geschichtsphilosophie durch Auszüge und Zusammenstellungen in ein System zu bringen. Dasselbe ist mit Actons Meister, Edmund Burke, und hier mit besserem Erfolg, versucht worden; der Natur dieses Werkes entspricht es kaum. Acton gewidmete Studien erschienen in England und Amerika; die schöne Monographie Erzbischof Mathews: ‚Acton. The Formative Years‘; Gertrud Himmelfarbs ‚Lord Acton, Ein Versuch über Gewissen und Politik.‘ Unsere Zivilisation sucht Hilfe bei den guten Geistern ihrer Vergangenheit. Ein guter Geist spricht aus den Schriften Dalberg-Actons: Gerechtigkeit, Wahrheitsliebe, Trauer, Hoffnung, Glaube.

Der Versuchungen waren viele. Es gab die antihistorische Düsternis, die Schopenhauersche Geschichtsverneinung, der Actons bewunderter Zeitgenosse, Jacob Burckhardt, gelegentlich nachgab. Es gab die Versuchung der ungebührlichen Sonnigkeit, der vereinfachenden These, des Verherrlichens, des fixierten romantischen Theoretisierens. Es gab die Versuchung der Parteilichkeit in eigener Sache, etwa der katholischen. Actons Beurteilungen sind gelegentlich überscharf, in seinen Essays, noch mehr in seinen Briefen findet man wunderliche Superlative. Aber er erlag keiner der literarischen Versuchungen des neunzehnten Jahrhunderts.

Dankbar sind wir ihm heute vor allem für die ruhige Gerechtigkeit seiner Ansichten. Über die Entstehung des deutsch-französischen Krieges von 1870 schrieb er zwei Aufsätze, die weder Louis Napoleon, noch Bismarck zugute kamen. „Beide Parteien wollten den Krieg, die eine vor, die andere nach dem Abschluß gewisser Allianzen." Die gleiche Unbestechlichkeit bewies er da, wo es um die großen Gegenstände der Geschichtsschreibung ging: um Reformation und Gegenreformation zum Beispiel. Er beschrieb die moralische Verwilderung der Epoche, ihre wüsten Kämpfe, den Fanatismus, das selbstgerechte Gesalbader, die rabulistische Bosheit beider Lager, ohne Zynismus, mit verhaltener Trauer. Gleich nach der Bartholomäusnacht ließ Katharina von Medici der Königin Elisabeth sagen, sie möge es mit ihren Katholiken ebenso machen, wie es in Paris mit den Protestanten gemacht worden. Päpste waren Mörder und Mordverherrlicher – nie hat ein katholischer Publizist schonungsloser über die Vergangenheit seiner Kirche geschrieben. Sein Denken und Forschen kreiste um die Schuld religiöser Verfolgungen so sehr, daß ein katholisches Blatt ihn verhöhnen konnte, sein Hirn „leide an der Inquisitionskrankheit". Dort, wo sie die Macht hatten, so liest man in einem Essay des Neunundzwanzigjährigen, und ihrerseits der Toleranz nicht mehr bedurften, waren aber die Protestanten nicht besser als die Katholiken. Dabei lebte in der Inquisition trotz allem ein Rest von der alten Idee geistlicher und weltlicher Universalität; die Protestanten, die die alte Einheit auf jeden Fall zerstört hatten, verfolgten und wüteten nicht um großer praktischer Zwecke, sondern bloß um der spekulativen Wahrheit willen, aus nichts als dogmatischer Rechthaberei. Die im eitlen Humanistenlatein abgefaßten Gratulationsbriefe, die Calvin nach der Verbrennung des Servetus von den protestantischen Führern Deutschlands erhielt, stehen dort, als eine abscheuliche Bestätigung von Actons These.

Nun gibt es keine Gerechtigkeit ohne den Glauben, daß gut gut und schlecht schlecht sei. Schlecht, unabhängig von, nicht entschuldigt mit sogenannten geschichtlichen Aufgaben, Strömungen, Notwendigkeiten und Notlagen. In der Anwendung dieses Prinzips ging Acton so weit, wie ein Mensch gehen kann, nach Ansicht seiner Kritiker weiter, als dem Geschichtsschreiber zuträglich war. Es ist aber gerade die Unbedingtheit seiner Weigerung, mit den Begriffen von Gut und Schlecht Hokuspokus zu treiben, für die wir ihm heute dankbar sind. Lüge war schlecht, Verrat, Mord waren schlecht, überall und immer; und der zu Ehren Gottes oder zur Befestigung der Staatsmacht verübte Mord noch schlechter als Raub oder Blutrache. Wenn fast alle Helden der Geschichte sich mit Untaten befleckt hatten, so hieß das nicht, daß sie mit einem besonderen, dem christlichen Alltag nicht zukommenden Maßstab zu messen seien. Acton schrieb in diesem Zusammenhang den einen Satz, für den er berühmt ist: Power tends to corrupt and absolute power corrupts absolutely. „Große Männer sind fast immer schlechte Menschen, sogar wenn sie nur Einfluß ausüben ohne Autorität; noch mehr wenn die Wahrscheinlichkeit oder Unvermeidlichkeit der Korruption durch Autorität hinzukommt. Es gibt keine schlimmere Häresie als die, wonach das Amt den Amtsträger rechtfertigt … Einen Mann ohne Stellung im Leben wie Raveillac würden Sie hängen; aber Elisabeth gab dem Gefängniswärter einen Wink, Maria Stuart umzubringen, und Wilhelm III. befahl seinem schottischen Minister, einen Clan auszumorden. Das sind größere Namen und größere Verbrechen. Sie würden diesen Verbrechen mysteriöse mildernde Umstände zubilligen. Ich würde sie höher hängen als Harmann, aus Gründen der Gerechtigkeit; noch mehr, noch höher, um der historischen Wissenschaft willen."

Die Gefahr war hier, daß in der Nacht von Torheit und Verbrechen verschwand, was die Geschichte erforschenswert machte. Wenn alle gleich schlecht waren, Luther und Zwingli und Calvin, Cramner und Knox, Mary Stuart und Heinrich VIII., Philipp II. und Elizabeth, Cromwell und Louis XIV., James und Charles und William, wo war der Sinn der Kämpfe zwischen ihnen? Wie war dann Geschichte die Rechtfertigung Gottes in der Zeit? Tatsache ist, daß Acton sich keinen Augenblick seines Lebens einem geschichtsverneinenden Pessimismus, der billigen Kunst des Hohnes, der Demaskiererei ergab. Die traurigen Abweichungen historischer Gestalten von der Bahn des Rechten waren, wie sie waren: wehe denen, die an Calvins schlimmster Missetat deutelten. Der Wahrheit mußte die Ehre gegeben werden. Deswegen aber die Geschichte sich selbst zu überlassen und das Heil anderswo zu suchen, wäre für Acton eine gleichfalls unwahre Haltung gewesen. Wo sollte der Mensch sich bewähren, wo sein Schicksal sich gestalten, wenn nicht in der Zeit und in der Gesellschaft? Wer als ein Moralist die Geschichte verachtete, der floh, dem Ernst zuliebe, in den Unernst, ebenso wie der Geschichtsvergotter, der von großen Notwendigkeiten sprach und über gut und schlecht die Achseln zuckte. Acton war es ernst mit allem, nicht bloß mit der einen oder anderen Abstraktion. Im Moralischen zu keinerlei Tauschgeschäft willig, hatte er dennoch die tiefste Liebe zur Geschichte, den hellsten Sinn für geistige Entwicklungen und Zusammenhänge.

Mit Einschränkungen glaubte er an den Fortschritt, den Gott seines Jahrhunderts. Wie Hegel definierte er ihn als Fortschritt zur Freiheit; frei war der Mensch, der tun durfte, was er für seine Pflicht hielt, trotz Autoritäten und Mehrheiten, Gewohnheit und öffentlicher Meinung. Ein Fortschreiten zu diesem Ziel, oft unterbrochen, immer bedroht, war in der modernen Geschichte erkennbar: der holländische Befreiungskampf gegen Spanien, die drei englischen Revolutionen von 1640, 1688, 1776. Dahinter lagen die bleibenden Erwerbungen der Antike und des christlichen Mittelalters; dazwischen die stetige Geistes-Arbeit, die von den absoluten Herrschaftsformen des offiziellen Protestantismus zur Toleranz der Sekten, von der opportunistischen Praxis der Whig-Oligarchen zur gereiften liberalen Philosophie Burkes und der Amerikaner führte. So sah Acton es; sein Begriff von Freiheit war insofern klassischer Natur, und es ist ganz recht, daß, wo man von dem Liberalismus des neunzehnten Jahrhunderts spricht, sein Name genannt wird. Nur bedeutete das Wort ‚liberal' schon damals gar zuviel verschiedene Dinge. Der hätte sich jedenfalls mit einer leidig dünnen Oberfläche der Dinge begnügt, der in der zweiten Hälfte des neunzehnten Jahrhunderts nichts anderes gewesen wäre als ein „Liberaler". Zuviel war geschehen, zuviel war im Fluß, was sich auf den frohen Nenner immer größerer persönlicher Freiheit und Sicherheit nicht bringen ließ, was aber trotzdem offenbar zum Kommenden, Zukünftigen gehörte. Acton sah das wohl. Er wußte, daß die Kette der angelsächsischen Revolutionen das Herzstück der jetzt geschehenden Geschichte nicht mehr war, daß mit der Französischen eine Kette ganz anders gearteter Revolutionen begonnen hatte. Er verachtete den robusten, schimmernden Optimismus Macaulays ebenso, wie er dem Enthusiasmus Mazzinis mißtraute. Hatte er in der älteren Generation einen Lehrer, so war es de Tocqueville, der von sich sagen konnte, er habe kein anderes Anliegen, als la liberté et la dignité humaine, der aber beide, Freiheit und Würde, von dunklen Gewalten der Zukunft bedroht sah.

Bedroht durch einen revolutionären Zentralismus und Despotismus, der sich auf Gleichheit stützte: eine negative Gleichheit, die Eliminierung aller unterscheidenden Traditionen. Daß diese Tendenz, und nicht die ältere, auf protestantische Freiheit, auf Kontrolle und Teilung der Macht gerichtete, die innerste Kraft der Französischen Revolution gewesen sei, war das epochemachende Resultat von Tocquevilles Untersuchungen. Hier war Acton sein Schüler und Fortsetzer. Was er in einem Brief an die Tochter seines Freundes Gladstone schrieb, könnte von Tocqueville geschrieben sein: „Wir wissen, daß die Doktrin der Gleichheit nicht nur logisch, sondern beinahe mechanisch dazu führen muß, das Prinzip der Freiheit dem der Quantität zu opfern; daß sie sich mit Macht verträgt, aber nicht mit echter Repräsentation; daß sie, weil es ohne Kontrolle auch keine Begrenzung gibt, früher oder später in die Bereiche des Eigentums und der Religion einbrechen muß." Mit Tocqueville verband ihn die Überzeugung, daß Freiheit nicht bestehen könnte, ohne eine Form der Aristokratie, der traditionellen Stratifikation und ohne religiöse Bindung. Mit Tocqueville verachtete er das Plebiszit, die Vergottung des fait accompli, den Bonapartismus. Mit Tocqueville teilte er auch die Sorge vor der barbarischen russischen Macht, die den Außenminister der Zweiten Republik sogar eine kraftvolle Einheit Deutschlands als wünschenswert erscheinen ließ.

Und wie Tocqueville besaß er ein Wissen um die Gebrechlichkeit aller menschlichen Einrichtungen, die Dialektik aller politischen Heilsbotschaften, wie sie simpleren Geistern, zu ihrem Glück, nicht gegeben ist. Darum konnte er von sich sagen, er „habe keine Zeitgenossen"; ein bloßer Liberaler hätte es um 1860 gewiß nicht von sich gesagt.

Was ihn damals und später von seinen liberalen Zeitgenossen am stärksten isolierte, war sein tiefes Mißtrauen gegenüber dem Nationalismus. Vor hundert Jahren galt die Erfüllung der nationalen Idee mit Fortschritt, Menschheitsglück und Weltfriede großzügig als ein und dasselbe. Der kam leicht in den Ruf des Obskurantismus, des hartherzigen Nicht-verstehen-Wollens der Zeitläufe, der sich gegen die unbedingte Gültigkeit des Nationalstaatsprinzips aussprach. Lord Acton hat diesen Ruf nicht gescheut, zusammen mit wenigen anderen frühen Warnern, Gentz, Heine, John Stuart Mill, Grillparzer. Sein Essay über ‚nationality', geschrieben im zweiten Jahr des neuen Königreichs Italien, ist ungleich systematischer und entschlossener, als was jene gelegentlich gesagt haben. Der Geist der weltlichen Einheit des Abendlandes, des 18. Jahrhunderts, warnte hier vor der barbarischen Zerstückelung des 20.

Das Miteinander der Rassen und Sprachen in einem und demselben Haus war im Sinne des Christentums, denn

die Wahrheit war universal; Nationalismus war Idolatrie, der aufgeregte heidnische Kult des eigenen Wesens in seiner bloßen Gegebenheit. Nationalismus war chimärisch, praktisch unmöglich; denn in jedem neuerdings errichteten Nationalstaat würden sich alsbald nationale Minderheiten finden und ihrerseits nach Befreiung und eigenem Staatswesen schreien. Nach Kriegen konnte ein auf dem Nationalitätenprinzip gegründeter Friede nicht dauern – schrieb Acton 57 Jahre vor dem Vertrag von Versailles; denn willkürlich und hastig errichtete Nationalstaaten ließen sich in der Not nicht verteidigen. Was immer man gegen den Sozialismus sagen mochte, er versuchte Probleme zu lösen, die da waren und Lösung dringend forderten. Die Probleme, die der Nationalismus lösen wollte, waren fiktiv, von leeren Theorien abstammend. Er wollte weder Glück und Freiheit des einzelnen heben, noch den allgemeinen Kulturbesitz der Menschheit bereichern. Das waren die reichsten, kulturfördernden Staatswesen, in denen die größte Zahl von Rassen und Nationen ebenbürtig nebeneinander wohnten. Ärmer waren die Staaten einer einzigen Nation; am elendesten jene, in denen eine ihre Schwesternationalitäten zu unterdrücken und auszutilgen suchte. Das letztere war eine unvermeidliche Folge des Nationalitätenprinzips; darum war er der schlimmste Feind einer freien und würdigen Existenz der Nationen. „Solange es regiert, wird materielle und moralische Verwüstung aus ihm fließen, damit eine neue Erfindung über die Werke Gottes und die wahren Interessen der Menschheit triumphiere. Kein Bewegungsprinzip ist denkbar, das dieses an Tiefe und Breite seiner Wirkung, an Sprengkraft, an Willkür überträfe ..."
Acton war, als er seine denkwürdige Warnung schrieb, eben achtundzwanzig Jahre alt; er besaß noch die ganze Arroganz der Jugend und irrte sich mehr als einmal in seinen politischen Kommentaren. Dieser Pfeil traf ins Schwarze.

In einer Sphäre, die nicht die unserer Betrachtung ist, hat Acton den Absolutismus Pius' IX. lange und leidvoll bekämpft: den Geist der Quanta Cura, des Syllabus, der ‚Unfehlbarkeit'. Wie andere liberale Katholiken wünschte er nicht am Dogma zu rühren, aber alles, was nicht Dogma war, dem Lichte kritischer Wissenschaft preiszugeben. Ob so etwas möglich sei, kann, für den Nicht-Katholiken, nur die Erfahrung lehren; Acton blieb bis zum Ende praktizierender Katholik und ein freier Gelehrter.

Daß er aber die fehlerhafte Organisation des Vatikanischen Konzils an Ort und Stelle studierte und publizistisch geißelte, hieß nicht, daß er Camillo Cavour und seinen Nachfolgern Recht gab. Das Haupt der Kirche sollte sich keine geistige Allmacht, der Staat sich keine Macht über die Kirche anmaßen. Im Nebeneinander, Gegeneinander der geistlichen und weltlichen Autorität sah er Quelle und Schutz der Freiheit, ebenso wie, im Geistlichen, in einer Mehrheit freier Kirchen; im Weltlichen im Föderalismus, in den checks and balances, in der konstitutionellen Monarchie. Gewissensfreiheit war die Quelle und die Garantie aller Freiheiten.

Von Cavour meinte er, kurz nach dessen Tode:

Er „hatte die Größe des Staates und nicht die Freiheit des Volkes im Aug; es ging ihm um das höchste Maß von Macht, das mit der monarchischen Konstitution vereinbar war, nicht um das höchste Maß persönlicher Freiheit, das sich mit nationaler Unabhängigkeit vertrug." „Wie die meisten Liberalen auf dem Kontinent, und wie die meisten Menschen, die keine Religion haben, hielt er die Macht des Staates für unbegrenzt, und alle individuellen Rechte für abhängig von der Autorität des Staates." „Die Theorie der Freiheit verlangt die Unabhängigkeit der Kirche vom Staat; die Theorie des Liberalismus verlangt die Allmacht des Staates als Organ des Volkswillens." Scheidende, entscheidende Sätze von echt Actonscher Konzision. Hier drängen sich schicksalsschwere Zusammenhänge. Die europäischen Liberalen, die ausgezogen waren, die ‚Freiheit' zu finden, wurden ihr Rousseausches, jakobinisches Erbe nicht los. Die Jakobiner vollstreckten das Erbe des alten Absolutismus. Je breiter die demokratische Basis des Staates, desto absoluter die Staatsmacht. Der liberale Volksstaat wurde zum demokratischen Militärstaat.

Actons Meinungen erklären seine Sympathien. Wir verstehen, daß er England, das England der alternden Königin und Mr. Gladstones für das am besten regierte Land hielt. Danach kamen die Vereinigten Staaten. Er gehörte zu den Europäern, die früh versuchten, amerikanische Entwicklungen zusammen mit europäischen zu sehen: das französische Juli-Königtum und die Präsidentschaft General Jacksons; den Bürgerkrieg und Bismarck. Und er wußte, daß West-Europa Amerika eines Tages brauchen würde. Es gefiel ihm die Konstitution, deren Leitgedanke war, die Staatsmacht zu beschränken und zu verteilen; der Föderalismus; die neue Nation aus alten Nationalitäten; die Vielzahl freier Kirchen in einem Staat, der sich mit keiner Konfession identifizierte, dessen Atmosphäre aber der Religion günstig war. Frankreich lag ihm nicht; das antihistorische Element, die Rousseausche Rhetorik, das une et indivisible, die égalité. Für Österreich nahm er Partei: für den Nationalitätenstaat, das große, bunte Stück Vergangenheit in der Gegenwart, den europäischen Staat par excellence. Als jemand meinte, Österreich sei ein sinkendes Schiff, erwiderte der Fünfundzwanzigjährige: „I am afraid I am a partisan of sinking ships." Wie ihn denn die heraufkommenden, die bedrohlich sich nähernden Schiffe nicht immer heimlich stimmten. Das russische nicht; und das deutsche nicht.

Lord Acton war halber Deutscher; durch die Familien seiner Mutter und seiner Frau; durch seine Münchner Erziehung; durch seine genaue Teilnahme am Treiben der deutschen historischen Wissenschaft. Aber seine deutsche Bildung war von der Art, mit der man in Deutschland selber nach 1870 weniger und weniger anfangen konnte: süd-deutsch und universal. Als junger Mann ist er einmal mit Ernst der Idee der sogenannten Trias, eines Bundes aller kleineren deutschen Staaten, entgegen Preußen und Österreich, nachgegangen, emsig berechnend, wie viel Einwohner ein solches Bundeswesen wohl haben würde, eine wie große Armee es aufstellen könnte. Hier sprach der Einfluß seiner bayerischen Verwandten; seine Abneigung gegen Preußen war süddeutsch gefärbt. Sie ging jedoch tiefer als bloßer Bajuvarismus. Fürst Bismarck stand ihm für beinahe alles, was er in der Politik verdammte, für die äußerste Konsequenz des Neo-Machiavellismus, des politischen Ränkespiels, unkontrolliert durch Moral, ungeadelt durch ein höheres Ziel. Und hinter Bismarck stand eine vollkommene Heeresmaschinerie, ein Beamtenstab, auf den, wenn auf etwas in der Welt, Verlaß war. Lord Acton war nicht geheuer vor dieser neu-deutschen Promptheit, die er in einem Vortrag über den Krieg von 1870 staunend beschrieb: „Offiziere in allen möglichen Verkleidungen hatten in Frankreich selber die Pläne gemacht, die Stellungen photographiert, die nötigen Messungen vorgenommen. Die Breite der Flüsse dort, wo sie auf dem Marsch nach Paris überquert werden mußten, war genauestens bekannt und eiserne Brücken von der entsprechenden Spannweite standen bereit, der Armee zu folgen." Jacob Burckhardt hat damals über den Geist der neuen, mechanisierten und wissenschaftlichen Kriegführung in Briefen Ähnliches geschrieben; Thomas Carlyle, ein begabter, gefährlicher Narr in Actons Augen, freilich ganz anders.

Man hat von Deutschland gesagt, daß es ein westliches und ein östliches Gesicht habe. Acton sah, was das Deutschland seiner Zeit und Zukunft betraf, vor allem das östliche. Er sah Preußen im Licht der polnischen Teilungen und der Hohenzollern-Romanow Vetternschaft. Er sah in Bismarcks Deutschland nicht, was es doch unter anderm auch war, die Macht, die unter gewaltigen Opfern und Anstrengungen die russische balancierte; vielmehr den natürlichen Alliierten Rußlands, den aufgeklärteren Partner eines geistig stimmigen despotischen Doppelgeschäftes. Er hielt an dieser Auffassung sogar dann fest, als, nach Bismarcks Sturz, die beiden Kaiserreiche machtpolitisch getrennte Wege gingen. Denn es ist in seinen akademischen Vorlesungen von 1895 und den folgenden Jahren, daß sich der Vortrag

‚Peter der Große und der Aufstieg Preußens' findet; einer jener gedrängten, an Anspielungen und sybillinischen Warnungen überreichen Versuche, mit denen Acton seinen Hörern leicht zuviel zumutete. Im letzten Abschnitt heißt es: „Das, was sich im nördlichen Europa zur Zeit der revolutionären Regelung unserer englischen Angelegenheiten erhob, war eine neue Form des praktischen Despotismus. Die Zeit der theologischen Monarchie war um, die der militärischen gekommen. Kirche und Staat hatten die Menschheit gemeinsam unterdrückt; fortan tat der Staat es für sich allein … Der Staat, so verstanden, ist der intellektuelle Führer der Nation, der Garant ihres Reichtums, der Lehrer ihres Wissens, der Wächter ihrer Moral, die Quelle aller vorwärts und aufwärts treibenden Energien. Das ist die furchtbare, durch Millionen von Bayonetten getragene Macht, die in den Tagen, von denen hier die Rede war, in St. Petersburg entstand und die dann von ungleich fähigeren Geistern weiter entwickelt wurde, hauptsächlich in Berlin, und es ist die größte Gefahr, der zu begegnen der angelsächsischen Rasse übrig bleibt."

Der große Schriftsteller der Vergangenheit spricht zu uns, nicht, weil er dieses oder jenes richtig prophezeit hat. Er hat nie etwas ganz richtig prophezeit; hätte er es, so wäre es der äußerlichste Zufall. Lord Acton hat nichts so meinen können, daß es mit dem, was wir meinen müssen, einfach gleichzusetzen wäre. Er könnte, wenn er heute die Augen aufmachte, die Qual unserer verwilderten und verrückten Gegenwart nicht verstehen. Er lebte in vergleichsweise harmloser Zeit, in materiell und moralisch wohlgefestigten Verhältnissen, in der Pax Britannica. Er besaß nichts von dem persönlich ein Jahrhundert vorwegnehmenden Geist Nietzsches. Wer aber mit Ernst die Geschichte studiert, mit Scharfblick und Treue die Ereignisse seiner Zeit verfolgt, dessen Untersuchungen werden uns nicht bloß Zusammenhänge der Vergangenheit verstehen helfen; sie werden uns auch in unserer Gegenwart ansprechen. Nicht wie Gleichungen, wohl aber wie Gleichnisse; anregende, erhellende, helfende.

Acton gab nur Analyse, nie Beschreibung. Es ist, als hätte er sich geschämt, das durch ungeheure Studien Erarbeitete im geringsten zu benützen für etwas, was nicht direkt im Erarbeiteten lag; es auszuschmücken, es romantisch zu vergegenwärtigen. Er konnte die andrängenden Gedanken nicht unterdrücken; er konnte nicht anders, als sie in vollendeter Formulierung darbieten. Und, noch einmal, welch männliche Umsicht, welch wohltuende Gerechtigkeit!

Er spricht von den Pöbelmorden während der Tage des Bastillesturmes, weigert sich, sie auszumalen, beeilt sich, hinzuzufügen, daß andere Regime, andere soziale Klassen zu anderen Zeiten ebenso große Schandtaten begangen hätten, daß jeder Terror gemein sei, und der weiße so gemein wie der rote.

Er spricht von der Katastrophe Ludwigs XVI. und seiner Königin und stellt fest, daß sie selber während jeder einzelnen Krise das Falsche getan und sich dem Untergang näher gebracht hätten. „Schritt für Schritt bis zum bittern Ende waren sie die Urheber ihres Verderbens. Die französische Republik war nicht das natürliche Produkt gesellschaftlicher Kräfte. Die Wahl zwischen der konstitutionellen Monarchie, der reichsten und elastischsten aller Regierungsformen und der (nicht-föderalen) Republik une et indivisible, die von allen die starrste und unfruchtbarste ist, wurde entschieden durch die Verbrechen von Menschen und durch Fehler, noch unfehlbar tödlicher als Verbrechen. Über Schuld wird in einer anderen Welt Recht gesprochen; für Torheit und Aberwitz wird der Lohn schon hier unten bezahlt."

Der so zu seinen Studenten redete, hat, wie uns berichtet wird, auf dem Katheder eindrucksvoll und feierlich gewirkt. Er selber meint, alle großen Analytiker, von Thukydides bis Niebuhr seien traurig gewesen, im Gegensatz zu den bloßen historischen Erzählern vom Schlage Macaulays oder Schillers. Traurig machte auch ihn sein Wissen. Aber nie zum hoffnungslosen Zuschauer. Nie zum grimmigen Verächter. Nie zum larmoyanten Unglückspropheten.

Hier unterscheidet er sich innerhalb des Kreises, in den

er gehört; wozu seine englische Heimat und der prächtig-positive Mentor seiner späteren Jahre, Mr. Gladstone, etwas beigetragen haben mögen.
Alexis de Tocqueville, kränkelnder, kühler Aristokrat, zuckte über die Gaunereien Louis Napoleons spöttisch die Achseln – ‚car le monde est un étrange théâtre‘; er verbarg seine innere Ergriffenheit hinter der Objektivität, zu der er sich bezwang. Seine Klasse, eine in jedem Fall verlorene, erstorbene, war ihm jederzeit gegenwärtig; Legitimist war er aus Familientradition, obgleich es keine Legitimität mehr gab. Acton, der Brite, war genug von einem Whig, um in der Anstellung der landfremden hannoveranischen Dynastie ‚auf gutes Verhalten‘ einem der geistreichsten Einfälle der englischen Geschichte zu applaudieren. Daß er einer bestimmten Klasse angehörte, bedeutete ihm etwas, aber nicht viel; eine sterbende Klasse war es bei ihm zu Hause sowieso nicht. Wenn beide, Tocqueville und Acton, von der heraufkommenden Demokratie fasziniert und geängstigt waren, so war doch Actons Verhältnis zu ihr ein positiveres. Es gab Augenblicke, in denen er von der Vollendung der Demokratie, größerem Glück, Verbreitung des Wissens und der Kultur so sprach wie der hoffnungsvollste Radikale. Er befürwortete das Stimmrecht der Fabrikarbeiter, weil ihr Interesse an guter Regierung direkter und brennender sei als das der Reichen; zur Herrschaft tauge nicht speziell eine Klasse nicht, sondern tauge keine Klasse; zudem sei es unmoralisch, wenn der Lohngeber sich auch zum politischen Meister des Lohnempfängers mache. Forderungen dieser Art hätte der Graf de Tocqueville nicht erhoben, der, bei aller seiner Weisheit, in einem wüsten Trunkenbold und Messerstecher den ‚typischen Sozialisten‘ sah.
Für Tocqueville, den um eine halbe Generation älteren, waren die Ereignisse von 1848 der Mittelpunkt und die große Belehrung; für Acton, wie für Jacob Burckhardt, die Entstehung des italienischen und des deutschen Nationalstaates; für Hippolyte Taine die Katastrophe des Zweiten Kaiserreichs und der Commune; für Henry Adams der amerikanische Bürgerkrieg und seine Folgen.

Zu Burckhardt sah Acton bewundernd auf als dem Genius der Anschauung und der Unmittelbarkeit, da bei ihm selbst vieles aus zweiter Hand war. Er teilte mit ihm die Sorge vor den kommenden Dingen, vor nie geahnten Konzentrationen der Macht. Mit Taine war ihm gemeinsam, was beide von Tocqueville und, über Tocqueville oder auf direktem Wege, von Burke gelernt hatten: die Kritik des Jakobinertums samt allen seinen Folgen. Aber hinter Taines boshaftem Sammeln und hochgescheitem Kritisieren steckte keine starke Bejahung. Man konnte ihn fragen: Du magst das Alte nicht, die Revolution nicht, das Neue nicht – was willst Du nun eigentlich? – Was Acton wollte und nicht wollte, ist fühlbar in jedem Stück, das er geschrieben hat.

Sogar ist es fühlbarer in seinen späten Äußerungen als in seinen frühen. Er begann als ein Konservativer und, weil das zweite Drittel des Jahrhunderts der Erhaltung nicht günstig war, vornehmlich als Kritiker: Geschichte gegen Revolution, Pluralität gegen Souveränität, Empirie gegen Theorie. Er endete als Ritter des Fortschrittes, nahm also eine von der gewöhnlichen merkwürdig unterschiedene Entwicklung: ein geistreicher, ein wenig anmaßender alter Mann, als er sehr jung war, ein jugendlicher Idealist mit fünfundsechzig. Nun nahm er ernst, was der Lehrmeister seiner Jugend, Burke, nie so recht ernst genommen hatte: das Reich der Ideen, die wahre und gute Verfassung, die endlich errungenen oder noch zu erringenden Menschenrechte. Die Spannungen, in denen er lebte, erklären sich daraus. Denn gleichzeitig fuhr er fort, das Moralgesetz ernst zu nehmen, und konnte er die Verbrechen der Revolution so wenig wie jene des Despotismus alten Stils vergeben; gleichzeitig liebte er die Tradition, die schöne Vergangenheit und was von ihr übrigblieb. So webte er an seiner modernen Geschichte, die eine ‚History of Liberty' sein sollte, und schrieb dennoch für sich nieder: „Nutzen der Historie – keine Überraschungen. Er (der Historiker) hat das alles schon gesehen. Er weiß, welche dauernden unwandelbaren Mächte dem höheren Sinn Widerstand leisten. Welche Schwächen, Spaltungen, Maßlosigkeiten die bessere

Sache verderben. Die glitzernden Argumente des Irrtums, die schwindelnde Anziehungskraft der Sünde. Und durch welche Anpassung an niedrige Motive die guten Sachen Erfolg haben." – Geschichtsglaube und Geschichtsverachtung, Hoffnung und Bitterkeit hielten sich hier die Waage: eines hinderte das andere daran, sich zu einer durchschlagenden, publikums-gefälligen These zu runden. Darum, paralysiert durch Wahrheitsliebe, hat Acton wenig geschrieben, wenig vollendet. Darum aber auch ist das, was er geschrieben hat, so sehr dicht, so unvergeßlich in der Gerechtigkeit, Trauer und Schönheit der Formulierungen.

(1950)

Max Weber

Der vierundzwanzigjährige Max Weber schreibt im Jahre der beiden preußisch-deutschen Thronwechsel: „Ich denke unausgesetzt an die öffentlichen Dinge." 1887 berichtet der Student aus Berlin: „Und wäre bei meinen Altersgenossen nicht an sich schon die Anbetung der militaristischen und sonstigen Rücksichtslosigkeit, die Kultur des sogenannten ‚Realismus' und die banausische Mißachtung aller derjenigen Bestrebungen, welche ihr Ziel ohne Appell an die schlechten Seiten der Menschen, insbesondere die Roheit, zu erreichen hoffen, zeitgemäß, so würden die zahllosen oft schroffen Einseitigkeiten, die Leidenschaftlichkeit des Kampfes gegen andere Meinungen und die durch den mächtigen Eindruck des Erfolgs hervorgerufene Vorliebe für das, was man heute Realpolitik nennt, ihnen nicht das einzige sein, was sie aus den Treitschkeschen Kollegien mitnehmen." 1891 hat Max Weber „die Empfindung, als ob man auf einem mit großer Schnelligkeit dahinsausenden Zuge säße auf einer Bahnstrecke, die neu angestellte Weichensteller hat. Wenn der Kaiser nur seine geistigen Kräfte nicht ruiniert oder schon ruiniert hat." Im Jahr darauf meint er über Wilhelm II.: „Er behandelt offenbar die Politik lediglich unter den Gesichtspunkten eines originellen Leutnants ... die dazwischenlaufenden Querköpfigkeiten und das unheimliche Machtgefühl, welches ihn beseelt, bringt eine solche unerhörte Desorganisation in die höchsten Instanzen, daß deren Rückwirkung auf die Verwaltung als Ganzes wohl nicht ausbleiben kann." Zur ersten Tirpitzschen Flottenvorlage, die er bejaht, schreibt Weber 1897: „Und nur einem Regiment, welches in seiner inneren Politik zeigt, daß es die freien Institutionen des Vaterlandes zu erhalten und freiheitlich weiterzuentwickeln *sich nicht fürchtet*, wird man das Vertrauen entgegenbringen, daß ihm nicht auf dem Gebiet der äußeren Politik Kraft und Mut im entscheidenden Momente, aller starken Worte ungeachtet, versagen werden." 1912 tritt er für eine rechtliche Gleichstellung der Arbeitnehmer im wirtschaftlichen Kampf ein: „Daß wir daher die aus der zunehmenden Überlegenheit der Unternehmerorganisationen aller Art in Verbindung mit juristischen und polizeilichen Schikanen folgende zunehmende Aussichtslosigkeit geordneter Streiks und vollends die systematische Bildung subventionierter Unternehmerschutztruppen innerhalb der Arbeiterschaft vorbehaltlos als ein Übel ansehen, vollends aber Zustände der Kapitalherrschaft nach dem Muster von Pittsburgh, dem Saargebiet, der schweren Industrie in Westfalen und Schlesien und die Mithilfe der Staatsgewalt dazu rücksichtslos bekämpfen, weil wir in einem Lande von Bürgern und nicht von Hörigen leben wollen." 1917, in seiner Aufsatzreihe ‚Parlament und Regierung im neugeordneten Deutschland' schreibt Weber: „Nur Herrenvölker haben den Beruf, in die Speichen der Weltentwicklung einzugreifen. Versuchen das Völker, die diese Qualität nicht besitzen, dann lehnt sich nicht nur der sichere Instinkt der anderen Nationen dagegen auf, sondern sie scheitern an dem Versuch auch innerlich … Der ‚Wille zur Ohnmacht' im Inneren, den die Literaten predigen, ist mit dem ‚Willen zur Macht' in der Welt, den man in so lärmender Weise hinausgeschrien hat, nicht zu vereinigen." 1920 erklärte Max Weber im Kolleg: „Zur Wiederaufrichtung Deutschlands in seiner alten Herrlichkeit würde ich mich gewiß mit jeder Macht der Erde und auch mit dem leibhaftigen Teufel verbünden, nur nicht mit der Macht der Dummheit. Solange aber von rechts nach links Irrsinnige in der Politik ihr Wesen treiben, halte ich mich von ihr fern." – Ein halbes Jahr später starb er; ohne je die Bundesgenossen gefunden zu haben, nach denen er sein Leben lang gesucht hatte, die aber für einen Menschen wie ihn wohl nie zu finden waren.

Die Epoche Max Webers war der schieren Zahl der Jahre nach nicht lang. Er hatte sich vertraut zu machen mit der Regierung Bismarcks zur Zeit seines Verfalls, dann mit der wilhelminischen Ära, dem Krieg, den unsicheren Anfängen der Weimarer Republik; mit nichts weiterem mehr. Die ihm zugewiesenen knappen vierzig Jahre machte er für sich zur Einheit durch die Intensität seiner Teilnahme. Wenn er im November 1918 schrieb, Bismarcks Werk sei dahin, dann bedeuteten diese vier Worte für ihn etwas anderes als für die Jüngeren, die Bismarck nur noch vom Hörensagen kannten; er hatte den langsamen Ruin des Werkes von Anfang bis zu Ende wissend beobachtet, hatte Spätjahre und Ausgang des großen Mannes erlebt und selbst noch den Höhepunkt seiner Laufbahn. In der scharfen Abrechnung mit Bismarck, die er mitten im Krieg, 1917, veröffentlichte, erzählt er, was er die Führer der Nationalliberalen Partei 1878 habe sagen hören. Damals war er vierzehn Jahre alt; aus seinen Kindheitsbriefen wissen wir, daß er Klugheit, Ernst und Neugier, auch Altklugheit und Arroganz genug besessen haben muß, um zu verstehen, was die Politiker in seines Vaters Arbeitszimmer redeten. Durch die Generation, von welcher der Knabe und Jüngling begierig lernte, stand er mit noch älteren Zeiten in Verbindung. Sein Verwandter und väterlicher Freund, der Historiker Hermann Baumgarten, war den ganzen Weg des deutschen Liberalismus gegangen: von 1848 zu Bismarck und wieder von Bismarck fort, in eine Sackgasse von Enttäuschung und bitter warnender Ohnmacht. Als Max Weber berufen wurde, am ersten Entwurf der Weimarer Verfassung mitzuarbeiten, hatte er ein halbes Jahrhundert deutscher Verfassungsgeschichte kraft eigener oder zum Eigenen gemachter Erfahrungen im Kopf.

Im neunzehnten Jahrhundert galt der deutsche Professor als einer der Charaktere, die der politischen Einheit der Nation am kräftigsten vorarbeiteten, weil er, mit seinen Bücherkisten von Hochschule zu Hochschule ziehend, zu keinem Bundesstaat oder Fürsten in einem herzlichen Treueverhältnis stand. In gewissem Sinne gilt das auch noch für Max Weber. In seiner Sippe, einem weitverzweigten Netz hochgebildeter Familien von Gelehrten und Kaufleuten, war er fest verwurzelt, aber man könnte nicht sagen, daß er eigentlich Heimat gehabt hätte. In Erfurt geboren, in Berlin aufgewachsen, Student in Heidelberg, Straßburg, Berlin, dann nach Süddeutschland verschlagen, tätig in Freiburg, Heidelberg, Wien, München, war er weder Nord- noch Süddeutscher. Er spricht von deutscher Landschaft, nicht von schwäbischer oder preußischer; freute er auf seinen Auslandsreisen sich über Begegnungen mit Landsleuten, so fragte er nicht, woher sie kämen. Seine Gefühle waren hier eins mit den Überzeugungen, zu denen er sich früh entschlossen hatte; den Überzeugungen eines radikalen Bürgers, Demokraten und Nationalisten. In seinen letzten Jahren hat er die föderale Struktur Deutschlands erhalten, ja stärken wollen, aber aus rein staatstechnischen Gründen. Er tat sogar so, als wünschte er sich im Grunde die unitarische Republik und lehnte sie bloß darum ab, weil sie nicht zu haben und um das Können der Länder-Bürokratien nicht herumzukommen sei – eine vielleicht nicht ganz ehrliche Argumentation. Denn er verurteilte die Rolle, welche Preußen so lange in der deutschen Politik gespielt hatte, und wünschte Preußen durch einen stärkeren Einfluß der Süddeutschen, zumal der Bayern und Österreicher, zu balancieren, wie er denn die Funktionen der Reichshauptstadt 1919 am liebsten im Reich verstreut gesehen hätte. Bei alledem war kein Hauch landsmannschaftlicher Sentimentalität oder dynastischer Loyalität. Wenn in Webers durch eigenen Zwang verhärteter Seele weiche und liebende Gefühle ein Recht hatten – natürlich hatten sie es, aber nur in seinen privatesten Äußerungen durften sie zutage treten –, so waren einzelne Menschen ihr Gegenstand und dann das große Vaterland; nichts darüber hinaus und nichts dazwischen, nicht die Menschheit und nicht die Heimat.

Aus der Überlieferung ergibt sich ein widerspruchsreiches Bild. Man erzählt von der Majestät seines Erscheinens und Wirkens: „Er ist ein Kaiser, dem das Szepter gestohlen wurde", hat Frau Elli Heuss, ihn im Heidelberger Wohnzimmer beobachtend, einmal gesagt. Er wird uns aber auch als nervös, ja als aufgeregt geschildert. Seine natürliche, liebenswerte Bescheidenheit wird gepriesen; als streitsüchtig und hochmütig galt er anderen. Der Stil seiner wissenschaftlichen Schriften wird manchmal getadelt und leicht ist er nicht; auf Schönheit scheint er, der Wahrheit zuliebe, völlig Verzicht zu tun. Häufig macht juristische Bildung sich bemerkbar: der Wille, alle einem bestimmten Begriff unterzuordnenden Möglichkeiten, seine ganze Kasuistik, in einer einzigen Aussage zu erfassen, ließ ihn wahre Satzungetüme zu Papier bringen. Gleichzeitig soll er ein großer Redner gewesen sein, einer, von dem Heinrich Wölfflin sagte, er habe ihm zum ersten Male die Vorstellung von dem gegeben, was ein hellenischer Rhetor gewesen sein muß. Wer heute seine gedruckten Reden liest, die Trompetenstöße der Antrittsvorlesung, den Schwanengesang über ‚Politik als Beruf', wird es glauben. Da, wie in einigen politischen Aufsätzen, ist die Sprache von schöner Klarheit und Kraft, mitunter zu einer dichterischen Anschauung der Wirklichkeit sich erhebend. Als Beispiel mögen die Sätze der Antrittsrede dienen, die auf die kurz vorher stattgefundene Scheinversöhnung zwischen Bismarck und dem Kaiser anspielen: „... und als er im Winter des letzten Jahres, umstrickt von der Huld seines Monarchen, in die geschmückte Reichshauptstadt einzog, da – ich weiß es wohl – gab es viele, welche so empfanden, als öffne der Sachsenwald wie ein moderner Kyffhäuser seine Tiefen. Allein nicht alle haben diese Empfindung geteilt. Denn es schien, als sei in der Luft des Januartages der kalte Hauch geschichtlicher Vergänglichkeit zu spüren. Uns überkam ein eigenartig beklemmendes Gefühl – als ob ein Geist herniederstiege aus einer großen Vergangenheit und wandelte unter einer neuen Generation durch eine ihm fremd gewordene Welt." Wie ist das Schicksal gescheiterter Größe – alle Größe scheitert am Ende – hier ausgedrückt, das Bewußtsein erbarmungslos wühlender, entfremdender Zeit, auf deren Höhe der junge Professor selber sich mit stolzem Mut bewegte. Auch für ihn sollten andere Tage kommen. – Ein anderes Beispiel, ein Vierteljahrhundert später, in der Reife der Erfahrung, seine Beschreibung des politischen Berufes: „Die Politik bedeutet ein starkes langsames Bohren von harten Brettern mit Leidenschaft und Augenmaß zugleich." – Wer Pflicht und Qual des Staatsmannes in einem einzigen Satz so erfaßte, der muß ein großer Schriftsteller sein.

Er, der den Lesern seiner wissenschaftlichen Arbeiten das Schwierigste zumutete, konnte auch Volksredner, auch Demagoge sein und wußte es. Zu den Leuten in politischen Versammlungen sprach er einfach, derb, manchmal witzig, ohne ihnen je zu schmeicheln. Mein verehrter Freund Kurt Hahn erzählt die Geschichte, wie er ihn einmal, in den trüben Tagen nach dem November-Umsturz, zu einem überwiegend radikal gesinnten Publikum reden hörte. Weber, der eben die schärfste Wegsteuerung der Kriegsgewinne empfohlen hatte, unterbrach seine Argumentation mit der Bemerkung, man könnte vielleicht meinen, er sei im Begriff, ein Sozialdemokrat zu werden. Einer von den Zuhörern rief: „Det sollst du auch, du As!" Weber antwortete: „Das mag schon sein, Herr Interlocutor. Aber wissen Sie, wenn ich einen Sozialdemokraten in der Öffentlichkeit frage, ob er an den Marxismus glaube, wird er mir antworten: Selbstverständlich, wie sollte ich nicht. Und wenn ich ihn unter vier Augen frage, wird er antworten: Unter uns gesagt, ne. In die Kirche geh ich nich!" – worüber nun die Leute herzlich lachten, weil sie wußten, daß es traf. – Mit dem grimmigen Ernst seiner politischen Schriften kontrastieren die derb-lustigen, in ihren Beschreibungen wunderbar plastischen Briefe des Studenten, des Soldaten, auch noch des weltreisenden Professors; mit der asketischen Arbeitsbesessenheit seines Gelehrtenlebens die von Freunden bestätigte Tatsache, daß er auch ein vollblütiger Genußmensch sein konnte, der gern aß und trank und rauchte, gern gesellig war, gern wanderte und sah, gern lachte, der als Student, der eigenen Prahlerei zufolge, alle seine Kommilitonen an die Wand focht und unter den Tisch trank.

Max Weber war ein Mann von ungemein energischem, ja extremem Urteil; welche Haltung er einnahm, er nahm sie ein mit eindeutiger Konsequenz. Aber fast immer warf er das Gewicht seines Gedankens in die Waagschale, die zu hoch zu schweben drohte; zog aus für ein starkes Parlament, als es schwach war, und für ein schwächeres, durch andere Mächte in Schach zu haltendes, als es zu stark zu werden drohte; für imperiale Ziele der deutschen Außenpolitik, als sie kaum welche hatte, und gegen den Annexionismus der Weltkriegszeit; für eine Politik, die den Krieg notfalls nicht scheute, im Frieden, und für einen Verständigungsfrieden im Krieg. Dasselbe Streben nach Gleichgewicht zeigt oft sich in seinen Urteilen über Personen und Schicksale. Einen leidenschaftlicheren Kritiker Bismarcks und der „furchtbaren Vernichtung aller selbständigen Überzeugung", an der Bismarck schuld sei, hat es nicht gegeben. Im gleichen Atem wandte er sich gegen den „kindischen Bismarck-Haß" gewisser Leute, zu denen er auch seinen großen Lehrer Theodor Mommsen rechnete; das gehorsamgleichgültige, passive, egoistische Verhalten der Nation, des Reichstags, vor allem der Konservativen, bei Bismarcks Sturz schien ihm beispiellos in seiner Verächtlichkeit. Im Krieg bekämpfte er erbittert das, was er die Admiralsdemagogie nannte, die Propaganda, welche Tirpitz für seinen verschärften U-Boot-Krieg machte; um dann die plötzliche Entlassung des Admirals ungerecht und unwürdig zu finden. Man könnte sage, er sei ein Extremist gewesen in der Verurteilung des Extremen; aber selbst dieser Satz fordert eine Einschränkung.

Wenige haben den Kampf so gelehrt wie er: Wirtschaft als Kampf, Leben überhaupt als Kampf und nur durch Kampf, vor allem: Politik als Kampf. Ein Kämpfer war er wohl selber, in dem Sinn, in dem für Goethe jeder rechte Mensch einer ist. Die Politik erklärte er für seine alte, heimliche, seinen Freunden nicht so heimliche Liebe; nur zu gern hätte er führend in die deutsche Politik eingegriffen und traute sich mitunter auch zu, was es dafür brauchte. Aber schroff, als fast beleidigende Zumutung, lehnte er es ab, um die Macht oder ein Teilhaben an ihr, ein Mandat, ein Staatssekretärs-Amt zu kämpfen, was er doch in der Konsequenz seiner eigenen Lehre gesollt hätte, wenn schon er nach politischer Wirkung strebte. Er war ein Nationalist, oder wollte doch einer sein, aber ohne jede Illusion über das Wesen des Na-

tionalstaates und Machtstaates, über den Charakter
seiner Nation und jeder Nation. Übrigens glaubte er,
seine leidenschaftliche Teilnahme am deutschen Schicksal nach Belieben ausschalten zu können; Karl Jaspers
erzählt, daß, als man ihn kurz vor seinem Tod fragte,
was er wohl tun würde, wenn die Kommunisten
Deutschland eroberten, seine Antwort gewesen sei:
„Dann interessiert es mich nicht mehr." – Daß ihm eine
solche Abdankung gelungen wäre, mag man bezweifeln.
Den politischen Machtkampf lehrte er als einen erbarmungslosen, hätte ihn selber aber erbarmungslos nie
führen können; denn seine eigene Natur war ritterlich,
und immer, oder fast immer, setzte er sich für die
Schwächeren, zum Kampf nicht Fähigen ein. – Max Weber war ein scharfer Gegner des pseudofeudalen Stils
der Kaiserzeit, des Bündnisses von Bürgertum, Industrie, Adel, Monarchie, Bürokratie und Heer, ein Kritiker besonders des Corpsstudententums und seines gesellschaftlichen Einflusses. Aber ihm selber saß die alte
Burschenherrlichkeit tief in der deutschen Seele; sie ist
mitunter sogar seinem Vokabular anzumerken; und
noch während der letzten Krankheit soll man ihn Stu-
dentenlieder haben summen hören.
Er war ein Professor, den es wieder und wieder in die
Politik trieb, aber von politisierenden Professoren hielt
er nichts, wie er denn 1918 von Wilson sagte, der erste
eigentliche Weltherrscher der Geschichte sei ein Professor, und seine politische Dummheit beweise, wie sehr er
ein Professor sei.
Die sogenannte Wertfreiheit der Wissenschaften ist zu
einem der schlagwortartigen Begriffe geworden, die
man, wie ‚Charisma' oder ‚innerweltliche Askese', mit
Max Webers Werk zu verbinden pflegt: die Trennung
zwischen dem zwingend Wißbaren, Austragbaren einer-
seits, andererseits der Wahl zwischen Werten und entsprechenden praktischen Entscheidungen, die unaus-
tragbar sind. Über diese Frage hat er sich mehrfach mit
der ihm eigenen Gründlichkeit und Konsequenz geäußert, nachdem man ihn einmal genötigt hatte, sich auf
sie einzulassen. Fruchtlos waren seine, in ihrem histori-

schen Grund auf Kant zurückgehenden Untersuchungen nicht, und sie hatten auch etwas mit seinem Temperament zu tun. Die Vermischung von logisch nicht Zusammengehörendem war ihm so zuwider wie billiges Professoren-Prophetentum, ein vom Katheder herab gefahrlos geführter Kampf, in dem die studentischen Zuhörer ja nicht rapartieren durften. Aber die Sache ist, glaube ich, gewaltig überschätzt worden, auch von ihm selber. Ethische Fragestellungen lehnte er keineswegs, wie es unsere Logisten tun, als sinnlos ab, auch wenn er ihre Wissenschaftlichkeit bestritt oder ihnen eine andere Form von Wissensziel zuerkannte. Wichtiger: er selber fand sich mit seiner Forderung, Wissen und Werten zu trennen, wenn nicht als Forscher so doch als Professor, beständig im Widerspruch. In den wenigen Jahren, in denen er akademischer Lehrer war, hat er das Ansprechen der Studenten auf Zeit- und Schicksalsfragen hin nie unterdrücken können, hat wieder und wieder Politik in jedem Sinn des Wortes auf den Katheder gebracht und, wenn er vorausschickte, er tue es nur ausnahmsweise und würde es sobald nicht wieder tun, diese Zusage alsbald gebrochen. Wie immer es mit der logischen Trennung von Wissen und Willen stand, in seiner Person waren sie machtvoll vereint, und nicht zuletzt darauf beruhte seine Wirkung.

So schon die Wirkung seiner Freiburger Antrittsrede von 1895. Er hat dies ungeheuer konzentrierte Stück Arbeit als unreif bezeichnet, und es trifft zu, daß der Fünfzigjährige nicht mehr den gleichen Hoffnungsmut, nicht die gleiche provozierende Selbstsicherheit hatte wie der Dreißigjährige. Trotzdem klang 1895 eine Mehrzahl der Motive an, die ihn seither nicht losließen. Die scharfe Trennung zwischen Forschen und Werten, Wissenschaft und Politik war schon da und ebenso ihre Verbindung, die er für festgegründet hielt, eben weil sie auf einer vorhergehenden sauberen Trennung beruhte. Als analysierende Wissenschaft ist die Nationalökonomie international wie die Mathematik. Aber der Forscher, der sie betreibt, steht nicht im leeren Raum. In seiner menschlichen Wirklichkeit gehört er einer Nation an; in den

Dienst der Nation, des nationalen Staates, muß er nicht seine Forschung, wohl aber ihre Resultate stellen – eine jener nicht austragbaren Wertentscheidungen, die, einmal getroffen, wohl nicht umhinkönnen, auch schon die Fragestellungen des Forschers zu beeinflussen. Ziel einer nationalen Wirtschaft und Politik ist nicht das weiche Glück des Einzelnen, sondern die Ausprägung eines starken freien Menschentums und die Macht des Staates gegenüber anderen Staaten, die Macht der Nation gegenüber anderen Nationen.

Hier kommt nun das ganze Knäuel von Kenntnissen, Fragen, Sorgen ins Spiel, mit denen der Gelehrte sich ein gutes Jahrzehnt befaßt hatte. Am direktesten die große Untersuchung der Lage der ostelbischen Landwirtschaft und Landarbeiterschaft, an der er unlängst führend beteiligt gewesen war und die er ihrerseits weit über das gesteckte Ziel ins Politische getrieben hatte. Was waren seine wesentlichsten Findungen gewesen? Die alten patriarchalischen Dienstverhältnisse sind in Auflösung begriffen. Sie sind es, weil die deutschen Landarbeiter, und zwar gerade die tüchtigsten, sie nicht mehr wollen, sondern sich nach der wirklichen oder doch geglaubten Freiheit sehnen, wie die westdeutsche Industriearbeiterschaft sie schon besitzt. Sie sind es ferner, weil die wirschaftliche Entwicklung selber die Gutsbesitzer zur kapitalistischen, rationalisierenden Bewirtschaftung ihrer Güter zwingt, um nicht der Konkurrenz begünstigter Produzenten zu unterliegen, der sie trotzdem unterliegen müssen. Daher die Forderung der preußischen Konservativen nach Hochschutzzöllen, nach einem Getreidemonopol; daher die preußische Einwanderungspolitik, welche zu Hunderttausenden polnische Landarbeiter hereinläßt, weil sie billiger sind als die deutschen, die ihren Brotgebern ohnehin davonlaufen.

Was für ein dichtes Wachstum sachlich unterschiedener, aber zusammenhängender Gedanken und Schlüsse nun. Im Psychologischen: der Mensch lebt nicht vom Brot allein und wird nicht immer von ökonomischen Motiven beherrscht; gerade der deutsche Arbeiter im Osten, dem es vergleichsweise am besten geht, verläßt sein Land und wandert westwärts, um dort größere Freiheit zu finden, selbst wenn dies Ziel eine Illusion wäre. Im Nationalökonomischen: der ostelbische, überwiegend adelige Grundbesitz strebt sich auf Kosten der Nation zu erhalten in doppeltem Sinn; indem er ihr eigentliche Tributzahlungen zumutet und indem die Arbeitsbedingungen, die allein er noch gewähren kann, zu einer Polonisierung des deutschen Ostens führen. Diese will Weber verhindern durch nationalpolitische Mittel: Sperrung der Grenzen, kleinbäuerliche Siedelung, Preisgabe des grundbesitzenden Adels, der nicht auf Kosten der Nation gerettet werden darf. Das wirtschaftliche Todesurteil, das er über die Junker ausspricht, ist mit einer Würdigung ihrer geschichtlichen Rolle verbunden: sie hatten, was unter Deutschen so selten ist, politischen Instinkt, Machtinstinkt, sie trugen den Staat, ihre Güter waren Zentren von Herrschaft, welche die Monarchie abstützten. Als Mitglied seiner Kaste, als Sohn des Bodens, auf dem er aufwuchs, wird Bismarck verstanden: „Ein Vierteljahrhundert", heißt es in der Antrittsrede, „stand an der Spitze Deutschlands der letzte und größte der Junker, und die Tragik, welche seiner staatsmännischen Laufbahn neben ihrer unvergleichlichen Größe anhaftet und die sich heute noch immer dem Blick vieler entzieht, wird die Zukunft wohl darin finden, daß unter ihm das Werk seiner Hände, die Nation, der er die Einheit gab, langsam und unwiderstehlich ihre ökonomische Struktur veränderte, und eine andere wurde, ein Volk, das andere Ordnungen fordern mußte, als solche, die er ihm geben, und denen seine cäsarische Natur sich einfügen konnte. Im letzten Grund ist eben dies es gewesen, was das teilweise Scheitern seines Lebenswerkes herbeigeführt hat." In dem früheren Enquête-Bericht schrieb Weber: „Es ist ... kein Zufall, daß das Steuer des Reiches fast ein Menschenalter lang in der Hand eines gewaltigen Großgrundbesitzers gelegen hat. Wesentliche Züge seiner Natur sind ohne den Boden, auf dem er gewachsen ist, nicht verständlich. Alle glänzenden Eigenschaften, welche die ererbte Kunst des Herrschens über Land und Leute zeitigt, vereinigten sich in dieser Persönlichkeit, aber auch ihre tiefen Schatten. Der von der Presse zur Karikatur verzerrte, aber grundehrliche Haß von Millionen deutscher Proletarier und breiter Schichten des Bürgertums gegen diesen einzigen Mann ist die Antwort auf einen Zug tiefer Menschenverachtung, welcher seinem Tun und Reden unauslöschlich aufgeprägt war. Auch dieser Zug aber ist gewachsen auf dem Boden des patriarchalischen Systems und gerade den größten und energischsten Naturen seines Standes eigen ..."

Nun ist es so, daß eine wirtschaftlich schon verlorene, mit den stärksten ökonomischen Kräften der Zeit in hoffnungslosem Streit liegende Klasse die Zügel der politischen Macht nicht in Händen behalten kann. Es ist aber nicht so, daß die wirtschaftlich stärkste Klasse, hier das kapitalistische Bürgertum, zur Ausübung auch der politischen Macht an sich schon reif und berufen sein müßte. Daß es dazu nicht vorbereitet ist, teils durch die Schuld Bismarcks, der ihm keinerlei politische Erziehung gönnte, vielmehr ihm nahm, was es vor 1866 schon erreicht hatte, teils infolge der eigenen selbstischen Feigheit und Angst vor der roten Gefahr, ist Webers These damals und während der nächsten fünfundzwanzig Jahre gewesen. Ebenso auch, daß die Angst vor der roten Gefahr Torheit ist, weil die deutschen Sozialdemokraten nichts sind als „kümmerliche Kleinmeister", Schafe im Wolfspelz, ganz ohne die Energie, aus der Revolutionen kommen, ohne die man aber auch die Führung im Staat nicht an sich reißen kann. Folglich ist die Nation führerlos, in eigentlich unpolitischem Zustande. Dieser Ausblick ist düster; denn der Lebenskampf der Völker ist hart, Friede ein Wort, welches nur Formen des Kampfes verdeckt, die nicht geradezu Krieg sind; wenn der deutsche Nationalstaat keinen anderen Zweck hatte, als sich selber dürftig zu erhalten, nicht weltweite, von freien, wagenden Menschen verwirklichte Machtziele in sich trug, dann wäre er besser ungegründet geblieben.

So Webers Gedankengang von 1895. Er hat ihn später

vielfach modifiziert, sowohl neuen Wirklichkeiten angepaßt wie auch erweitert; aber erstaunlich bleibt die Dauerhaftigkeit der Grundmotive, Urteile und Gefühle. Diese Geschichtsauffassung ist sehr stark vom Ökonomischen her bestimmt, wie es bei einem Gelehrten seines Faches, und einem, der nüchterner Realist sein will, nicht anders sein kann. Die Entwicklung der deutschen Wirtschaft zu den reifsten Formen des Kapitalismus ist unvermeidlich, ob man die damit verbundene Lebensart liebt oder nicht. Verschiebungen der ökonomischen Gewichte müssen auch Verschiebungen der politischen Machtgewichte mit sich bringen; verurteilt sind also die halb-absolute Monarchie, die Herrschaft der Konservativen in Preußen samt den Stilen, Wertungen und Manieren, welche sie künstlich aufrechterhält. Soweit ist alles klar, und soweit sieht Weber die Dinge ungefähr mit den Augen von Karl Marx, den er bewunderte; aber nur soweit. Politische und wirtschaftliche Führung sollten wohl zusammenfallen, aber tun es nicht notwendigerweise und wie von selber. Der Mensch folgt nicht ökonomischen Motiven allein und ist freier in seiner Wahl, als Marx glaubte. Die Lehre von der kommunistischen Revolution ist falsche Künstelei. Käme es in der Wirklichkeit, und zwar durch einen Akt freier Willkür, je zu einer Sozialisierung allen Besitzes, so würde sie die Arbeiter nicht freier, sondern im Gegenteil noch höriger machen, als sie es jetzt sind, und die seit Jahrhunderten wühlende Tendenz von Staat und Bürokratie, unser Leben zu beherrschen, vollenden. Gegenüber den sich an die Reste ihrer Herrschaft krampfenden, das Königtum zu ihren Zwecken mißbrauchenden Feudalen ist der Platz der Arbeiterschaft beim Bürgertum. Auch sie gehört dem kapitalistischen System an, dessen ebenbürtiger, freier Partner sie sein sollte; der Streit zwischen beiden modernen Klassen begünstigt niemanden als die Reaktion. Das Ziel ist nationale Demokratie, in der Form einer echt und nicht nur zum Schein konstitutionellen Monarchie, vorausgesetzt, daß die Monarchie eine solche Entwicklung zuläßt, durch die allein sie gerettet werden kann. Demokratie muß sein, nicht weil sie das absolut Gute wäre, nicht zur Verwirklichung prätendierter ewiger Menschenrechte, sondern weil sie die einzige für eine moderne Industrienation noch stimmige Staatsform ist. Die einzige, welche die an sich unvermeidlichen kapitalistischen Machtzusammenballungen von der Politik her zu balancieren vermag. Vor allem aber kann Demokratie, und sie allein, die Energien der Nation kanalisieren und in Friede und Krieg gegen außen wenden. Der Nationalstaat muß Machtstaat sein, muß imperiale Ziele verfolgen; und das kann er nur noch als ein demokratischer, gleichgültig, welche verfassungstechnischen Lösungen gewählt werden.

Als Soziologe hat Max Weber das Machtstreben jedes „autokephalen" Herrschaftsgebildes, wie er es nannte, analysiert, und da kam er zu nicht eben erfreulichen Resultaten: Macht als Mittel zu Beute und Pfründen für die herrschenden Schichten, Macht als Genuß von Prestige, und so fort. Er sah auch, der nahezu alles sah und alles aussprach, was er sah, daß Macht und schöpferische Kultur nicht immer zusammenfallen und gerade in Deutschland nicht mehr zusammenfielen, daß viele der edelsten Leistungen deutscher Kultur im noch nicht machtstaatlich organisierten Süddeutschland oder in der Schweiz vollbracht wurden und die Reichsgründung solche Leistungen nicht begünstigte. Aber eines war der Soziologe und Polyhistor; etwas anderes der Mann des Willens, der sich von Wissen nicht lähmen ließ und sich trotz allem Wissen entschloß.

Nicht, daß er Macht schön fand; alles Ästhetentum in der Politik war ihm verhaßt. Er hielt es für Schicksal, daß Deutschland Machtstaat sein müsse; und in seinen Lebensjahren war es ja wohl wirklich Schicksal, zumal die Nationen um Deutschland herum auch Machtstaaten waren und einer den andern zwang, wozu alle sich gern zwingen ließen. Um die Erde nicht den Russen und den Angelsachsen zu überlassen, hat Weber im Krieg einmal erklärt, sei der deutsche Machtstaat in der Mitte des alten Kontinents notwendig gewesen, im Interesse der Deutschen nicht nur, sondern auch der kleinen freundlichen Kulturstaaten, die ihre Existenz dem von Deutschland getragenen Gleichgewicht verdankten; so daß Deutschland nicht bloß um die eigene Autonomie, sondern auch um einen universalen Wert gekämpft hätte. Darin, scheint mir, liegt ein Stück Verklärung, aber auch ein Stück zeitbedingter, vergänglicher Wahrheit. Die gedankliche Verbindung von Nationalismus und Demokratie, die er fand, war eine wenig erhebende: je tiefer die Egalisierung und Nivellierung der Gesellschaft, desto mehr müsse das allen Menschen gemeinsame, billigste Kulturgut, die Nationalsprache, verbindend und trennend wirken.

Die Epoche, während derer ein starker politischer Wind das Boot des jungen Professors trieb, während derer er dem Alldeutschen Verband angehörte und seinen weniger scharf denkenden, von wärmerer Menschenliebe beseelten Freund Friedrich Naumann zu lenken versuchte, folgte eine Zeit allgemeiner Enttäuschung und persönlicher Umstände, die ihn zur Zurückgezogenheit zwangen. Eigentlich wissenschaftliche Arbeit, weit und tief greifende Forschungen im Gebiet der Religions- und Rechtsgeschichte, sind für Max Weber immer eine Art von Asyl gewesen, in das er sich zurückzog, wenn er im Politischen nicht mehr wirken wollte oder nicht wirken zu können glaubte. Häufig lesen wir in seinen Biographien, dann und damals habe er der Politik Lebewohl gesagt, um nichts mehr zu sein als Gelehrter. Der Abschied war nie ein endgültiger; die Rückkehr war es ebensowenig. Ernst Troeltsch meint, alle Wissenschaft, so Gewaltiges er in ihr leistete, sei ihm im Grunde nur eine Verlegenheitsbetätigung seiner Energien gewesen, weil das, wozu er eigentlich geboren war und wonach er sich eigentlich sehnte, die politische Tat, ihm durch äußere Umstände verboten war; einem „Raffael ohne Arme und Hände". „Er war", heißt es in Troeltschs Nekrolog, „in der tiefsten Seele Politiker, eine Herrschernatur und ein glühender Patriot, der sein Vaterland auf falschen Wegen sah und mit aller Leidenschaft die Führung zu übernehmen begehrte, aber bei den gegebenen Verhältnissen nicht daran denken konnte, sie wirklich zu erhalten." Die Verhältnisse, muß man hinzufügen, waren al-

114

lerdings gegen ihn. Aber ganz unmöglich war es unter Wilhelm II. für einen bürgerlichen Gelehrten nicht, in einer politischen Partei aufzusteigen; ein alter Philosophieprofessor ist ja zum Schluß noch Reichskanzler gewesen. Freilich hatte Hertling guten Willen zu dem gezeigt, was Weber ablehnte: seiner Partei von der Pike auf vierzig Jahre lang zu dienen. Webers politisches Scheitern war letzthin mehr von der Person her bedingt als von außen; es war etwas in ihm, was gegen die eigene Sehnsucht, die eigenen Wirkungsmöglichkeiten wütete.

Das, als was er angetreten war, blieb er in den Jahren gezwungenen Privatgelehrtentums: ein nationaler Demokrat, der die Vergiftung und Verkrampfung der deutschen Innenpolitik und Klassenpolitik, die prahlerische Schwäche der deutschen Diplomatie und das nervöse Treiben des Kaisers mit sorgendem Grimm verfolgte. Über Wilhelm II. schreibt er 1906 an seinen Freund Naumann: „Das Maß von Verachtung, welches uns als Nation im Ausland (Italien, Amerika, überall!) nachgerade – mit Recht! das ist das Entscheidende – entgegengebracht wird, weil wir uns *dieses* Regime *dieses* Mannes gefallen lassen, ist nachgerade ein Machtfaktor von erstklassiger weltpolitischer Bedeutung geworden ... Wir werden isoliert, weil *dieser* Mann uns in dieser Weise regiert *und wir es dulden und beschönigen.*" Mitten im Krieg hat er das nun der Vergangenheit angehörende persönliche Regiment des Kaisers einer öffentlichen Kritik von ungeheurer Prägnanz unterworfen, wobei er die, an seiner Zeit gemessen, eher zu starke als zu schwache Friedensliebe des Monarchen gerechterweise betonte. Max Weber unterschied zwischen Realismus und ‚Realpolitik‘. Der Realist setzt sich frei gewählte Ziele, die im Reich der Möglichkeit liegen, mitunter sogar jenseits seiner Grenzen, denn es mag vorkommen, daß man nach dem Unmöglichen greifen muß, um Geringeres, Wünschbares zu gewinnen. Immer ist politischer Realismus zwischen dem eigenen Willen und der ihm entgegenstehenden Wirklichkeit, die man als das erkennt, was sie ist – „die geschulte Rücksichtslosigkeit des Blickes in die Realitäten des Lebens, und die Fähigkeit, sie zu ertragen und ihnen innerlich gewachsen zu sein", wie er kurz vor dem Ende formulierte. Dagegen bedeutete ihm das Modewort ,Realpolitik': die Annahme jeder Entwicklungstendenz, weil sie einmal da war, ohne den Willen, sie so oder so zu gestalten; die prahlerische oder zynische Anpassung an jede Wirklichkeit ohne im Ernst verfolgte eigene Ziele, die Anbetung des Erfolges, das nervöse Haschen nach Erfolg oder Scheinerfolg, wo immer er sich bot. Eben dies war ihm die deutsche von Dilettanten geleitete, von braven Beamten ausgeführte Politik der Vorkriegszeit: eine Parvenupolitik ohne Stil und ohne Ernst, gegen den Hintergrund einer innerlich zerrissenen, ihr eigenes Schicksal nicht bestimmenden Nation, laut bei dürftigen wirklichen Ansprüchen und Ergebnissen; eine Politik, die schließlich zuwege brachte, was er im Krieg „die unnatürliche Koalition gegen uns" nannte. Wenn dem Stil des Kaiserreiches etwas Unnüchternes, etwas Überspannendes und Überspanntes anhaftete, so hatte Max Weber davon nichts.

Entsprechend war seine Haltung während des Krieges. Er hat in diesen Jahren, zumal in den beiden letzten, viel geschrieben und gesprochen, öffentlich wie privat. Dennoch gilt von ihm, was wohl von keiner anderen politischen Figur irgendeines Landes in dieser Zeit gilt: daß er nie ein falsches, nie ein maßloses oder geschmackloses Wort geäußert hat; wobei ein Zusammenhang ist zwischen der Untrüglichkeit des sachlichen Urteils und dem Geschmack.

Daß er zuerst von der Begeisterung der Nation mit fortgerissen wurde, versteht sich von selber; er war zu sehr Patriot von Instinkt, um hier sich auszuschließen, und wenn er, für sich, nur zu gut wußte, welche deutschen Fehler die „unnatürliche Koalition" der Feinde zusammengeschmiedet hatten, so wußte er auch, daß zerfahrenes Ungeschick, nicht Kriegs- oder Eroberungswille, die Quelle aller Irrtümer gewesen waren. „Die Politik der letzten zwei Jahrzehnte", faßte er im November 1918 zusammen, „war frevelhaft, nicht weil sie Kriegspolitik, sondern weil sie leichtfertige Politik und verlogen war.

Unsere Politik vor dem Kriege war *dumm*, nicht: ethisch verwerflich, davon ist gar keine Rede. Dabei bleibe ich." Für den Moment litt er darunter, nicht aktiver Offizier sein zu können – von den Söhnen seiner Mutter sei er der kriegerischste –, warf seine ganze Energie in Lazarett-Arbeit, um sich zu beweisen, daß er für nichts zu schade sei, und sah sich nach einer weitertragenden Pflicht für das Vaterland um, die ihm nie zuteil wurde. In geheimen Denkschriften, dann in Artikeln und Vorträgen blieb er unbeauftragter Ratgeber. Was er schrieb, ist heute noch ergreifend zu lesen, aber wenn es ihn nicht gegeben hätte, so wäre der Gang der Dinge derselbe gewesen, wenigstens bis zum Dezember 1918; im Grunde wohl auch darüber hinaus.

Er erkannte die Entartung des Krieges und die Folgen der Entartung: alle kriegführenden Staaten würden sich ruinieren, die Führung der Weltwirtschaft, eine eigentliche Weltwirtschaftsdiktatur, auf Amerika übergehen. Also wünschte er ein Ende, sobald es möglich wäre; die Möglichkeit dafür sah er am ehesten auf der englischen Seite. Der Hetze der Gegner trat er mit machtvoller Würde entgegen, aber nie hetzte er selber; verwarf das Gerede vom englischen Handelsneid, suchte die Gründe für die englische Intervention da, wo sie zu finden waren, und hielt dafür, man müsse versuchen, sie durch das Angebot einer Wiederherstellung des Gleichgewichts wenigstens im Westen, also den klaren Verzicht auf Annexionen, zu neutralisieren. Nie sang er das hohe Lied der englischen Verfassung kräftiger als gerade im Krieg; das Lob einer nationalen, durch die Krone gebändigten Demokratie, die echte Politiker an die Spitze brachte, anstelle von Beamten, und der Arbeiterschaft ihren sicheren Platz im Staate gab. Was Amerika betraf, so kannte er seine Macht, auch potentielle Kriegsmacht; er hatte das Land bereist und studiert und war empört über die Unwissenheit seiner Landleute, auch der Verantwortlichsten, die nicht einmal wußten, was ein amerikanischer Wahlkampf sei. Amerika draußen zu halten, hielt er eines Preises für wert; daher sein Auftreten gegen die „Admiralsdemagogie", seine mit präzisen Zahlen arbeitende Denkschrift gegen den unbeschränkten U-Boot-Krieg, die er zirkulieren ließ und die auch Eindruck machte, aber wieder und wieder, keinen rettenden Eindruck. „Inzwischen", schreibt er 1916, „ist die Gefahr mit Amerika auf dem Höhepunkt, und mir ist, als ob eine Horde Irrsinniger uns regierte. Alle Leute, die vor 14 Tagen meiner Ansicht waren, sind umgefallen. Die vor 14 Tagen sagten: ‚Ach, die Amerikaner schlagen ja *nie* los' sagen jetzt: ‚Ach, die Amerikaner *wollen* ja den Krieg auf jeden Fall' – ganz wie damals bei Italien. Die paar ruhigen Leute hier *wissen*: der Krieg ist verloren, wenn es losgeht … Es ist um toll zu werden. Und die wahnsinnige Wut, die man erregt, wenn man so einen Hetzer *sachlich* zu überzeugen sucht, hat etwas Unheimliches …"

Die öffentliche Meinung in Deutschland wurde gelehrt, den Krieg vor allem als einen England verschuldeten, vor allem gegen das perfide Krämervolk zu führenden anzusehen. Weber hielt das für falsch; für ihn war Rußland der Hauptschuldige, eine Ansicht, welche die Forschung, auch die neueste, nicht völlig widerlegt hat. Ohne daß er, meines Wissens, je die berühmte Rußland-Amerika-Prophezeiung Tocquevilles zitiert hätte, sah er die Weltmacht-Zukunft der beiden Flankenreiche ungefähr wie Tocqueville, mit dem er so manche Fragestellung gemeinsam hat. Für Rußland fühlte er etwas wie Haßliebe; er war fasziniert von den schöpferischen Extremen des russischen Geisteslebens, lange trug er sich mit dem Gedanken, ein Buch über Tolstoi zu schreiben, der, mit der äußersten Konsequenz, ein anderes Wertsystem gewählt hatte als er selber, aber eines, das er verstand und dem er sich in tiefster Seele verwandter fühlte, als die entschlossene Härte seiner politischen Schriften erscheinen läßt. Er hatte es nicht gewählt; aber er hätte es schließlich wählen können. Die andere Seite Rußlands, den Machtstaat, den bürokratischen Despotismus und Imperialismus haßte und fürchtete er; früher oder später hätte es zwischen ihm und Deutschland zu einem Entscheidungskampf kommen müssen, in welchem Deutschland, unbedankt zwar, die Sache ganz Eu-

118

ropas vertrat. Daß Weber in Rußland den Hauptfeind sah, nötigte ihn, seine Haltung gegenüber der polnischen Nation zu revidieren. Hatte er als junger Mensch von den Polen mit einer an Bismarck erinnernden, dünkelhaften Verachtung gesprochen – „Wir haben die Polen zu Menschen gemacht" –, so meinte er jetzt, das Kulturgefälle zwischen Deutschen und Polen sei längst nicht mehr, was es vor einem Vierteljahrhundert gewesen war. Deutschland mußte ernst mit seinem Versprechen machen, einen polnischen Nationalstaat wiederherzustellen, mußte überhaupt als Beschützer der kleineren, am russischen Westrande lebenden Völker erscheinen, anstatt aus dem Krieg einen zwischen Germanen und Slawen zu machen. Daß dann die den Randvölkern durch den Frieden von Brest-Litowsk gebotene Befreiung deutscherseits eine unehrliche war, blieb ihm nicht verborgen.

Die Abwehr des russischen Imperialismus war der einzige Sinn, den der Krieg hatte. Sonst hatte er keinen; außer, daß Deutschland durch eine Kette enormer Ungeschicklichkeiten in eine schlimme Lage manövriert worden war, aus der es sich nun, so gut es ging, heraushauen mußte. Scharf, mit der ganzen Verachtung, deren er fähig war, wandte Weber sich gegen die Schreibereien von den „Ideen von 1914", vom „deutschen Krieg", vom Kampf zwischen Monarchie und Demokratie, zwischen deutschem Idealismus und englischem Materialismus, und so fort; der nur zu gut wußte, welche entfesselte Gewinnsucht nun gerade auch in Deutschland am Werke war und wie der Krieg das Schicksal der westlichen Gesellschaft, Zentralisierung, Bürokratisierung, Rationalisierung überall im gleichen Stile weitertrieb und verwischte, was von den Unterschieden der nationalen Charaktere noch übrig war. Literaten wollten der Sache einen Sinn geben, mit dem die kämpfende Front nichts zu tun hatte. Weber mochte die Literaten nicht und nie weniger als damals. Von „Literatenköpfen", „Literatengeschwätz" ist in seinen Schriften häufig die Rede. Man denkt in Deutschland meistens an die Linke, wenn man von politisierenden Literaten spricht. Das tat Weber

wohl auch – die „Literatenregierung in Petersburg"
1917, die „Literatenregierung in München" November
1918. Überwiegend aber dachte er an die Rechte: die
romantischen Verherrlicher des Obrigkeitsstaates, die literarischen Schmäher des Parlamentarismus, die Konstruk-
teure einer papierenen Ständevertretung, die Antipoliti-
ker überhaupt. Was sie, in Webers Augen, in Wirklichkeit taten, war entweder gar nichts oder war Hilfelei-
stung für die Plutokratie, die Beamtenherrschaft, die
handfesten Pfründen-Interessen und Privilegien des
preußischen Adels. Indem sie über dem Klassenkampf
zu stehen behaupteten, lieferten sie ihm literarische Mu-
nition, vergifteten das Verhältnis zwischen den Klassen
der Gesellschaft noch bösartiger.
Aber war Max Weber denn nicht selber ein Literat, ein
Mann des Gedankens und Wortes, ein Schriftsteller?
Keineswegs konnte er sich große Politik vorstellen ohne
Ideen, ohne Glauben; eben darum die scharfe Trennung
zwischen Politik und Verwaltung, auf der er so uner-
müdlich insistierte. Gelegentlich sprach er sogar von Illusionen, die sein müßten, damit etwas Tüchtiges getan
werde; und es ist ja Literatur, welche Illusionen schafft
und verbreitet. Letztlich ging es hier um eine Frage des
Wertes. Er sage offen, heißt es in ‚Politik als Beruf', „daß
ich zunächst einmal nach dem Maße des *inneren Schwergewichts* frage, das hinter dieser Gesinnungsethik steht,
und den Eindruck habe: daß ich es in neun von zehn
Fällen mit Windbeuteln zu tun habe, die nicht real fühlen, was sie auf sich nehmen, sondern sich an romantischen Sensationen berauschen". Verhaßt war ihm alles
Sachfremde, alles undurchdachte, unwissende, menschlich gehaltlose Gerede, ob es nun subjektiv ehrlich war
oder bewußt im Dienst korrupter Interessen stand.
Lange vor der Intervention der Vereinigten Staaten hatte
er durchschaut, daß ein vollständiger Sieg Deutschlands
über die Koalition nicht im Bereich des Möglichen lag.
Wäre er möglich gewesen, so scheint es, daß Weber ihn
nicht einmal wünschte, weil er nur zu neuen Wirren
führen konnte. „Es widerstreitet den deutschen Interessen, einen Frieden zu erzwingen, dessen hauptsächlich-

stes Ergebnis wäre, daß Deutschlands Stiefelabsatz in
Europa auf jedermanns Fußzehen stünde." Den Krieg in
seinem Begriff selber wünschte er diskreditiert zu sehen,
damit hernach ein langer Friede sein könnte; diskreditiert wurde der Krieg, wenn er in nichts endete, niemand etwas gewann, jeder sich zuletzt fragen mußte,
wozu er eigentlich all das gelitten hatte. Ein Patt-Friede
also, oder in der deutschen Historikersprache ein ‚Hubertusburger‘ Friede; während ein karthagischer, gleichgültig zu wessen Gunsten, den Frieden selber diskreditieren mußte. Im Gegensatz dazu hielt das offizielle
Deutschland dafür, alles käme darauf an, daß die Nation
den Krieg in schöner Erinnerung behielte; und das war
ohne Lohn für alle die Opfer, also Landgewinne, wirtschaftliche Gewinne nicht zu erreichen. Weber wußte
sehr genau, daß der bösen Verhärtung des Willens im
Lager der Entente in Deutschland starke Gruppen entsprachen, die in einer Verlängerung des Krieges ihren
Vorteil fanden; nicht bloß die handfesten Interessen der
Kriegsgewinnler, sondern die politischen Interessen der
Konservativen und der Rechten überhaupt. Je länger der
Krieg dauerte, desto stärker würden die verhaßten Sozialdemokraten nach links getrieben und würden so endlich wieder zu den ‚Reichsfeinden‘ werden, als welche
Bismarck sie von den Geschäften des Reiches völlig ausgeschlossen hatte. Nur ein ganzer deutscher Sieg nach
außen würde die privilegierten Klassen vor jenen inneren Reformen retten, für welche die Zeit überreif war:
Zusammenbruch der konservativen Herrschaft in Preu
ßen durch Abschaffung des Dreiklassenwahlrechts, Parlamentarisierung der Reichspolitik und, in ihrer Folge,
Übernahme der Regierung durch die Mehrheitsparteien
einschließlich der Sozialisten.
Weber hat eine solche Entwicklung für dringend notwendig gehalten. In einer Reihe monumentaler Staatsschriften, die teils in der ‚Frankfurter Zeitung‘, teils als
Broschüren erschienen, hat er in den Jahren 1917 und
1918 von Deutschlands künftiger Staatsform gehandelt
und die Vorzüge eines kräftigen Parlaments herausgearbeitet: Kontrolle der Verwaltung und Auslese echter po

litischer Führer, Einheit der Staatsführung, die es in dem von den Literaten gepriesenen Obrigkeitsstaat viel weniger gab als in den verachteten Demokratien des Westens. Im Lichte der von ihm entwickelten Prinzipien beurteilte er den Gang der Ereignisse: den Sturz des Reichskanzlers Bethmann Hollweg durch ein unsagbar verworrenes Eintagsbündnis zwischen dem Reichstag und dem General Ludendorff, den ‚Sklavenaufstand' eines machtlosen, zur Führung weder berechtigten noch vorbereiteten Parlamentes; den kläglichen Ausgang der Kanzlerschaft Michaelis, der noch einmal zeigte, daß ein vom Monarchen ernannter bloßer Beamter, auch der fähigste und sympathischste, einem großen Industrievolk in solcher Krise keine Führung mehr geben konnte; das Wachsen der Generalsdiktatur im Machtvakuum der deutschen Politik; den Taumel eines unbändigen Übermutes, der jeden Kontakt mit der Wirklichkeit verloren hatte, die wütende Hetze der Rechten gegen die Sozialdemokraten, die von den Generalen gestärkte, ihren Feldherrnruhm ausmünzende Demagogie. Über den Munitionsarbeiterstreik vom Januar 1918 schrieb Weber: „Aber der Streit war ganz selbstverständlich angesichts dessen, was man in Berlin Mitte Januar erlebte und was tatsächlich jeden, der einen rein sachlichen Betrieb der Politik verlangt, zum Rasen bringen konnte: wildeste Demagogie ohne Demokratie, vielmehr *wegen* fehlender Demokratie. Man muß dort gewesen sein, um das zu verstehen: man glaubte, im Irrenhaus zu sein – oder: in Athen nach der Argenusenschlacht." – Der Vergleich hat Absicht; auf die Argenusenschlacht folgte Aigospotamoi.

Von dem grimmigen Schmerz des Patrioten angesichts der Erfüllung seiner Vorhersagen, von seiner Verzweiflung über Ludendorffs unzeitiges Waffenstillstandsangebot, von seinen Hoffnungen auf eine letzte kriegerische Anstrengung, kann hier nicht die Rede sein. In den Wochen vor dem Ende bewies er noch einmal seinen scharfen Sinn für Machtverhältnisse: wenn Wilson den Waffenstillstand zu lange hinauszögerte, wenn er Bedingungen stellte oder zuließe, die eine Wiederaufnahme des

Kampfes völlig unmöglich machten, so würde nicht bloß Deutschland, sondern auch der amerikanische Idealist seine Sache verlieren, denn dann brauchten England und Frankreich die amerikanische Hilfe nicht mehr und könnten den Frieden nach ihrem Geschmack diktieren. Was auch geschah.

Die Monarchie hätte Weber gern gerettet gesehen durch eine zeitige Abdankung des Kaisers, und er wirkte in diesem Sinne auf seine politischen Freunde ein. Von sentimentaler Anhänglichkeit an die Dynastie, einem Royalismus des Herzens war er weit entfernt. Wilhelm II. hatte er jahrzehntelang für einen Schädling gehalten, im Kriege erlebt, daß die Monarchie auch die letzte ihrer nützlichen Funktionen, die Verhinderung einer Militärdiktatur, nicht zu erfüllen vermochte. 1916 schrieb er: „Ceterum censeo: gegen die U-Boot-Demagogie *muß* eingeschritten werden mit *Keulenschlägen* von oben – sonst weiß ich nicht, wozu wir ‚Monarchie' heißen." Die möglichen staatstechnischen Vorteile eines dauernd besetzten, umhegten, die Kontinuität darstellenden höchsten Amtes sah er auch jetzt noch; aber da die Monarchie sich nicht retten lassen wollte, so gab er sie auf und ohne viel Kummer.

Friedrich Ebert hat kurze Zeit daran gedacht, Max Weber als Staatssekretär in das Reichsamt des Inneren zu berufen. Wer ihn kannte, hätte voraussagen können, was Weber dafür tat, nämlich nichts und weniger als nichts. Indem er nun öffentlich gegen den „blutigen Karneval, der sich Revolution nennt", wetterte und nicht den Mehrheitssozialisten, wohl aber den ‚Unabhängigen' seine Verachtung mit der ihm eigenen Derbheit zu erkennen gab, machte er seine Wahl, zu der es wohl auch sonst kaum gekommen wäre, buchstäblich unmöglich. Immerhin berief ihn der neue Staatssekretär Hugo Preuß in ein Komitee, das die Verfassung der Republik vorzubereiten hatte – sein erstes bescheidenes politisches Amt und sein letztes.

In Webers Begriff von Demokratie, zumal in seinen Schriften während des Krieges, war längst ein plebiszitärer Zug stark hervorgetreten. Das Parlament sollte nicht regieren; es sollte kontrollieren, vor allem aber aus sich heraus die politischen Führer gebären, die dann, und zwar nach eigenem Willen, eigener Überzeugung regieren würden, so lange, bis sie versagten und man ihnen das Vertrauen entzöge. Einen Volkswillen gab es in Wirklichkeit nicht, in einer Demokratie so wenig wie anderswo. Immer wurde Politik von wenigen gemacht. Die übrigen, die Wähler und dann die bürokratisierten Parteimaschinen, waren die Gefolgschaft, welche die Macht des „charismatischen" Führers, des Staatsmannes, des geborenen und bewährten Demagogen trug; wobei Weber einmal daran erinnerte, daß nicht Kleon, sondern Perikles der erste Demagoge Athens gewesen war. Die gute alte Zeit eines Parlaments unabhängiger Honoratioren, einer zahlreichen, die Politik bestimmenden Elite schien ihm für immer vorbei. Wenn er jetzt, als Widerpart gegen das Parlament, einen starken, vom Volk gewählten Präsidenten forderte, so lag das auf der Linie seines Denkens, nur entschieden weiter nach vorn; aus den Führern, die das Parlament produzieren sollte, wurde *der* Führer, und zwar einer, der nicht einmal notwendigerweise ein Parlamentarier war. Auch der Reichstag hatte in den letzten Wochen vor dem Ende, als ihm die Macht plötzlich zugefallen war, versagt und sich mitkompromittiert; nun blieb die Erneuerung der Parteien, auf die er gehofft hatte, völlig aus, so hastig sie sich auch umtauften. Daß staatstechnische Fragen zwar wichtig, aber nicht allwichtig waren, daß nur der Geist der Gesellschaft, nur die Individuen eine Verfassung lebendig machen konnten, wußte er theoretisch sehr gut. Aber wie er zeit seines Lebens sich in den einmal gefaßten Gedanken verbissen hatte, fast bis zum Steckenpferdhaften – sein eigener Ausdruck –, so auch hier; ein paar Monate lang war er von der ‚Magna Charta der Demokratie', dem ‚Recht auf unmittelbare Führerwahl' wie behext; und wenn er die Volkswahl des Präsidenten nicht allein in die Verfassung brachte, so half er doch, sie durchzusetzen. Seine eigene Vergangenheit verteidigte er dabei durch die These: „Früher, im Obrigkeitsstaat, mußte man für die Steigerung der Macht der Parlamentsmehrheit eintreten, damit endlich die Bedeutung und damit das Niveau des Parlamentes gehoben würde. Heute ist die Lage die, daß alle Verfassungsentwürfe einem geradezu blinden Köhlerglauben an die Unfehlbarkeit und Allmacht der Mehrheit – nicht etwa: des Volkes, sondern: der Parlamentarier – verfallen sind, das entgegengesetzte, ganz ebenso undemokratische System." Die Bemerkung erinnert an den alten Bismarck, der, im Ruhestand, seine Forderung nach einem stärkeren Reichstag mit dem Argument rechtfertigte, gegen eine allzu anmaßende Volksvertretung habe er wohl seinerzeit die Rechte der Krone verteidigen müssen, aber nun komme die Gefahr von der anderen Seite. Daß ihnen die Staatsform an sich völlig gleichgültig sei und daß man je nach den Umständen die verschiedensten staatstechnischen Lösungen wählen müßte, haben beide gelegentlich mit erstaunlich ähnlichen Worten gesagt. Sie waren beide Verächter der Ideologen und Ideologien; wobei, vielleicht, beiden die Sachlichkeit Schutz bieten sollte vor der Anarchie im eigenen Seelenhaushalt, vor den auseinanderstrebenden, nur durch Wille zusammengehaltenen Instinkten und Denkversuchungen. Es ist kein Zufall, daß Max Weber Bismarck so gut verstand, daß er immer wieder auf ihn zurückkam und, wenn er ihn kritisierte, sich bis zum Schluß, mehr als ihm selber bewußt war, von bismarckischen Traditionen lenken ließ.

Gegen Webers Begriff vom charismatischen Führer, vom Diktator, der zur Diktatur der Massen gehöre, hat Wolfgang Mommsen eingewendet, er liefere nicht die wünschbare Unterscheidung zwischen einem Volksführer wie Gladstone und einem wie Adolf Hitler und könne ebensogut beide rechtfertigen. Das scheint unwiderleglich; aber nur, insofern der allgemeine Begriff das Individuum nie erfassen kann. Von Max Weber, der von der Person Ludendorffs, als er ihm im Jahre 1919 begegnete, entsetzt war – „mischt er sich aufs neue in die Politik, so muß man ihn rücksichtslos bekämpfen" –, den das letzte innenpolitische Ereignis, dessen Zeuge er sein mußte, der Kapp-Putsch, in höchste Wut versetzte, können wir ungefähr ahnen, vielmehr wir können es genau wissen, wie er sich dem ‚Dritten Reich‘ gegenüber verhalten hätte; was das Maß seines Abscheus gewesen wäre. Daß infolge der momentanen Ausschweifung nach links und des unglücklichen Versailler Friedens in längstens zehn Jahren Reaktion und Chauvinismus herrschen würden, sah er, ungern, voraus. Die Personen konnte er nicht voraussehen; die des zweiten Reichspräsidenten so wenig wie die des dritten.

Aber damit ist das Problem nicht erschöpft. Max Weber war nicht allwissend; er war nicht unfehlbar, und auf viele Fragen, die er stellte oder hätte stellen sollen, wußte er die Antwort nicht. Freiheit und freie Schöpferkraft inmitten des unentrinnbaren Gehäuses von Hörigkeit, inmitten der kapitalistischen, bürokratischen, demokratischen Maschinerien dennoch zu sichern, war sein höchstes Anliegen. Gegen Mißbrauch oder Verfall von Verfassungseinrichtungen wußte er keine Garantie, und tatsächlich gibt es keine. Im Obrigkeitsstaat, den er während des Krieges im hellichten Verfall sah, verlangte er eine entschiedene Trennung von Politik und Verwaltung, eine Beherrschung der Beamten durch die Politiker. Es ist unleugbar, daß dieser Zustand niemals krasser obwaltete als seit 1933, und daß die Folgen ungut waren, zumal die Beamten sich genau so verhielten, wie Weber vorausgesagt hatte: sie würden *jeder* Herrschaft gehorchen, *jeden* Befehl von oben pünktlich ausführen.

Was er nicht einmal fragte, war: wo der Führer sein geistiges, moralisches Volumen hernehmen sollte, wenn die Geführten so waren, wie er sie nun beschrieb, bloßes Stimmvieh; wenn alle die vermittelnden Schichten zwischen dem Regenten und den Regierten, blind Folgenden entfielen. Hier, muß man sagen, liegt ein Denkfehler vor, der mit Webers Gewohnheit zu tun hat, immer zum Äußersten einer Denkposition zu gehen. Wohlgemerkt, nur einer *Denk*-Position; denn der Praxis gegenüber war er ein Mann des Gleichgewichts und wäre der erste gewesen, der Verwirklichung der gestern von ihm selber verfochtenen Prinzipien alsbald entgegenzutreten und sich auf die andere Seite zu werfen. Jetzt ging er theoretisch viel zu weit in der Verurteilung der Elite, für deren Auslese durch das Parlament er sich noch vor kurzem eingesetzt hatte, in der Verurteilung der ‚Honoratioren‘ als einer der Vergangenheit angehörenden Schicht. Jetzt wollte er nichts mehr sehen als den einen Führer, die Parteimaschinen, die Masse. In Wirklichkeit gibt es Honoratioren, unabhängige, für sich selber denkende und handelnde, im Haupt- oder Nebenberuf Politik treibende Menschen auch heute noch: und wohl uns, daß es sie gibt. Zum Beispiel fallen die amerikanischen Senatoren häufig unter diesen Begriff. In Deutschland haben wir sie auch; obgleich nicht so zahlreich und einflußreich, wie wünschenswert wäre.

Max Weber konnte überaus sachnahe und praktisch denken. Seine vollgültige Biographie, die wir bis heute nicht haben, müßte zeigen, woher er alle die praktischen Kenntnisse hatte; woher er so genau wußte, wie es in einer Fabrik, einem Kontor, einem Parlaments-Ausschuß, einer Zeitungsredaktion zuging. Die Schwächen und Irrtümer einer Praxis vermochte er zu erkennen; der Politiker hat sein Bestes als Kritiker und Warner geleistet.

Wo er das Positive bieten wollte, geriet er leicht auf Abwege; indem er sich in Probleme verrannte und nun alles an ihnen maß, die im Grunde so zentral nicht waren, wie das Problem der polnischen Landarbeiter in Ostdeutschland; indem er mit äußerster Konsequenz dachte, wo gesundes Denken sich selber abgebremst und korrigiert hätte. Seine ganze Lehre von Kampf und Macht erscheint uns heute nicht falsch, aber dramatisch isolierend und übertreibend; sie übersah andere Motive, Sehnsüchte, Bereitschaften, die im Menschen sind, und vermischte – was hätte auseinandergehalten werden sollen – die Formen des Zusammenlebens im Staat und zwischen den Staaten. Wenn heute wenigstens der Versuch gemacht wird, die Existenz einer Vielzahl von Staaten dem bürgerlichen Friedensgesetz zu unterwerfen, so verstand umgekehrt Weber das Leben innerhalb einer staatlichen Gemeinschaft, den Kampf der Klassen, der Parteien, schließlich der Individuen, nach dem Vorbild des Verhältnisses zwischen Machtstaaten. Machtstaatliches Denken zu überwinden, machte er nicht den Schatten eines Versuches, auch nach 1918 nicht. Damals glaubte er, daß Deutschland auf imperiale Träume für immer verzichten müsse, nicht aber auf den Traum nationaler, die Gebiete deutscher Zunge umfassender Autonomie; ihrem Wiederaufbau und nichts weiter galten seine letzten Gedanken. Andere, zum Beispiel Walther Rathenau, sein genauer Zeitgenosse, in manchem sein Schicksals- und Gesinnungsgenosse, haben doch immerhin über den nationalen Machtstaat hinausgehende Möglichkeiten zu finden gesucht, schon vor dem Krieg und wieder danach. Max Weber niemals. Der gnadenlose Lebenskampf der Völker gegeneinander, Kampf um Boden, Kampf um Märkte im Rahmen eines schon stagnierenden, schon dem Ende seines Aufstiegs nahen Kapitalismus, Abstützung der nationalen Wirtschaft durch militärische Macht und trotz aller Macht und Opfer für die Macht, Verurteiltsein der meisten zu ewiger Armut – an diesem Bündel von Begriffen hielt er fest bis zum Schluß, und alles, was er den Münchner Studenten 1919 versprechen konnte, war eine „Polarnacht von eisiger Finsternis und Härte".

All das hängt, glaube ich, damit zusammen, daß Max Weber mit gewaltigem Charakter und Verstand, aber nicht mit einem eigentlich schöpferischen Geist gesegnet war. Darum zerfiel ihm die Wirklichkeit allerorten; in kämpfende Machtstaaten und Klassen; in Verwaltung und Politik, Masse und Führer; in Wissenschaft und Prophetie; in unlösbare ethische Antinomien. Darum beschrieb er die Politik als ein Bündnis mit diabolischen Kräften, denen durchaus nicht auszuweichen sei, wenn man sich einmal in dies Handwerk eingelassen hatte, und forderte klare Entscheidung darüber, ob man Politiker sein wollte oder an die Botschaft der Bergpredigt glauben. Immer geforderte Entscheidungen, immer Trennungen und ein tapferes ‚Dennoch' in einer, wie er sie nannte, „gottfremden, prophetenlosen Zeit". Immer die Ermahnung, bewußt zu sein, Ernst zu machen, Schicksal auszuhalten, auf kein Glück zu hoffen. Glück durch Wissenschaft war eine Hoffnung großer Kinder;

Friede durch Recht eine Illusion; keine Versöhnung zwischen Gesinnung und Verantwortung, dem Guten und dem Praktischen, dem Wahren und dem Schönen.

In Max Weber, wie vor ihm in Nietzsche, war der christliche Kosmos völlig zerbrochen. Und darin war dieser strenge Gelehrte im Grund doch Künstler, daß er die Erlebnisse seines zerrissenen Innern nach außen übertrug und seine Zeit mit sich selber identifizierte; so mußte sie sein, weil er so war. So war sie wohl auch, zu einem Teil; der Denker und Künstler von Rang ist anzeigend für das Wesen seiner Zeit. Aber so war sie nicht ganz und ist es auch heute nicht; und es ist ja auch die Frage, ob man ihr am besten hilft, indem man nichts tut, als ihr einen tragischen Spiegel vorzuhalten. „Mein entschiedenstes inneres Bedürfnis", schreibt Weber einmal, „ist intellektuelle Aufrichtigkeit. Ich sage, was ist." Da in der Tat lag seine Größe. Aber schließlich *sind* die Dinge nicht nur, man kann sie auch verändern, sie zu binden und zu versöhnen trachten; auch in unseren Jahren hat es nicht an Menschen gefehlt, welche die Botschaft der Bergpredigt zur wirkenden Macht erhoben. Wenn Max Weber von prophetenloser Zeit sprach, so darum, weil er selber keiner war; sei es, weil er es nicht sein konnte, sei es, weil er es nicht sein wollte und sein Wirken und Wesen verkrüppelt hatte durch eine Wahl, zu der er sich verpflichtet glaubte. Anders ausgedrückt: weil er scheitern wollte. Gescheitert ist am Ende der Politiker wie der Philosoph. Neben dem Werk des Sachforschers, das die soziologische Wissenschaft auf zwei Kontinenten befruchtete, bleibt das Beispiel seiner aktuellen Stellungnahmen, seiner Warnungen, seiner immer wachen, stolzen Unabhängigkeit durch vier Jahrzehnte, nicht mehr; die Frage, ob mehr hätte bleiben *können*, hätte er selber als unbeantwortbar verworfen.

(1964)

Bertrand Russell

Vor seinen ausgewachsenen Memoiren hatten wir von Bertrand Russell schon zahlreiche autobiographische Essays. Am reizendsten ist mir immer ein Nachruf erschienen, den er 1937 über sich selber verfaßte, und zwar für das Jahr 1962; nicht als er selber, versteht sich, sondern als Nekrologist der ‚Times‘ von London. Wahres oder halbwegs Richtiges, auch onkelhaft herablassendes Lob wird hier mit gravitätisch-patriotischen Platitüden im Stil der ‚Times‘ verbunden, so daß eine herzbelustigende Mischung entsteht. Gleich am Anfang frappiert ein historischer Rückblick. Russells Großvater, Lord John, den der Philosoph noch kannte, war eben der, der 1814 Napoleon auf Elba besuchte und 1831 die erste große Parlamentsreform durchsetzen half; seine Großmutter mütterlicherseits, die er noch besser kannte, war eine „Freundin der Witwe des jüngeren Prätendenten“ – wobei man wissen muß, daß der jüngere Prätendent der im Jahre 1746 bei Culloden besiegte Charlie Stuart ist. Seine Witwe, eine geborene Stolberg, lebte bis 1824; lange Zeit nicht als Witwe, sondern als heimliche Gattin Alfieris, des Dramatikers … Unglaublich tiefe Vergangenheit in der Gegenwart! Russell hat gern den Schein erweckt, als machte er sich nicht viel aus solchen Hintergründen; sicher aber flossen aus der Tradition einer alten und großen, einer geistvollen, unabhängigen und tätigen Familie ihm unschätzbare Kräfte zu. – In dem Nachruf der ‚Times‘ heißt es dann weiter, zwar habe Russell in seiner Jugend bedeutende Werke auf dem Gebiet der mathematischen Logik geschaffen, habe aber nur zu bald ein exzentrisches und unausgeglichenes Urteil, einen Mangel an geistiger Tiefe bewiesen, wofür seine Haltung im Ersten Weltkrieg das tadelnswerteste Beispiel sei. Ging er doch damals so weit, bei völliger Unkenntnis der moralischen Werte, um die gefochten wurde, zuerst die englische Neutralität, dann einen Verständigungsfrieden

130

um jeden Preis zu wünschen! Verdientermaßen verlor er seine Professur in Cambridge, verdientermaßen mußte er sogar für ein halbes Jahr ins Gefängnis. „In den folgenden Jahren verzettelte er seine Arbeitskraft mit Schriften, in denen er für Sozialismus, Erziehungsreform und einen weniger strengen Moralcodex hinsichtlich der Ehe eintrat. Von Zeit zu Zeit jedoch kehrte er zu weniger aktuellen Themen zurück. In seinen historischen Schriften täuschten Stil und Geist über einen seichten, veralteten Rationalismus hinweg, zu dem er sich bis zu seinem Ende bekannte ... Sein Leben war trotz seiner Unberechenbarkeit von einer anachronistischen Folgerichtigkeit, ähnlich der der aristokratischen Rebellen des frühen neunzehnten Jahrhunderts ... Er war der letzte Überlebende einer versunkenen Epoche." Der Nachruf, man sieht es, enthält einige ganz wahre Sachen, mehr von ihnen, als ich zitieren darf, bleibt aber in die Farbe spöttischer Kondenszendenz getaucht und betont über und über die selbstverschuldete Verlorenheit der Russellschen Positionen.

In zwei Punkten irrt er. Russell ist nicht in seinem neunzigsten Jahr 1962 gestorben. Im Moment, indem dies niedergeschrieben wird, ist er so aktiv wie eh und je und im Begriff, zu einer der großen Bataillen seines Lebens anzutreten. Wenn es ferner heißt, kurz vor Ausbruch des Zweiten Weltkrieges sei er in ein neutrales Land entkommen, seinem Grundsatze gemäß, wonach mordgierige Verrückte ganz recht daran täten, einander umzubringen, vernünftige Leute ihnen aber dabei besser aus dem Wege gingen, so war das wirkliche Leben anders. Russell floh nicht im August 1939 aus England. Er war seit 1938 in den Vereinigten Staaten, aus Gründen, die mit Politik nichts zu tun hatten. Aber er war tief unglücklich im September 1939 und danach, schämte sich seiner Sicherheit in Amerika, *bejahte* den Krieg gegen Hitler, nachdem er einmal begonnen hatte, und kehrte 1944 auf einem Frachtschiff in die von V-Waffen belästigte Heimat zurück. Kritiker haben nicht verfehlt, auf den Unterschied zwischen seinen Haltungen im Ersten und Zweiten Krieg zu verweisen, und Russell ist gegenüber *diesen* Vorwürfen nicht ganz unempfindlich gewesen. Daß der Philosoph sich wandelte, verstand sich ihm von selbst, Philosophen, die sich nicht wandeln, sind schon tot. Daß der Politiker nicht immer gleich dachte unter ungleichen Umständen, glaubte er eigens rechtfertigen zu müssen.

Unser ‚Times'-Nekrolog, hätte Russell ihn später geschrieben, würde noch einige andere erwähnenswerte Details enthalten haben. Russell schrieb sein erstes Buch im Jahre 1895; 72 Jahre später kamen – wenn ich richtig zähle – sein 71. und 72. Buch heraus. Er wurde von einer Freundin als „frühzeitig gealtert" geschildert, als er fünfzig war; von dem 95jährigen kann man das nicht sagen. Er heiratete zum ersten Mal mit 21; zum vierten und vorläufig letzten Mal mit achtzig. Er war in seiner Jugend leidlich wohlhabend dank eines ererbten Vermögens, das er bald verschenkte; danach während vieler Jahrzehnte von Geldsorgen bedrückt; heute ist er reich, oder könnte es sein, wenn seine Einnahmen nicht der von ihm gegründeten Peace Foundation zuflössen. Im Jahre 1940 mußte die New York University ihren eben ernannten Professor wieder entlassen infolge des Prozesses, den eine fromme Dame gegen ihn, oder gegen das städtische Institut, angestrengt hatte. In der Anklage, welcher der Richter sich anschloß, wurden Russells Schriften als „geil, lüstern, venerisch, erotomanisch, wollüstig, aphrodisiakisch, atheistisch, blasphemisch, engherzig, unwahrhaftig und bar jeden moralischen Sinnes" bezeichnet. (Dieser Prozeß ist einer der Flecken auf dem amerikanischen Ehrenschild, wie nur ganz große Nationen sie sich ohne Reue leisten können. Hätte er in Berlin stattgefunden, wir würden ihn noch heute zu unserer unbewältigten Vergangenheit rechnen.) Russell war Abstinenzler bis 1914. Kaum aber ließ Georg V. sein Volk wissen, er werde während der Dauer des Krieges auf die Freuden des Alkohols verzichten, so ging er zu Whisky über – eine Russellsche Geste der Abneigung gegenüber dem Krieg und gegenüber der Monarchie. Mit achtundsiebzig erlebte er einen schweren Unfall. In der Nähe von Oslo ging sein Flugzeug auf der See nieder und begann alsbald zu sinken. Die Fahrgäste, die im vorderen Teil der Kabine saßen, ertranken. Russell, der kurz vorher sich in das hintere Abteil zurückgezogen hatte, wo geraucht werden durfte, konnte eben darum sich retten; in seinem Wintermantel schwamm er durch das eisige Wasser zu einem Boot. Er selber sagt, eine Minute lang, die Herausgeber seiner ausgewählten Werke sagen zehn; da ich unlängst viel Russell gelesen habe, so glaube ich, die Wahrheit wird sich nie feststellen lassen. – Den Titel, Earl Russell, erbte er 1931 von seinem Bruder. Obwohl er über das House of Lords sich gern lustig machte, hielt er doch seit 1937 gelegentlich Reden dort; man möchte sich vorstellen, mit was für Gesichtern seine erhabenen Standesgenossen ihm zuhörten. Man möchte sich auch vorstellen, mit welchem Gesicht er 1950 nach dem Buckingham Palace fuhr, um Englands höchste Auszeichnung, den Order of Merit, aus den Händen des Königs entgegenzunehmen. „Man sagt mir", äußerte der Monarch, „Sie haben ein abenteuerliches Leben geführt. Aber, nicht wahr, es wäre doch nicht gut, wenn alle Leute das täten?" Russell verbiß sich eine Bemerkung, die mit dem Herzog of Windsor zu tun gehabt hätte, und antwortete statt dessen: „Die Postboten läuten an allen Türen, aber es wäre nicht gut, wenn alle Leute an allen Türen läuteten."

In den angelsächsischen Ländern ist er zu einem Mythos geworden; unter Amerikanern zumal, die ihn ehedem so schnöde behandelten. Auch in Deutschland soll er, laut seinem Biographen, der einflußreichste und am meisten gelesene englische Philosoph sein. Das sagt aber am Ende noch nicht viel; denn welcher andere englische Philosoph wird bei uns viel gelesen? Ein Erfolg war vor einigen Jahren die Essaysammlung ‚Warum ich kein Christ bin'; sie gefiel jenen, denen die offizielle Atmosphäre der Bundesrepublik nicht gefällt. Das erste Buch Russells in deutscher Übersetzung, das ich las, ‚Die Kultur des Industrialismus' (‚Prospects of Industrial Society') erschien in den späten zwanziger Jahren. Noch erinnere ich mich des Entzückens, das ich bei der Lektüre empfand; wie kontrastierte Russells kaustischer Humor mit den schweren, blutigen Hirngespinsten Lenins und seiner deutschen Nachbeter, wie sein Sozialismus ohne Tränen mit den grimmigen Voraussagen der Dialektik! Bald folgten zwei popularisierende wissenschaftliche Schriften, ‚ABC der Atomtheorie‘, ‚ABC der Relativitätstheorie‘; Darlegungen, die, so schien es mir wenigstens, Allgemeinverständlichkeit mit Gediegenheit verbanden. Die enorme Vielseitigkeit von Russells Wirken ist *eine* Hauptursache des Mythos. Daß er eine philosophische Grundlegung der Mathematik schuf, daß er, wie es heißt, der größte Logiker seit Aristoteles ist, müssen die Allermeisten nur glauben, da sie die Leistung zu verstehen ja gar nicht versuchen können.

Es ist wohl auch so, daß Russells mathematisch-logische und erkenntniskritische Arbeiten die Wissenschaft mehr theoretisch unterbauten als praktisch förderten. So hat auch der Philosoph kein fertiges System – „Phänomenologie des Geistes“, „Welt als Wille und Vorstellung“, „Untergang des Abendlandes“ – oder sonst irgendeine weithin schallende These geboten. Er ist überhaupt nie fertig geworden, hat immer wieder anders befunden oder anders nuanciert. Daß aber derselbe Autor, dessen dickste und schwerste Bücher – die ‚Principia Mathematica‘ – kaum mehr als zwanzig Menschen ganz durchstudiert haben sollen, auch solche schrieb, und zu Dutzenden, die jeder halbwegs intelligente Jüngling lesen konnte, und in allen Gebieten, Erziehung, Wirtschaft, Moral, Religion, Gott und Welt oder Nicht-Gott und Nicht-Welt, Politik, Krieg und Frieden, und dann auch wieder die Resultate seiner subtilsten Forschungen in kurzen, vergleichsweise verständlichen Aufsätzen bot; daß er Weltreisen machte, als das Weltreisen noch nicht Mode war, Rußland, China, Australien, und nie ohne neugierig treffende, balancierte, manchmal prophetische Berichte nach Hause kam; daß er sich nicht mit der Theorie begnügte, sondern, berühmter Philosoph, der er schon war, seine Erziehungsgrundsätze in der Praxis versuchte und als Schulleiter sich mit kleinen Kindern plagte; daß er überhaupt seine Grundsätze *lebte* und, weil es provozierende Grundsätze waren, durch acht

Jahrzehnte die Obrigkeiten und Großen der Welt provozierte, da er doch von Geburt zu ihnen gehörte und unter ihnen es sich hätte bequem machen können – das macht ihn unvergleichlich; legendenumwoben, oft mißverstanden und plump verleumdet, und zur mythischen Gestalt zuletzt.

Er begann als Philosoph und Mathematiker. Genauer, er begann als Journalist, Reporter, politischer Theoretiker, denn sein erstes Buch handelte vom Marxismus und dessen mächtigster Organisation, der Sozialdemokratischen Partei im Deutschen Kaiserreich. Ein ausschließliches Interesse also genügte ihm von Anfang an nicht. Auch während der langen Jahre, in denen er über den Principia Mathematica saß, überarbeitet, so sich konzentrierend, daß er, wie erzählt wird, manchmal fast das Atmen vergaß, trieb er nebenher Allotria; Kritik, oft beißende, verwandter Versuche nicht nur, auch Sozialismus oder ‚Fabianismus‘, Freihandel, einen Versuch, ins Unterhaus zu gelangen und anderes mehr. Die Principia kosteten ihn mehr als ein Jahrzehnt und einige hundert Seiten, bis er zur Definition der Zahl Eins gelangte. Später diktierte er mitunter ein Buch in zwanzig Tagen und im Durchschnitt zehn Seiten am Tag. Schriftsteller, die je mit dem Diktaphon zu tun gehabt haben, wissen, welch harter Anstrengung diese Art des Arbeitens bedarf. Das gilt für sie, aber kaum für Russell. Er hatte in der Jugend seinen Geist so trainiert, daß er, mit wem oder was er sich befaßte, den springenden Punkt alsbald erkannte, und daß schriftstellerische Produktion ihm leichtfiel. Eisern fleißig blieb er sein Leben lang, und nie äußerte er sich über einen Gegenstand, ohne vorher eine Masse von Literatur darüber, primäre wie sekundäre, bewältigt zu haben. Es ist sein Stil, was darüber hinwegtäuscht: In einem Vortrag über Geschichtsschreibung meint er einmal, der Historiker sollte erst forschen, dann erzählen, ohne den Fluß der Erzählung durch Forschung zu unterbrechen, zum Schluß noch einmal prüfen. Ich denke, damit hat er ein Geheimnis seiner eigenen Schriftstellerei verraten.

Rückblickend meint er, er sei zur Philosophie überge-
gangen, als er für die Mathematik zu dumm wurde, zur
Geschichte und Politik, als er für die Philosophie zu
dumm wurde. Da ich selber für die Mathematik von Anfang an zu dumm war und nur zu bald für die Philosophie, so kann ich gar nichts über Russells Grundlegung
der Mathematik, über seine Philosophie das Wenigste
berichten.* Er fing als Adept Hegels an, kam aber, als er
vom bloßen Hörensagen zum Studium der eigensten
Werke des Meisters überging, zu dem Schluß, daß Hegels Philosophie falsch sei. Worin er sicher ganz recht
hatte. Für seinen klaren Geist waren die Werke der Philosophen nicht Schöpfungen, von ferne der Musik vergleichbar; Versuche, das Unsagbare zu sagen, Gleichnisse, erhabene Gedankenspiele.
Es imponierten ihm nicht die Fülle der Anschauung in
den Hegelschen Schriften, die verdrehten Schönheiten,
Gewalttätigkeiten und Verrücktheiten der Dialektik. Die
eine blanke Frage, mit der er an Hegel, und fortan an
alle Philosophen heranging, war: richtig oder falsch?
Man errät, wie die Antwort regelmäßig lautete. Und
dann: warum falsch? Abgeleitet aus welchen falschen
Prämissen, die, wenn man sie einmal gemacht hatte, das
falsche philosophische System korrekt ergab? Im Falle
Hegels ergab es sich aus diesem Irrtum: „Hegel glaubte,

* Es sei hier angemerkt, daß das Wörtlein „ich" in diesem Versuch häufiger vorkommt, als sonst mein Brauch ist. Zweifellos
kommt das daher, daß ich unlängst viel Russell gelesen habe,
der sehr häufig „ich" sagt; daß es aber unmöglich ist, Russell zu
lesen, ohne dem Einfluß seines Stiles zu erliegen. Übrigens
kann ich keineswegs behaupten, *alles* von Russell gelesen zu haben. Wenn ich sage, ein Viertel seiner Werke, so komme ich
der Wahrheit nahe, und das müßten immerhin schon fünfzehn
bis zwanzig Bücher sein: dazu die ausgezeichnete Biographie
von Alan Wood ‚Bertrand Russell, the passionate Sceptic'.
Wood, der selber das Gesamtwerk aus dem Grunde studiert hat,
gibt ein Beispiel für die Macht von Russells Stil; denn er denkt
wie Russell, schreibt wie Russell, übt Kritik an Russell in Russells Sinn, und wenn er sich einen Scherz erlaubt, so ist es einer, der von Russell stammen könnte.

alle Eigenschaften eines Dinges könnten logisch gefolgert werden, wenn man über dieses Ding genug wüßte, um es von allen anderen Dingen unterscheiden zu können." – Die Bemerkung ist überaus scharfsinnig, dürfte aber das philosophische Urerlebnis, aus welchem der Reichtum der Hegelschen Metaphysik sich bildete, die Sehnsucht, die Anschauungskraft, den ungeheuren Ehrgeiz doch nicht *ganz* verstehen lassen.

Mit anderen, logisch reineren und dürreren Systemen war die Methode erfolgreicher; am erfolgreichsten bei Leibniz, dem Russell mit 27 Jahren ein eigenes Buch widmete. Natürlich ist die Monadologie ‚falsch'; so falsch, daß man kaum begreifen kann, wie ein so gescheiter Mann wie Leibniz eine so künstlich-närrische Welt-Erklärung ersinnen konnte. Sie wäre aber, zeigt Russell, richtig, wenn fünf Thesen richtig wären, aus denen alles Übrige mit zwingender Logik fließt. Es sind die folgenden: 1. Jeder Satz hat ein Subjekt und ein Prädikat. 2. Ein Subjekt kann Prädikate haben, die zu verschiedenen Zeiten existierende Qualitäten sind. (Ein solches Subjekt wird Substanz genannt.) 3. Wahre Sätze, die nicht von Existierendem zu bestimmten Zeiten handeln, sind notwendig und analytisch; Sätze, die von Existierendem zu bestimmten Zeiten handeln, sind bedingt (contingent) und synthetisch. Sie handeln von Ursachen.* 4. Das Ich ist eine Substanz. 5. Perception gibt Wissen von einer äußeren Welt, das heißt von Existierendem, das etwas anderes ist als ich und meine inneren Zustände. – Und nun ist es ein hoher Genuß, zu verfolgen, wie eine Intelligenz, die der Leibnizschen verwandt und ebenbürtig ist, den Denkprozeß des Philosophen durchschaut, die Grundbegriffe auseinander entwickelt, Identität des Ununterscheidbaren, Kontinuität, Unmöglichkeit einer Interaktion zwischen Substanzen, imaginärer Charakter des Raumes und so fort, woraus zum Schluß die Lehre von den Monaden sich ergibt; die richtig wäre – wenn der erste jener fünf Sätze nicht im Widerspruch stünde zum vierten und fünften. Hier, wo es

* Russell schreibt „final causes", was ich nicht verstehe.

sich um eine Philosophie auf schmaler, eminent logischer Basis handelt, feiert Russells Analyse ihren schönsten Triumph. Sie entdeckt die Grundlage und zeigt die gefährliche Konsequenz, nämlich die des Determinismus, welche Leibniz vor seinen fürstlichen Lesern hatte verbergen wollen.

Von den Motiven des Philosophen hat Russell oft gesprochen, und er fand vor allem zwei: den Drang nach absolut sicherem Wissen und das religiöse oder mystische Bedürfnis. Die Verbindung beider Motive tat, so meint er, der Philosophie eher schlecht als gut; besser hätte sie sich beizeiten aufs Wissen konzentriert. Jedoch seien beide anfangs auch in ihm selber wirksam gewesen. Dürfen wir ihm trauen, und das dürfen wir sicher, so war er ein melancholischer, einsamer Jüngling, der über Gott und Welt grübelte und sich nur darum nicht das Leben nahm, weil er in der Mathematik weiterzukommen wünschte. Psychologen werden einwenden, das könnte kein sehr mächtiger Todeswunsch gewesen sein, der durch ein so braves Studium neutralisiert wurde. Auch währte er nicht lang. Mit 21 finden wir Russell glücklich verheiratet, überaus tätig, neugierig und wanderfroh.

Müßte ich sein Denken und Leben mit einem einzigen Begriff bezeichnen, so würde ich nicht die „leidenschaftliche Skepsis" nennen, wie sein Biograph; ich würde die Furchtlosigkeit nennen. Davon ist eine Seite, daß es ihm im genauen Sinn des Wortes an ‚Gottesfurcht' fehlte; sein Leben lang fürchtete er Gott nicht („most certainly not"), die Menschen und Mächte nicht, die Elemente nicht, den Tod nicht. Als er, Anfang der Fünfzig, in Peking von den Ärzten aufgegeben war, soll er der ungewohnten Situation mit völliger Heiterkeit begegnet sein. Camus spricht irgendwo von „philosophes froussards", philosophischen Feiglingen. Hier ist ein furchtloser Philosoph – eine Rasse, die nie sehr zahlreich vertreten sein konnte. Denn schließlich gehört zur Philosophie das Staunen; vom Staunen zur Angst ist der Schritt nicht groß. Übrigens könnte ich, was ich meine, auch mit dem Wort ‚gesund' umschreiben. Russells Werk und Leben zeugen von enormer Gesundheit.

Von seiner Grundlegung der Mathematik – ich schäme mich, sie auch nur zu erwähnen – sind wir berichtet, daß er sie auf Logik zurückführte; mathematische Untersuchungen sind erweiterte logische Denkprozesse. Das hatte, sehr nebenher, zur Folge, daß die Kantische Frage nach der Möglichkeit von synthetischen Urteilen a priori sinnlos wurde; mathematische Urteile sind a priori, aber nicht synthetisch und sagen über die Wirklichkeit nichts aus. Es ist hier aber hinzuzufügen, daß Russell zur Unmöglichkeit aprioristischer Aussagen über die Wirklichkeit erst später gelangte, nicht schon in den Jugendjahren, in denen er an den Principia Mathematica arbeitete. In seinem Essay ‚Über die wissenschaftliche Methode in der Philosophie‘ (1914) meinte er noch, eine philosophische These müsse „allgemein", das heißt jederzeit und überall gültig sein; Philosophie sei die Wissenschaft nicht des Wirklichen, sondern des Möglichen (welches das Wirkliche einschließt) und sei also eigentlich von Logik nicht verschieden. Damals glaubte er, Logik noch zu einer Art von Wissenschaft vom Sein erheben zu können. Später nicht mehr; nun warnte er davor, bloße Syntax mit Metaphysik zu verwechseln, und unterschied zwischen der Erfahrung als einziger Erkenntnisquelle und der logischen Analyse, die richtig ist, aber uns keine Erkenntnis des Wirklichen gibt. Wie denn überhaupt Russells Philosophie immer unterwegs war. Sie läßt sich nicht resümieren. Man kann, oder könnte, nur über die Stationen des Weges berichten.

Auch war es eine wesentlich polemische Philosophie. Das sind, nach Benedetto Croce, alle Philosophien; aber doch wohl mit Gradunterschieden. Russell begann damit, daß er an Hegel glaubte und sich von Hegel befreite; diese negative Erfahrung hat lang nachgewirkt. Er zerstörte, noch einmal, solche Begriffe wie ‚Einheit‘ oder ‚Ganzheit‘ der Welt, ‚Welt‘, ‚Universum‘ überhaupt, ‚Substanz‘, ‚Ursache‘. Dabei ging er auch im einzelnen gern polemisch vor. Sein Essay über den Begriff der Ursache (1912) beginnt mit den Definitionen, die er in ‚Baldwin's Dictionary‘ fand: kläglich ungenügenden Definitionen, mit Worten arbeitend, die schon enthalten, was definiert werden soll. Die Auflösung des Begriffes geschieht dann durch Gedankengänge, die man seither (aber kaum vorher) auch anderswo gelesen hat: die ins Endlose wachsende Vielheit der Ursachen, je weiter man sie zurückverfolgt; die zeitliche Trennung zwischen Ursache und Wirkung, so daß die Ursache nur dann wirken soll, wenn sie gar nicht mehr ist; die Verwechslung zwischen der Kausalrelation und dem menschlichen ‚Operieren‘ oder Wollen und so fort. Zum Schluß rückt an die Stelle von Ursache und Wirkung der umfassendere Begriff der Determination. Dieser widerlegt das subjektive Bewußtsein menschlicher Freiheit nicht. Wir haben das Gefühl, die Vergangenheit nicht ändern zu können, wohl aber, durch unser Wollen und Tun, die Zukunft. Unleugbar; aber unser Wollen und Tun kann nur das sein, was es ist. Wäre es anders, was es logisch nicht sein kann, so wäre die Zukunft anders, aber die Vergangenheit auch. – Es läuft auf den Satz vom Widerspruch hinaus, den Russell bestehen ließ, so sehr er sonst gegen die Weisheit der Schulen war: es gebe „zwei Arten von Meinungen: solche, die auf Tradition beruhen, und solche, zu deren Gunsten etwas spricht".

Seine Zerstörung des Begriffs der Ursache hat Russell nicht gehindert, als Psycholog, Gesellschaftskritiker, Historiker ganz wacker damit zu hantieren. Von den ‚Ursachen‘ des Krieges von 1914 handelt er gescheiter als andere Historiker, aber davon handeln tut er, das Wort selbst nicht scheuend, und sogar kräftiger, als etwa ein ungeschulter Geist wie der meine es tun würde. Die subtilsten Untersuchungen sickern ja allmählich ins Untere und Breite; in unseren Jahren haben Geschichtsschreiber sich daran gewöhnt, verständliche Zusammenhänge zu suchen, nicht ‚Notwendigkeit‘. Wieviel Ursachen des Ersten Weltkrieges man auch feststellte, nie hat man eine, oder ein Bündel davon gefunden, woraus der Krieg sich *unvermeidlich* ergeben hätte; was man doch müßte zeigen können, solange man sich auf das klassische Ursache-Wirkung-Verhältnis bezieht. Unvermeidlich wurde der Krieg erst in dem Moment, in dem er anfing, so daß sein Anfang seine Ursache, er also Ursache seiner selbst wäre, was dem Begriff widerspricht.

Einen ähnlichen Unterschied bemerken wir zwischen den Analysen des Erkenntnistheoretikers und der Praxis des Schriftstellers, der über menschliche Dinge schreibt. Russell ging aus vom klassischen Gegensatz Geist–Materie, von der logischen Subjekt-Objekt-Spaltung. Allmählich näherte er sich einer Schule, oder gründete er sie mit, die ‚neutraler Monismus‘ getauft wurde. Der Name hat nichts mit metaphysischem Monismus zu tun, den Russell perhorresziert. Nur dies wird befunden: Materie ist weniger materiell als man glaubte, das lehrt die Physik, Geist weniger geistig als man glaubte, das lehren Psychologen-Logiker wie William James und Bertrand Russell, und letzthin sind beide, Geist und Materie, dasselbe, nämlich logische Konstruktionen, die auf Sensationen beruhen. Der Irrglaube an Geist, an Selbst, an Ich hat zwei Quellen. Die eine ist verbal und syntaktisch. Da wir so oft ‚Ich‘ sagen, so glauben wir, daß es eines gibt. Da so viele Sätze ein Subjekt haben und so vielen Subjekten im Satz Prädikate bestimmter Art, nämlich Qualitäten, zugesprochen werden, so schloß man auf Substanzen: es muß Sokrates geben, damit Sokrates die und die Eigenschaften, die und die Erlebnisse haben kann. Aber Sokrates hat immer irgendwelche Eigenschaften, irgendwelche Erlebnisse und ohne die wäre er gar nichts. Was uns zu der anderen Quelle des Irrglaubens führt: aus Sensationen wird auf ihren Träger, das Selbst, das Ich geschlossen. Diese aber sind nichts als logische Konstruktionen, ebenso wie die Materie; so wenig wie die Materie ist das Selbst greifbar, beweisbar, erfahrbar. Im Vorwort zu einer späten Auswahl seiner Werke schreibt Russell scherzhaft: „Die Dauer persönlicher Identität, wie sie im Strafrecht und auch im entgegengesetzten Prozeß dankbar beschlossener Ehrungen angenommen wird, erscheint dem, der mein Alter erreicht hat, als das sonderbarste Paradox …“

Ich glaube, daß Russell das Rätsel der persönlichen Identität nicht gelöst hat; dessen Lösung, oder Formulierung, Leibniz immerhin näher war. Gedanken finden nicht

einfach irgendwo statt; einer muß denken, und es macht
einen großen Unterschied, wer denkt, ob Lord Russell,
ob der arme Schreiber dieser Zeilen. Schmerzen finden
nicht bloß irgendwo statt; es macht, für mich, einen Unterschied, ob ich Zahnschmerzen habe oder jemand anderes. Wäre Schmerz nicht eine so sehr ärgerliche Erfahrung des Ego, er würde nicht so egoistisch machen –

> Es kehrt an das, was Kranke quält,
> Sich ewig der Gesunde nichts ...

In seiner Kritik des aristotelischen Substanzbegriffes
vergleicht Russell Sokrates – nein, diesmal ist es
,Mr. Smith' – mit der angeblichen Substanz ,Frankreich'.
Man tut so, als ob es ,Frankreich' gäbe, aber das trifft
nicht zu; es gibt nur ein Sammelsurium von Städten,
Wiesen, Flüssen, Zollbeamten, Schriftstellern, Finanzin-
stituten und so fort, die zusammen abkürzungsweise
,Frankreich' genannt werden. „Das Gleiche gilt für
,Mr. Smith'. Es ist ein Kollektivname für eine Zahl von
Ereignissen. Nehmen wir den Namen für mehr als das,
so bedeutet er etwas absolut Unwißbares und daher für
den Ausdruck von etwas, das wir wissen, nicht Benötig-
tes." – Der Vergleich ist dem Kritiker willkommen, weil
er die Konfusion deutlich macht. ,Frankreich' ist in der
Tat nur ein Sammelbegriff. Es war eine der teils frucht-
baren, teils und besonders zum Schluß überaus schädlichen Fiktionen in der europäischen Geschichte, Staaten
zu personifizieren und darum in dem Frankreich von
1871 einen edlen, an der elsaß-lothringischen Amputa-
tion gräßlich leidenden Frauenkörper zu sehen. ,Frank-
reich' litt nicht im mindesten; allenfalls gelang es dem
jungen Raymond Poincaré sich einzureden, daß er litte.
Dagegen tut es Mr. Smith wirklich weh, wenn man ihm
ein Bein amputiert (mir aber nicht).
Was die persönliche Identität zum Mysterium macht, ist
dies: Jeder Mensch ist Ich, erfährt sein eigenes Ich unmittelbar und kann auf die Existenz anderer Ichs in der
Tat nur schließen; kann sich aber unmöglich vorstellen,
daß er selber ein anderes Ich wäre, und weiß doch nicht,

warum er das ist, welches er ist. Frank Wedekind hat
dies Rätsel in einem Gedicht ‚Der Gefangene' unüber-
trefflich beschrieben:

> Oftmals hab' ich nachts im Bette
> Schon gegrübelt hin und her,
> Was es denn geschadet hätte,
> Wenn mein Ich ein Andrer wär'.
>
> Höhnisch raunten meine Zweifel
> Mir die volle Antwort zu:
> Nichts geschadet, dummer Teufel,
> Denn der Andre wärest du!
>
> Hilflos wälzt ich mich im Bette
> Und entrang mir dies Gedicht
> Rasselnd mit der Sklavenkette,
> Die kein Denker je zerbricht.

Bertrand Russell hat diese Kette nicht zerbrochen; er tat
sogar so, als ob er sie nicht einmal bemerkte.
Schließlich, um von der bloßen Form des Selbst auf das
Wesen der Individualität zu kommen: Es hat doch etwas
Merkwürdiges, gerade *den* Substanz, Wesen, Persönlichkeit bezweifeln zu sehen, der selber eine so sehr starke,
so sehr charakteristische Persönlichkeit ist, der als 95jäh-
riger in den lebendigsten Farben von dem erzählen
kann, was er mit fünfen erlebte. Sollte es am Ende so liegen, daß hier ein König ohne Land, ein Souverän des
Geistes, sich ein Reich baute, in dem er Herr war, aber
nur spielerischerweise, ein Gebilde, das zum wirklichen
Leben, auch und gerade zu seinem eigenen, nur dünne
Beziehungen hatte? Es fehlt nicht an Andeutungen des
Sinnes, daß Russell im Alter es selber so empfindet.

Anders steht es mit dem, was man Russells Metaphysik,
oder besser deren Verneinung, nennen mag. Er gehört
zu den Denkern, und sehr viele sind das nicht, die mit
der Entdeckung des Copernicus philosophischen Ernst
machten. Wieder aber muß man hier das Auf-dem-Weg-

Sein dieser Philosophie bedenken. Der Dreißigjährige schrieb über Gott und Welt anders als der Achtzigjährige. Auch ist der Geist Russells ein überaus reizbarer; er liebte es, zu schockieren, besonders solche, die er geringachtete, und verfehlte selten, den, der ihn ärgerte, seine Überlegenheit elbisch spüren zu lassen.

Der Essay ‚A Free Man's Worship‘ (1902) gehört zu seinen berühmtesten und am höchsten bewunderten Schriften. Er ist sehr anders als der spätere Russell, im Stil sowohl, der etwas Pathetisch-Schwellendes hat, wie in der Aussage. Die furchtbare Sinnlosigkeit des menschlichen Abenteuers wird durch ein Geschichtchen illustriert, das Mephisto dem Dr. Faust erzählt. Einmal machte Gott sich den Spaß, aus dem und dem Nebel unser Sonnensystem entstehen zu lassen, die Erde, das Leben, den Menschen. „Es entstand der Mensch, mit der Kraft zu denken, mit dem Wissen um Gut und Böse und dem grausamen Drang, etwas anzubeten. Und der Mensch sah, wie es in dieser wahnsinnigen, monströsen Welt herging, wie alles sich abkämpfte, damit es, um jeden Preis, ein paar kurze Augenblicke gewänne vor dem erbarmungslosen Ratschluß des Todes. Und der Mensch sagte: ‚Da ist ein verborgener Sinn, könnten wir ihn nur ergründen, und der Sinn ist gut; wir müssen etwas verehren, aber in der sichtbaren Welt ist nichts, was wir verehren könnten.‘ Und der Mensch sah dem Kampfe zu und beschloß, es sei Gottes Absicht, aus dem Chaos Harmonie zu schaffen durch menschliche Anstrengungen. Und wenn er seinen Instinkten folgte, die Gott ihn von seinen Ahnen, den Raubtieren, hatte ererben lassen, so nannte er es Sünde und bat Gott um Verzeihung ... Und als er sah, daß das Gegenwärtige schlecht war, machte er es noch schlechter, damit die Zukunft besser würde. Und er dankte Gott für die Kraft, die ihn befähigte, sogar auf die geringen Freuden zu verzichten, die er haben konnte. Und Gott lächelte; und als er sah, daß der Mensch vollkommen geworden war im Verzicht und in frommer Verehrung, schickte er aus dem Himmel eine andere Sonne, die in die Sonne des Menschen stürzte; und alles wurde Urnebel wie zuvor. ‚Ja‘, murmelte er, ‚es war ein hübsches Spiel; ich werde es wiederholen lassen.'" ... „So", fährt Russell fort, „aber noch zweckloser, noch barer jeden Sinnes ist die Welt, welche die Wissenschaft unserem Glauben bietet. Inmitten einer solchen Welt, oder nirgendwo, müssen fortan unsere Ideale ihr Heim finden."

Wirklich *inmitten* einer solchen Welt? Der Versuch des jungen Russell geht eher dahin, sie *gegen* die Welt zu behaupten. Denn die Welt ist nicht gut, und weder tut es gut, zu dem zu beten, der sie so gemacht hat, noch haben die recht, die die Welt selber, die Gewalt, die grausame Natur und das Überleben des Stärkeren vergotten, wie neuerdings die Mode ist. Heil findet der Mensch nur in seinem eigenen Inneren, in der eigenen Würde. „Im Handeln, in der Begier müssen wir uns beständig der Tyrannei äußerer Gewalten fügen; aber im Denken, im inneren Aufschwung sind wir frei, frei von unseren Mitmenschen, frei von dem geringen Planeten, auf dem unsere Körper hilflos kriechen, frei selbst, solange wir leben, von der Tyrannei des Todes ..." Es ist merkwürdig, wie genau diese Sätze an Friedrich Schiller erinnern, von dem ich nicht weiß, ob Russell ihn je las; zumal an das Gedicht ,Das Ideal und das Leben'. Die Tragödie bezeichnet Russell als die „stolzeste, triumphierendste aller Künste"; – „ernst ist das Leben, heiter ist die Kunst"; und den magischen Reiz der Vergangenheit sieht er darin, daß sie still geworden ist und eben darum schön, daß die Toten versöhnt sind. Humanismus, ohne Zweifel; aber klassischer Art, mit einem Akzent auf dem Tragischen.

Ein Humanist ist Russell immer geblieben. Ein freier Mann auch, sehr frei von der Tyrannei seiner Mitmenschen; seine Würde erhielt er sich im Gefängnis, in welchem er den Tag in drei Drittel einteilte: vier Stunden Schreiben, vier Stunden Studium, vier Stunden leichte Lektüre. Vergleichen wir aber ,A Free Man's Worship' mit entsprechenden Schriften der Spätzeit, ,Why I am not a Christian' (1927), ,What is an Agnostic?' (1953), ,What I believe' (1957) und anderen mehr, so sind Stimmungsunterschiede zu bemerken, die auch im Stil, dem nun ganz nüchternen, entspannten Stil, in der Ironie, in der Kühle des Urteils sich auswirken. Nichts mehr von Tragödie. Viel von Verachtung, gemildert durch Sympathie.

Korrekt unterscheidet Russell zwischen dem Agnostiker und dem Atheisten. Der Atheist glaubt zu *wissen*, daß es keinen Gott gibt, obgleich die absolut sicheren Beweise für dies Wissen fehlen; der Agnostiker hält, solange sie fehlen, sein Urteil zurück. Allerdings mag er die Existenz Gottes für so unwahrscheinlich halten, daß die Möglichkeit praktisch keiner Beachtung wert ist; „in diesem Fall kommt er dem Atheismus nahe". – In Russells Fall.

Er argumentierte, mit negativem Vorzeichen, wie die Gläubigen des Hochmittelalters taten: aus dem Gedanken und aus der Wirklichkeit. Die gedanklichen, aprioristischen Gottesbeweise sind falsch. Das hatte er schon in seinem Buch über Leibniz gezeigt, der seinerseits die Beweise der Hochscholastik ein wenig verfeinert noch einmal geboten hatte. Auf eben diese im Jahre 1899 vollzogene Widerlegung beruft er sich 58 Jahre später in ‚What I believe' – „vergleiche meine ‚Philosophie des Leibniz', Kapitel XV"; da sei die Sache mit Gott schon erledigt worden. Ich erwähne das, weil es mir für Russells starken und naiven Geist charakteristisch scheint; er glaubt allen Ernstes, mit der Entdeckung von Denkfehlern der Hochscholastik sei für jetzt und hier Entscheidendes geleistet. Die Argumente aus der Wirklichkeit erinnern an ‚Candide'; auch etwa an Schopenhauer. Ein allmächtiger, allgütiger Gott hätte die Welt anders gemacht – dafür spricht vieles. Selbst wenn sie allmählich besser wird, so hätte er sie ebensowohl gleich von Anfang an gut machen können. Auch wird sie gar nicht besser; Evolution hat nichts mit Wert zu tun. Zudem findet Evolution, die der Darwinisten wie die der Hegelianer und Marxisten, nur auf der Erde statt, die ein Stern von infinitesimaler Bedeutung ist. Die baren Tatsachen der Astronomie lehren, daß, was auf Erden geschieht, religiöse, kosmische Bedeutung nicht haben kann. Astronomie, die eine Wissenschaft ist, steht eindeutig gegen Theologie, die keine ist, aber eine sein könnte und müßte, wenn es das gäbe, wovon sie handelt. „Gott und Unsterblichkeit ... finden in der Wissenschaft keine Stütze." Tatsachen, wenn sie welche sind, müssen investigiert werden können. Bei Gott ist nichts zu investigieren; Unsterblichkeit wird durch die physiologische Evidenz widerlegt. Allerdings gibt es ‚parapsychische' Phänomene; und diese, urteilt unser vorsichtiger Empiriker, könnten in Zukunft ein Nachleben nach dem physiologischen Tod erweisen. Einstweilen jedoch haben wir plausiblere Erklärungen für sie. Darin, daß das Leben ein Zufall ist, daß Mensch und Menschheit ephemere Parasiten auf einem unter Trillionen von Planeten sind, findet Russell nichts Grauenvolles. Im Gegenteil; es sollte uns ein Trost und eine Quelle des Glücks sein. Von alledem, was der Mensch getan hat, wird mit absoluter Sicherheit einmal gar nichts übrig sein; nichts von seinen Schöpfungen, nichts von seinen Leiden. Und darüber sollte man sich grämen? „Das ist ja alles Unsinn. Niemand sorgt sich im Ernst über das, was in einer Million Jahre vielleicht sein wird ..."

Ich muß hier einen Einwand machen; mir selber eher als Bertrand Russell. Die zu metaphysischen Spekulationen Geneigten mögen heute anachronistische oder krankhaft veranlagte Leute sein, der Geist Russells der zeitgemäße und gesunde – ich weiß es nicht. Ob es aber so ist oder anders, in jedem Fall ist zwischen beiden Denktypen kein Gespräch möglich. Es kann sich der eine nicht vorstellen, was in dem anderen vorgeht. Der altmodisch oder krankhaft Denkende findet wenig Trost darin, daß er ein ephemeres Nichts ist irgendwo im Unendlichen; ihm ist es im Gegenteil kein Spaß, zugleich ein Nichts und ein Ganzes zu sein im Wirbel des All, dessen er sich bewußt ist. (Pascal: „Wenn ich die kurze Dauer meines Lebens bedenke, zwischen der vorhergehenden und der folgenden Ewigkeit, die kleine Strecke, welche die meine ist, wenn ich die ungeheuren, unendlichen Räume sehe, die ich nicht kenne, und die mich nicht kennen, so erschrecke ich und staune, daß ich hier bin und nicht dort, denn es ist kein Grund, warum ich nicht anderswo sein sollte anstatt hier, nicht zu anderer Zeit leben sollte anstatt jetzt. Wer hat mich hierhergestellt? … Das ewige Schweigen dieser unendlichen Räume schaudert mich.") Und wenn er sich nicht über sein eigenes Schicksal oder das seiner Nachkommen in einer Million Jahre sorgt, so kann er doch den Gedanken, daß einmal ein Zustand sein wird, in dem *niemand* weiß, daß es die Erde und den Menschen und des Menschen Schicksale je gegeben hat, in dem es also genau so sein wird, als ob es Menschen und Erde nie gegeben hätte, nicht fassen. Es ist eine der Spekulationen, die auch den von keinem Pfaffentrug Umgaukelten zu dem Gottesbegriff drängen, als einem, den es unmöglich ist zu denken, und unmöglich ist nicht zu denken. Woraus allerlei Spannungen sich ergeben, die nicht zu kennen gewiß seine Vorzüge hat. Es mag sehr wohl sein, daß sie später einmal niemand mehr kennen wird, daß man sie unter kommunistisch erzogener Jugend schon heute nicht mehr kennt, und daß Russell zu den Bahnbrechern für Stimmungen gehört, welche nach einer Zeit herrschend sein werden. Es könnte aber auch sein, daß er ein Ausnahmefall von Gesundheit ist, von Charakterfestigkeit und Güte, welcher einer überlieferten Religion nicht bedarf. In diesem Falle hätte er besser daran getan, weniger großartig veranlagte Menschen bei ihrem Glauben zu lassen. Spinoza, der Philosoph, der Russell unter allen der liebste, und dessen Gottesbegriff ein der Auflösung sehr naher ist, antwortete gleichwohl einer braven Christin, die ihn um Rat fragte: Ihr Glaube sei gut, sie sollte sich an ihn halten. –

Ich sagte schon, daß Russells Positionen oft polemischer Art sind. Wo er über Religion spricht, hat er auch ihre Repräsentanten, die Kirchen und ihre Priester, die Frommen und Frömmler und Heuchler im Sinn. *Immer* seien die Kirchen gegen den Fortschritt von Wissenschaft, Moral, Humanität, immer seien sie Helfershelfer der Privilegierten und Mächtigen gewesen. Darüber schreibt er sehr ähnlich wie Voltaire; mit demselben Zorn, demselben Witz, mit derselben Treffsicherheit das Obskurantistische und Groteske in den Mittelpunkt rükkend. Und da fand er nur allzu viel, da wurde das Spiel ihm leichtgemacht. Wahr ist, daß er auch ganz anderes hätte finden können, zum Beispiel die aufbauenden, die zivilisatorischen, die humanisierenden Leistungen des Christentums. Aber Einseitigkeit war immer das Recht der Polemik, zumal der witzigen.

Die katholische Kirche kannte er aus der Historie; protestantische Sekten aus seiner eigenen Kindheit und dann aus amerikanischen Erfahrungen, die überwiegend abscheulich waren. In einem Essay ,Über den Schaden, den gute Menschen anrichten' hat er den Typ des frommen amerikanischen Plutokraten – auch des englischen – mit beißendem Hohn beschrieben: den einen Rechtgläubigen, der 99 andere zu Intoleranz, zur Heuchelei und zum Verbergen ihrer eigenen Lebensgewohnheiten zwingt. „Niemand kann den Respekt der gewichtigsten Bürger am Ort gewinnen, wenn er fette Dinners für die Reichen nicht für eine dringendere Sache ansieht als Leben für die Kinder der Armen. Dasselbe gilt für jeden Teil der Welt, mit dem ich bekannt wurde ... Ein guter Mensch ist einer, dessen Meinungen und Handeln jenen gefallen, die die Macht haben." – Der Satz ließe sich, mutatis mutandis, wohl auch auf kommunistische Gesellschaften übertragen.

An dem Studenten Bertrand Russell hatten ehedem die Professoren getadelt, daß seine Referate zu kurz seien. Der Grund dafür war, daß er umständliche, überflüssige Redereien nicht leiden konnte und die Gabe besaß, was immer er zu sagen hatte, mit unüberbietbarer Klarheit und Konzision zu sagen. Sein Essay ,Warum ich kein Kommunist bin' (1956) ist ein Beispiel dafür. Das Ding ist kaum länger als zwei Seiten, enthält aber in nuce *alles*, was gegen Marx, den Marxismus und dessen Weiterentwicklung unter Lenin und Stalin zu sagen ist: gegen die erschlichenen, willkürlich aus der klassischen Nationalökonomie übernommenen, willkürlich angewandten ökonomischen Thesen (Mehrwert, ehernes Lohngesetz); die schiere Mythologie des dialektischen Materialismus, den Haß als Quelle des Marxschen Ehrgeizes, dem nur an der Bestrafung des Feindes gelegen war, ohne daß ihm das mitunterlaufende Schicksal der Freunde wichtig gewesen wäre; dann weiter die Identifizierung von ‚Proletariat‘ und ‚Volk‘, von ‚Partei‘ mit ‚Proletariat‘, von Parteiführung und von einem einzigen Tyrannen mit Partei, Proletariat und Volk, so daß am Ende ein naturwissenschaftlich völlig ungebildeter Parteiführer kraft seiner Macht über Leben und Tod selbst der Naturwissenschaft vorschreiben konnte, wie sie zu befinden hätte. – Russells tiefes Mißtrauen gegenüber der Macht, sein Abscheu vor allem Dogma, sein Wahrheitssinn und Freiheitssinn mußten gegen Philosophie und Praxis des Marxismus sich aufbäumen.

Das heißt nicht, daß die Geschichte seines Verhältnisses zum Kommunismus, dessen Entwicklung er selber von Engels bis Kossygin miterlebte, eine ganz einsträngige gewesen wäre. Sein Urteil schwankte in der sich wandelnden, immer facettenreichen Wirklichkeit. Der Pazifist des Ersten Weltkrieges konnte nicht umhin, Lenins Friedensangebot in seiner großen Einfachheit erlösend zu finden. Dagegen war er von Lenins Persönlichkeit angewidert, als er ihn 1920 in Moskau traf. Es gibt darüber einen seiner lesenswertesten Essays – hätte er nur nicht so zahllose lesenswerte geschrieben! –: ‚Große Männer, die ich kannte‘. Hier vergleicht er Lenin mit einem anderen großen Mann, den er kannte, mit Gladstone. Die beiden Politiker seien überaus verschieden gewesen: „Lenin war grausam, Gladstone nicht; Lenin hatte keine Achtung vor der Tradition, Gladstone sehr viel; Lenin waren alle Mittel recht, den Sieg seiner Partei herbeizuführen, während für Gladstone die Politik ein Spiel mit bestimmten Regeln war, die man einhalten mußte. Alle diese Unterschiede sprechen meines Erachtens für Gladstone, und daher hatte Gladstones Politik im allgemeinen wohltätige, die Lenins katastrophale Folgen. Trotz dieser Unterschiede jedoch gibt es eine Reihe ebenso schlagender Ähnlichkeiten. Lenin hielt sich für einen Atheisten; darin täuschte er sich aber. Er glaubte, die Welt werde von der Dialektik beherrscht, und er sei ihr Werkzeug; genauso wie Gladstone sah er sich als das menschliche Werkzeug einer übermenschlichen Macht …

Beide schöpften ihre persönliche Kraft aus dieser unerschütterlichen Überzeugung von ihrer eigenen Redlichkeit. Beide wagten sich zur Unterstützung ihrer Weltanschauung auf Gebiete, auf denen sie sich nur durch ihre Unwissenheit lächerlich machen konnten – Gladstone an die Bibelkritik, Lenin an die Philosophie." Menschlich, fährt Russell fort, habe Gladstone ihm den ungleich stärkeren Eindruck gemacht, Lenin aber vor allem den von engstirnigem Fanatismus und „mongolischer Grausamkeit".

Russells Buch ‚Die Praxis und Theorie des Bolschewismus', eine Frucht seiner Reise von 1920, könnte man mit André Gides ‚Retour de l'U. R. S. S.' und den nachfolgenden ‚Retouches' vergleichen: kritische Eindrücke aus dem Grunde unabhängiger Geister, die ausgezogen waren, etwas wirklich Gutes zu finden, mit dem sie sich identifizieren könnten – von Gide hat René Schickele mit grausamem Witz bemerkt, er habe den „roten Schleier nehmen" wollen –, die aber enttäuscht wurden, weil sie die Gabe, sich etwas vorzumachen oder vormachen zu lassen, nicht besaßen. Auch Russells Bericht ist ambivalent; weder der eines blind Hassenden, noch der eines Bejahenden. Er sah die konstruktive Vitalität, den Drang ins Technisch-Zeitgemäße. Er sah die Diktatur, die immer eine ist, wenn sie eine ist, gleichgültig, wie gut oder ungut der Zweck, die mit zaristischen oder schlimmer als zaristischen Mitteln ausgeübte Tyrannei; die Überschätzung des Technologisch-Utilitaristischen, die Enge des geistigen Horizonts, die graue Häßlichkeit des Alltags. Er kam zurück als einer, der da nicht mitmachen konnte, der auf die Dauer überhaupt nie mitmachen konnte, außer in einer Gruppe, über die er selber der Herr wäre; wobei noch zweifelhaft ist, ob er eine solche Gruppe sich je wünschte. Er blieb zur Unabhängigkeit verdammt und mit ihr, trotz vieler Freundschaften, zu einer Art von Einsamkeit.

Er tat auch nicht mit, als in den dreißiger Jahren, unter dem Eindruck der Wirtschaftskrise und der Fünfjahrespläne, der Hitler-Regierung und der ‚Volksfronten' eine neue prokommunistische Welle über die Intelligentia

Westeuropas ging. Er hatte begriffen, was er begriffen hatte, die Theorie, die menschliche Wirklichkeit und was daraus folgen müßte, und dabei blieb er. 1936 sagte er das Schicksal Polens und den Stalin-Hitler-Pakt voraus. Nach Hitlers Krieg, im November 1945, meinte er, die Kommunisten hätten in Osteuropa Greuel begangen, „ziemlich derselben Art und in denselben Dimensionen wie die Greuel der Nazis". – Man tut gut daran, an dies Wort zu erinnern, heute, da der Fünfundneunzigjährige gegen die Dummheit und die Schande von Vietnam kämpft. Parteiisch mit zweierlei Maß messend ist Lord Russell nie gewesen.

Hier will ich einen kurzen Blick auf die politischen Haltungen des Philosophen während seines langen Lebens werfen.

Schon sein erstes politisches Studium hatte mit dem Marxismus, im besonderen mit der deutschen Sozialdemokratie und dem Deutschen Reich zu tun. Er ging systematisch vor, wie es seine Art war, studierte das Kommunistische Manifest und fand seine literarische Brillanz erstaunlich, studierte das ‚Kapital' und fand es voller gedanklicher Falschheiten, in die einige wahre Intuitionen verwoben waren. Er studierte die Sozialdemokraten am Werk, fand ihre Versammlungen eher langweilig und dem theoretischen Anspruch nicht gewachsen. Er erkannte den Vorteil der Theorie: Sie gab der Partei eine Standfestigkeit und Kohärenz, die unter den politischen Parteien Europas einzigartig waren. Er erkannte ebenso genau die Nachteile der Theorie, welche darin lagen, daß sie erstens zum großen Teil falsch war, daß sie aber zweitens wahr gemacht wurde eben durch ihre eigene kämpferische Propaganda, daß sie drittens wahr gemacht wurde zuungunsten der Arbeiter: Das Bürgertum, dem man den ‚Klassenkampf' so nachdrücklich erklärt hatte, wurde erst dadurch im Ernst klassenkämpferisch und weit überlegen in dieser Kunst, weil die Mächte von Staat und Geld hinter ihm standen. So durfte man es nicht machen. Anstatt den jüngsten Tag des ‚großen Kladderadatsches' zu prophezeien, hätte man sollen nüchtern und empirisch vorgehen, sich im Rahmen der bestehenden Ordnung halten und, zur Macht gelangt, einzelne Industrien verstaatlichen, Stück für Stück, je nach Konzentration und Reife. Der dogmatische Radikalismus der Sozialdemokraten sei schuld an der Polarisierung der deutschen Politik: Er habe die liberalen Bürger in die Arme der Reaktion getrieben, weil sie „das rote Gespenst mehr fürchteten als eine militärische Diktatur". Es war die gleiche Einsicht, die gleiche Warnung, die, im gleichen Jahr, Max Weber in seiner Freiburger Inauguralrede aussprach.

Russells Besuch bei der Sozialdemokratie brachte nebenher ihm Eindrücke von der Art des Hohenzollernreiches, der oppressiven Maschinerie des preußischen Staates, der Arroganz der Armee; Tendenzen, sagte er voraus, die auf die Dauer den „unvermeidlichen Untergang des Deutschen Reiches" bedeuten müßten, wenn man sie nicht rechtzeitig korrigierte. Sechs Jahrzehnte später schrieb er jedoch ganz anders über seine frühen deutschen Erfahrungen. „Des Kaisers Deutschland, das unsere Kriegspropaganda als ein Nest von Greueln darstellte, war in Wahrheit nur säbelrasselnd und etwas komisch. Ich lebte in des Kaisers Deutschland, ich kannte die fortschrittlichen Kräfte dort, die sehr stark waren und die beste Aussicht auf endgültigen Erfolg hatten. Es gab mehr Freiheit in des Kaisers Deutschland als es heute, außerhalb von England und Skandinavien, irgendwo auf Erden gibt." Natürlich waren beide Beobachtungen richtig, die von 1895 und die von 1956. Es hat keinen Sinn, einem Schriftsteller widersprüchliche Vielfalt des Urteils vorzuwerfen dort, wo die Wirklichkeit selber vielfältig und widersprüchlich ist. Daß aber Russell nun die andere Seite der Sache so stark betonte, erklärt sich, wie so oft in seinem Leben, aus der polemischen Situation. Nun rechtfertigte er rückblickend seine Haltung während des Ersten Weltkrieges. Und wie war die gewesen?

Er hielt den Krieg für Irrsinn vom ersten bis zum letzten Tag. Er wünschte die englische Neutralität, weil ein schneller deutscher Waffensieg auf dem Kontinent *keine* weltumstürzende Katastrophe bedeutet hätte; wünschte dann vier Jahre lang einen Verständigungsfrieden um praktisch jeden Preis, was ihn zum Bundesgenossen einer kleinen Gruppe, vornehmlich aber einsam und bitter machte. Daß die Mehrzahl seiner Mitbürger den Krieg ganz offenbar genoß, mindestens in der ersten Zeit, führte ihn zu Einblicken in die Seele des Menschen ähnlich jenen, die Freud in seinen „Gedanken im Kriege" formulierte. Er sah, daß die angeblichen Ziele des Krieges, Recht, Freiheit, Demokratie und so fort, nicht übereinstimmten mit seiner Wirklichkeit, welche die Menschen brutalisierte und verblödete. Er sah auch voraus, daß ein ganzer Sieg der Entente, und ein ihm entsprechender Friedensschluß, einen zweiten Krieg in seiner Folge haben würde. Gegen Ende fürchtete er den aufsteigenden amerikanischen Imperialismus – „illiberal und überaus grausam" – mehr als den untergehenden deutschen.

Seine Parteinahme für Kriegsdienstverweigerer brachte ihm eine Geldstrafe und die Entlassung aus dem Trinity College cum contumacia ein. Danach war er so arm, daß er mitunter das Geld für den Omnibus nicht hatte, ohne deswegen seine Ansichten zu ändern. Hungersnot überall in Europa, schrieb er 1917, ein verzweifelter Lebenskampf aller gegen alle werde am Ende des Krieges wüten, wenn er noch lange weiterginge; aber die amerikanische Armee, was immer sie sonst könnte, werde wohl bereit sein, in England und Frankreich Ordnung zu schaffen und Arbeitskämpfe zu unterdrücken – „das ist sie zu Hause gewöhnt. Ich sage nicht, daß unsere Regierung solche Gedanken hätte. Alle Evidenz lehrt, daß sie überhaupt keine Gedanken hat …" Es war dieser Artikel, zumal „die bewußte und geplante Beleidigung des Heeres einer mit uns verbündeten großen Nation", die Russell für ein halbes Jahr ins Gefängnis brachte. „Mr. Russell", hieß es in der Verurteilung, „scheint jeden Sinn für Anstand und Fairness verloren zu haben … Sein Vergehen ist ein durch und durch verächtliches."

Nie hat Russell seine Haltung während des Ersten Krieges widerrufen. Nie auch sah er einen Widerspruch zwischen seinen Gefühlen und Urteilen im Ersten Krieg und im Zweiten. Hitler, nachdem er es einmal so weit gebracht hatte, *mußte* aus der Welt geschafft werden; der Kaiser nicht. Der Erste Krieg aber habe unser Jahrhundert in Unordnung gebracht bis 1945 und darüber hinaus; aus ihm sei der Zweite „mit der Notwendigkeit einer griechischen Tragödie" hervorgegangen. – Die eine dieser beiden Thesen würde ich für ganz wahr halten, die andere ein wenig nuancieren; schon allein darum, weil ich die Worte „Hitler" und „griechische Tragödie" ungern nebeneinander sehe.

Russells akademische Ehren wurden ihm nach dem Ersten Weltkrieg restituiert, da lehnte er sie ab, weil er in Ehescheidung lag; und wurden ihm 1944 endgültig restituiert. Vielleicht war es gut, daß er sie 1916 verlor. Hätte er immer fortgefahren, principia mathematica zu dozieren, so hätte er der weltreisende Abenteurer, der ungeheuer produktive, vielseitige Schriftsteller nicht werden können, jedenfalls nicht werden müssen.

Nach dem Krieg machte er einen neuen vergeblichen Versuch, ins Unterhaus zu kommen, diesmal für Labour. Die Kriegserfahrung hatte ihn vom Radikal-Liberalen zum Sozialisten gemacht – insoweit Parteinamen je für ihn passen konnten. ‚Sozialismus' war für ihn ungefähr dies: eine rationalere, wissenschaftlichere Verwaltung der öffentlichen Dinge, zu denen nun auch die Wirtschaft gehören mußte, zum Zwecke des inneren und äußeren Friedens und des vermehrten Glückes für die größte Zahl. Während des Krieges hatte es im Lager der Alliierten de facto schon eine Art von Sozialismus auf nationaler wie auf internationaler Ebene gegeben, Planwirtschaft, Preiskontrolle und eine ungeahnte Steigerung der Produktivität. Das hatte die ‚Kapitalisten' nicht beleidigt, im Gegenteil, sie hatten herzhaft mitgemacht. Warum? Weil der Zweck des Unternehmens war, möglichst viele Deutsche zu töten, nicht das Wohlsein der Vielen; wenn sie trotzdem und trotz des ungeheuren Mord-Verschleißes materiell besser daran gewesen waren als vor dem Krieg und danach, so war es ein Nebenprodukt der Hauptsache. Warum aber jetzt nicht das Nebenprodukt zur Hauptsache machen! – In Deutschland zog Walther Rathenau aus der gleichen Erfahrung den gleichen Schluß. Verfrühte Hoffnungen.

Wer den Politikern nicht traut, traut konsequenterweise auch dem ‚Volk‘ nicht, weil ja das Volk, jedenfalls in der Demokratie, keine anderen Politiker haben kann, als zu ihm passen. In der Jugend hatte Russell einmal gescherzt, der Vorzug der demokratischen Regierungsform sei die gesicherte Entsprechung zwischen Wählern und Gewählten: Je dümmer der Abgeordnete, desto dümmer seine Wähler. Im Grunde blieb er bei diesem Lehrsatz. Er verzieh den Politikern, daß sie mehr an irrationale Leidenschaften der Wähler appellierten als an deren wissenschaftlich aufgeklärtes Selbstinteresse; durch die Erregung von Furcht, Stolz, Haß gewann man Wahlen, Lloyd Georges ‚Khaki-Wahlen‘ vom November 1918 gaben ein Beispiel dafür; und schließlich mußten Politiker Wahlen gewinnen wollen, so wie Presse-Lords ihre Zeitungen verkaufen wollen mußten. In Russells Nobelpreisrede von 1950 lesen wir: „Schulen lehren Patriotismus; Zeitungen produzieren aufregende Sensationen; Politiker kämpfen für ihre Wiederwahl. Darum können alle drei für die Rettung der menschlichen Rasse nichts tun." Der Skeptizismus, welcher direkt sich hier gegen die Zeitungen und die Politiker richtet, richtet indirekt und tiefer sich gegen die Zeitungsleser und die Regierten; denn warum müssen Zeitungen in dummen Sensationen machen, um sich zu verkaufen, warum müssen Politiker gefährliche Leidenschaften aufpeitschen, um gewählt zu werden?

Folglich war Russell als ‚Demokrat‘ sein Leben lang ein unsicherer Kantonist. Was ihn im Meer des Zweifels stets gegen die Ufer und Klippen der Demokratie zurückwarf, war, daß er unkontrollierte Macht, die unersättliche Machtgier der Mächtigen noch mehr fürchtet als das irrationale Verhalten der Regierten. Demokratie war unabdingbar zur Kontrolle der Machthaber und zu deren möglichem Auswechsel, wenn auch einstweilen zu wenig Besserem. Churchills Beschreibung der Demokratie als der am „wenigsten absurden Regierungsform" (aber, implicite, einer immer noch reichlich absurden) hätte er wohl angenommen. Insgeheim, auch nicht so insgeheim, sympathisierte er mit dem, was man in einer späten Phase seines Lebens ‚Technokratie' zu nennen anfing. Aber auch da gab es Haken. Denn erstens fehlte es gelehrten Spezialisten an politischem Sinn, den sie doch hätten haben müssen, um sich Einfluß oder gar Teilnahme an der Macht zu sichern. Zweitens, wenn sie ihn hatten und ausgeprägt hatten, wer verbürgte dann, daß sie nicht zu einer Art von Politbüro werden würden?

Er mußte auf *Erziehung* setzen; das müssen alle, die ungefähr in seinem Fall sind. Daher seine pädagogischen, moralischen Schriften; daher der Versuch, in diesem versuche-reichen Leben, als Schulmeister seine Prinzipien in die Praxis umzusetzen, wobei denn der berühmte Philosoph es nicht verschmähte, verdauungsunwillige kleine Mädchen durch allerlei anspornende, befreiende Tricks zu „bowel-movement" anzureizen. Daß er ein entschieden fortgeschrittener Pädagoge war, immer darauf aus, Autorität zu entautorisieren, Tabus zu enttabuisieren, Mysterien zu entmysterisieren und Kinder in diskret beobachteter, quasi totaler Freiheit gerade, furchtlos und glücklich wachsen zu lassen, wird man aus dem Bisherigen wohl erraten haben: Erziehung nicht zu Selbstkontrolle und Zwang, sondern zu guten Gewohnheiten, durch freie Erfahrungen, wenn auch auf holprigem Weg erworbenen. Die Resultate waren dann freilich nicht immer so. Reformer neigen zur Übertreibung, weil sie gegen etwas angehen, was seinerseits übertrieben worden war. John Dewey übertrieb auch; aber ohne seine Übertreibungen sind bedeutende Verbesserungen und Erfolge im amerikanischen Schulwesen nicht zu denken. Noch witziger, noch aggressiver, steht Russells Pädagogik doch in Deweys Nachbarschaft. Beide gehören in den Bereich einer in der ersten Hälfte des Jahrhunderts allmählich ins Breite wirkenden Tendenz, gegen die es dann einen Rückschlag gab, ohne daß sie deswegen ‚falsch' gewesen wäre oder je wieder ganz verschüttet werden könnte: den Heranwachsenden die ererbten

Dualismen und die aus ihnen sich ergebenden Spannungen, Befehl und Gehorsam, Ernst und Spiel, Pflicht und Wunsch, Schuld und Strafe, Sadismus, Angst, Heuchelei möglichst zu ersparen. Solche zu überwindenden Dualismen gab es noch mehr, sehr heterogener Art und doch für den Blick des reformfreudigen Philosophen alle zusammenhängend: zum Beispiel den sexuellen; den der Herrschenden und Beherrschten; den von Glauben und Wissen.

Ob die menschliche Situation eine solche ist, daß sie je ganz harmonisch und frei von Zweiheiten und Widersprüchen, frei von Furcht werden könnte, wie Russell das in seinen hoffnungsvolleren Momenten erstrebte, weiß ich nicht. Ich bezweifle es. Bedingungslos aber muß ich ihm recht geben, wenn er Demokratie für unmöglich hielt ohne eine ihr, und nicht älteren Gesellschaftsformen, entsprechende Erziehung, und wenn er die engste Beziehung sah zwischen Pädagogik und Politik. Seine erzieherischen Gedanken kamen ihm aus der Kriegserfahrung, vor allem aus der Beobachtung, daß die Menschen sich über den Krieg gefreut hatten, obgleich er doch eine Quelle von viel Kummer für sie gewesen war. Man hätte pessimistische Schlüsse daraus ziehen können; was Russell auch tat. Wenn der ein Rationalist ist, der die Menschen für rationale, soll heißen, stets von erleuchtetem Selbstinteresse geleitete Wesen hält, so war er ein Rationalist nie zur Gänze gewesen und wurde es weniger und weniger; bis zu dem Punkt, an dem er, in seiner Nobelrede von 1950, fragen konnte, ob das Fortleben des Menschengeschlechts eigentlich wünschenswert sei. Es wäre wünschenswert, wenn die Menschen ihrem vernünftigen Interesse folgten; wozu allerwenigstens der Selbsterhaltungstrieb gehörte samt allem, was aus ihm hätte folgen müssen. Aber es gab einstweilen Triebe, die mit ihm nichts oder nur sehr indirekt zu tun hatten: den Erwerbstrieb, weit über seine vernünftigen Grenzen hinaus; den Macht- und Herrschertrieb, der gar keine Grenzen hatte; den Rivalitätstrieb, die Eitelkeit; das Vergnügen an Haß und Stolz; die Furcht, welche die Gefahr steigerte, anstatt ihr den Stachel zu nehmen; den

Trieb, Langeweile loszuwerden durch feindliche und auf die Dauer ruinöse Sensationen. Tausendmal hat Russell über diese Dinge, ungefähr wie Schopenhauer, ungefähr wie Freud, mit bitterer Einsicht gesprochen; beinahe mit Verachtung, wenn diese nicht durch Mitleid und guten Willen neutralisiert worden wäre. Ein ‚seichter Optimist‘ ist er jedenfalls nicht. Es ist auch nicht so, daß er Probleme der Außenpolitik und Machtpolitik so behandelt wissen wollte, wie sie es dürften, wenn sie so lägen, wie sie liegen sollten, aber einstweilen nicht liegen. Daß er je einseitige nukleare Abrüstung empfohlen hätte, gehört zu den Legenden, die über ihn im Schwange sind. Dazu hatte er zuviel gesunden Menschenverstand. In den zwanziger Jahren forderte dieser Pazifist eine starke englische Flotte, damit England und die englische Sozialpolitik sich nicht von den Vereinigten Staaten müßten diktieren lassen.

Eine von seinem Biographen mit Fug getadelte Ausnahme bilden die dreißiger Jahre. Wir haben gesehen, daß er damals den blinden Köhlerglauben an die Tugenden der Sowjetunion nicht teilte. Wohl aber gab er sich einem mit ihm historisch verwandten, damals die englische Intelligenz beherrschenden Doppelirrtum hin: er unterschätzte die Schlechtigkeit Hitlers, und er überschätzte um ein Geringes die zivilisationszerstörenden Wirkungen des ‚nächsten Krieges‘. Darum, wie jene Oxford-Studenten, die einander feierlich gelobten, nie wieder für König und Vaterland zu kämpfen, glaubte er nicht an die Notwendigkeit einer Aufrüstung Englands, die doch im Rückblick sich als so bitter notwendig erweisen sollte. Hier, meint Alan Wood, behielt der gescheiteste Philosoph unrecht und behielten die stursten Tories recht. – Fügen wir hinzu, daß sie dieses Mal recht behielten und daß Russells Ansichten vom ‚nächsten Krieg‘ knapp zwei Jahrzehnte zu früh kamen; sie wurden von der Wirklichkeit eingeholt.

Nach 1945 nahm er eine scharfe Wendung gegen Stalins Rußland. Nicht, daß die amerikanische Offizialität ihm besonders sympathisch gewesen wäre; er hatte selber ungute Erfahrungen mit ihr gemacht, und er fürchtete (zu

Unrecht) die „Peitsche Trumans", nach welcher die neue Labour-Regierung würde tanzen müssen. Aber in dem nun sich entwickelnden ‚Kalten Krieg' war die Frage nicht, ob Amerika gut, sondern wer besser sei, die Amerikaner oder die Bolschewisten Stalinscher Observanz. Russell nahm die Alternativen, wie sie waren. Sie wurden am dringendsten durch die neue Waffe, die, so dachte er mit vielen anderen, ein Monopol bleiben mußte. Nachdem die Russen sich dem Projekt einer einzigen, internationalen Verwaltung der entfesselten Nuklear-Energie – dem ‚Baruchplan' – entzogen hatten, gehörte er zu denen, die den Gegner zur Vernunft *zwingen* wollten und ging ziemlich weit darin; wie denn um 1950 Moskauer Zeitungen über „diesen philosophierenden Wolf, dessen Smoking die brutalen Instinkte eines Raubtieres verbirgt", nicht so freundlich schrieben wie später. – Merkwürdig, daß er sogar die deutsche Wiederaufrüstung bejahte. Er machte eine neue Wendung im Zeichen der Wasserstoffbombe, die er vorausgesagt hatte, und im Zeichen des russischen Besitzes der Wasserstoffbombe, die er gleichfalls vorausgesagt hatte: solche Verwirklichungen blieben nie lange nur einer Seite vorbehalten. Nun sein berühmter Brief an Eisenhower und Chruschtschow (1957), aus Moskau sehr respektvoll beantwortet; Beschwörungen zu Mut und Einsicht, zum Kompromiß, zur ‚Koexistenz', zum Verzicht auf von jeher unsinnige, nun aber tödlich gewordene Glaubensansprüche. Der ‚Sperrvertrag', über den gegenwärtig diskutiert wird, wäre ungefähr im Sinn von Russells Brief; was, fragte er, würde geschehen, wenn demnächst China die absolute Waffe hätte, dann Deutschland, dann Ägypten und Israel, Indonesien, Argentinien, wenn alle möglichen neuerdings befreiten und befreiungswilligen, feindfreudigen Staatsgebilde einander mit einem ‚preemptive strike' bedrohen könnten? ... Russell forderte keine ‚nukleare Abrüstung', jedenfalls nicht als ersten Schritt, weder damals noch später. Sie würde nicht helfen, weil, sobald ‚Krieg' da wäre, die großen Mächte ja doch wieder zur eiligsten Herstellung der ihnen nun vertrauten Waffen schreiten würden. Nur ein Gesinnungswandel würde helfen, diktiert von vernünftigem Selbsterhaltungstrieb. Wenn Sieg und Niederlage, Krieg und Kollektivselbstmord dasselbe geworden waren, so gab es die ultima ratio der Könige nicht mehr, und damit auch nicht mehr die ratio der Könige überhaupt, Machtpolitik, Politik der Drohung; an ihre Stelle mußten neue wissenschaftliche Methoden zur Lösung von Konflikten treten. Russell nannte diese Forderung common sense; wer würde ihm den Ausdruck bestreiten? – Ein klein wenig neuer common sense ist in der Entwicklung der amerikanisch-russischen Beziehungen seither ja auch wohl gewesen.

Eine abermalige Wendung gegen die Vereinigten Staaten vollzog er nicht; die vollzogen die Vereinigten Staaten leider gegen sich selber. Alle Freunde Amerikas und auch viele gute Amerikaner, alle, die an die im Jahre 1945 von Amerika proklamierten Völkerrechtsgrundsätze glaubten, stehen tief blamiert vor den Brandstätten von Vietnam und verfolgen mit Scham jenen angeblichen Rechtsvorgang, in dem der Ankläger zugleich der Richter ist, in dem er anklagt, verurteilt und exekutiert, wo er überhaupt nichts zu suchen hat, rechtlich nicht und nicht einmal machtpolitisch, in dem er mit Riesenüberlegenheit, Riesenstolz und Riesendummheit ein armes Bauernland Schritt für Schritt zur Wüste macht; und sich noch Wunder was für seine Empfindung des beschränkten Krieges, die Monat für Monat zu verschärfende Folter einbildet, da doch nur die größere Vernunft und Vorsicht des russischen Partners ihm dies Brandspiel einstweilen gestattet. Amerika wurde seiner besten Tradition untreu. Der 95jährige Russell blieb ihr und sich treu, wenn er daran festhielt, daß Verbrechen gegen die Menschlichkeit Verbrechen gegen die Menschlichkeit sind, gleichgültig, wer sie begeht, gleichgültig, zu welchem selbsterkorenen, erhabenen Zweck er sie begeht. –

Warum Russells heller Zorn über den Krieg in Vietnam? Warum ähnliche Gefühle und Proteste schon 1917? – Diese Frage führt uns ein letztes Mal zurück zur Philosophie; zum Zusammenhang zwischen seinen philosophischen und seinen moralisch-politischen Positionen. Es ist kein sehr dichter Zusammenhang.

Wollte man Russells Philosophie mit einem Terminus aus dem Spätmittelalter bezeichnen, so müßte man sie extremen Nominalismus nennen: es gibt nur einzelne wirkliche Sachen und sonst nichts, allgemeine Begriffe aber sind nur Namen. Bekanntlich hat diese Schule auflösend oder ‚fortschrittlich‘ gewirkt; weltliche Fürsten bedienten sich ihrer gegen die Katholizität, zu verweltlichenden Zwecken. In seiner ‚Geschichte der Philosophie des Abendlandes‘ lobt Russell den Gründer der nominalistischen Schule, William von Occam, als einen, der die wissenschaftliche Forschung gefördert habe.

Sein im Zeitlichen und Geistigen näherer Freund ist Locke. Wenn im Intellekt nichts sein kann, was nicht vorher in den Sinnen war, so gibt es die großen vorgegebenen Einheiten nicht, denen der Mensch untertan sein müßte: Staat, Nation, Kirche, Ewige Wahrheit, Weltgeist, Dialektik und so fort. Der Staat wird zum Kontrakt zwischen Einzelnen, für deren Wohlfahrt er da ist und je nach Umständen reorganisiert werden darf. Schuljungen sollen nicht geprügelt werden, um aus uralten Büchern desto pünktlicher ewige Wahrheiten zu memorieren, sondern sollen unterwiesen werden in der Kunst, Erfahrungen zu sammeln und zu ordnen. – Hier, bei Locke, ist der Zusammenhang zwischen der Erkenntnistheorie, der liberalen Politik und der fortschrittlichen Pädagogik sehr deutlich, und Russell hat nicht verfehlt, darauf zu verweisen, weil es *sein* Zusammenhang ist. Auf dem anderen Pol stehen die ‚Universalisten‘, die Feinde der ‚offenen Gesellschaft‘, Plato, einige Kirchenväter, Hegel, Marx; Gestalten, mit denen, wie wir sahen, unser Philosoph ohne Sympathie umging. Trotzdem konnte er gelegentlich wohl auch Plato, den Philosophen der Gemeinschaft, gegen das Christentum ausspielen, welches zu großes Gewicht auf die Rettung der individuellen Seele gelegt und so den Egozentrismus gefördert habe. – Es ist unmöglich, in 72 Büchern nur Sätze zu schreiben, von denen jeder mit jedem übereinstimmt.

Was im 14. Jahrhundert der Nominalismus, im 17. der

Empirizismus, war im 20. der ‚logische Positivismus‘, der die alte Tradition zeitgemäß verschärfte, ohne ihr im Kern etwas Neues hinzuzufügen. Indem Russell sich dieser Sekte näherte, neigte er dazu, auch Begriffe wie Gut und Schlecht, Schön und Häßlich für sinnleere Laute zu halten. Da er aber ein ernster Schriftsteller ist und solche Wortkritik ganz unernst, genügte sie ihm nicht. Etwa versuchte er sich in der folgenden Definition des Schlechten und, implicite, des Guten. „‚Schlechte‘ Wünsche (Begierden) sind, vom sozialen Standpunkt aus, solche, welche die Erfüllung von Wünschen anderer Menschen unmöglich machen, genauer, welche die Erfüllung von *mehr* Wünschen unmöglich machen als sie fördern … In Isolierung betrachtet wäre ein einzelner Wunsch nicht besser oder schlechter als ein anderer …" Ich habe versucht, mir diese Definition an Beispielen klarzumachen. Etwa erstens: Jemand begeht einen Lustmord, befriedigt damit einen ephemeren Wunsch und macht die Erfüllung von tausend Wünschen für immer unmöglich. Die Definition stimmt. Jedoch zweitens: Ein armer, lebenshungriger Neffe beschleunigt den Tod eines alten Erbonkels; er setzt sich dadurch in den Stand, tausend vitale Wünsche zu erfüllen, während er nur wenige kümmerliche Wünsche, die dem Greis geblieben waren, erstickt. Die Definition stimmt nicht, oder aber wir müßten die Vergiftung des Onkels zum Guten rechnen. Prompt habe ich denn auch in einem anderen Band Russells den Satz gefunden: „Wären wir sicher, die Welt würde ohne Juden zum Paradies, ließe sich gegen Auschwitz nichts mehr einwenden." – Natürlich ist das an sich falsch und auch praktisch falsch; denn die Welt ist so eingerichtet, daß aus Verbrechen wie Auschwitz gar nichts Gutes folgen kann. Russell weiß das auch. Denn er fügt dem eben zitierten Satz hinzu: „Aber es ist viel wahrscheinlicher, daß die mit Hilfe derartiger Methoden geschaffene Welt zur Hölle würde, und daher dürfen wir unserer natürlichen menschlichen Abneigung gegen alle Grausamkeit freies Spiel lassen."

Unsere *natürliche* menschliche Abneigung gegen alle

163

Grausamkeit. Da haben wir Bertrand Russell, wo wir ihn haben wollten. Wenn er sich in seinem Leben so oft empörte, so bewegten ihn nicht unschlüssige Mathematiker-Definitionen des Moralischen dazu. Seine Natur tat es, sein Mitleid mit den Menschen, sein angeborener Sinn für Gut und Schlecht. Zwischen dem skeptischen Empirizismus und dem Kampf des Humanisten besteht ein loser Zusammenhang, aber auch nicht mehr; nicht die tiefe Übereinstimmung, die wir zwischen Kants menschheitsgeschichtlichen Spekulationen und seiner Erkenntniskritik finden. Der Logiker ist eines, der Kämpfer für gute Sachen ist ein anderes, und man könnte den zweiten bewundern, ohne den ersten zu verstehen.

Von Kant schreibt Russell einmal, er habe in der ‚Kritik der reinen Vernunft‘ die klassischen Gottesbeweise widerlegt, an ihrer Stelle aber alsbald einen neuen, moralischen Beweis erfunden. „Er war wie die meisten Leute; in intellektuellen Fragen war er ein Skeptiker, aber in moralischen Fragen hielt er an den Grundsätzen fest, die er auf den Knien seiner Mutter gelernt hatte." Genau so ist es; genau so sind die meisten Leute; und Lord Russell auch. Der Unterschied zwischen ihm und Kant ist, wenigstens in dieser Beziehung, längst nicht so radikal, wie er glaubt. Von Kants „Notwendigen Ideen" schienen zwei, Gott und Unsterblichkeit, ihm unnötig, die dritte, Freiheit, nicht; er fügte zwei Dinge hinzu, die zum guten Leben gehören, Liebe und Wissen, und zwar zusammen, weil eines nicht genüge ohne das andere. Einmal konnte er schreiben, was die Welt brauchte, sei „Liebe, christliche Liebe und Caritas". Zwar korrigierte er sich alsbald: man könnte „christlich" ebensowohl weglassen, oder wenn man darauf bestünde, so gäbe es wohl mehr „Christen" unter Agnostikern als unter Orthodoxen. – Das kann schon sein; Christen sind allezeit Menschen gewesen, und oft von der am wenigsten erfreulichen Art. Im Endergebnis dürfte es nicht darauf ankommen, zu welcher Glaubensgemeinschaft einer sich rechnet, sondern wie er fühlt, denkt und handelt. Bischof Niemöller protestiert gegen den Wahnsinn von Vietnam, und so tut Bertrand Russell; der eine als Christ, der andere als Agnostiker; beide, weil sie das Herz auf dem rechten Fleck haben.

Wer fast ein Jahrhundert lang ein treuer Freund und Begleiter der Menschheit war, wer noch im fünfundneunzigsten Jahr an dem, was die Zukunft bringen wird, leidenschaftlichen Anteil nimmt, da sie ihm doch nun so gleichgültig sein könnte wie Menschheitsschicksale nach einer Million Jahre, der müßte sich wohl ein Beiwort gefallen lassen, welches ich nur darum nicht gebrauche, weil ich weiß, daß es ihm nicht gefällt. Übrigens hat Russell es selber einmal gebraucht, wenn auch negativ, gegen einen anderen. In seiner Geschichte der Philosophie tadelt er an John Dewey und dem amerikanischen ‚Instrumentalismus' einen Mangel an ‚Kosmischer Frömmigkeit', *cosmic impiety*. Er schrieb das, wieder einmal, polemisch, weil sich über einen Angriff Deweys geärgert hatte. Aber der Ärger erfindet's nicht; er schwatzt's nur aus.

In dem ‚Nachruf' von 1937, mit dem unser Versuch begann, läßt Russell seinen Nekrologisten sagen, sein Leben sei nicht unähnlich dem gewisser aristokratischer Rebellen des frühen 19. Jahrhunderts gewesen. Andere gingen noch weiter zurück und meinten, im tiefsten sei er ein Whig-Aristokrat aus dem 18. Dem Jahrhundert des Deismus. Dem Jahrhundert Voltaires. – Würde ich Russell einen Deisten wider Willen und Wissen nennen, so könnten Kritiker dagegen viele Worte des Meisters zitieren. Also tue ich es nicht. Aber den Voltaire unseres Jahrhunderts will ich ihn nennen. Beide Figuren sind nicht kongruent, natürlich nicht; aber ähnlich.

Was die Nicht-Kongruenz betrifft, so ist sie billig zu zeigen. Voltaire begann damit, sich einen Adelstitel beizulegen, der ihm nicht zukam. Russell verzichtete, praktisch, auf den Titel, den er ererbt hatte. Voltaire war klug genug, zunächst einmal ein großes Vermögen zu machen. Russell war nobel genug, sein bescheidenes Vermögen Stück für Stück zu verschenken. Voltaire buhlte um die Gunst von Königen und Herzoginnen; Russell, sich mit Leibniz vergleichend, schreibt einmal: „Wir, die wir es nicht nötig haben, uns um das freundliche Lächeln von Fürsten zu bemühen ..." Voltaire war edler Taten fähig, aber auch eigentlicher Schurkereien; ein Bereich, in den Russells elbische Scherze zu geraten nie in Gefahr waren. Und dann, unnötig zu erinnern, war Voltaires Hauptberufung ja das Theater, die Epik, die Erzählung; Russells Hauptberufung die Wissenschaft. Unterschiede des Ehrgeizes, des Talentes und Charakters; Zeit-Unterschiede. Erwähnenswert nur, wenn man sie gegen Ähnlichkeiten hält.

Beide waren beherrscht von einer unersättlichen Neugier und Wissensgier, der kein spezielles Gebiet genügte. Sie trieb Voltaire in die Naturwissenschaft, in die englische Philosophie, die Universalgeschichte; Russell in die Geschichte, die Nationalökonomie, die Pädagogik, oder auf seine Weltreisen, die Voltaire nur im Geiste machen konnte. Beiden fiel das Schreiben leicht, das zeigt ihr Œuvre. Das zeigt ihr Stil, der trotzdem, oder eben darum, höchste Kunst ist in seiner Entspanntheit, Knappheit, Klarheit. Beide brauchen sie wenig Worte, um zu sagen, was sie sagen wollten. Von Voltaire gibt es einen Artikel: ‚Kurze Antwort auf das lange Geschwätz eines deutschen Doktors'. Solche kurzen Antworten hat Russell viele geschrieben.

Beide waren sie gewaltige Humoristen und ganz außerstand, einen Witz zu unterdrücken; weswegen sie fälschlicherweise in den Ruf des Zynismus gerieten. Für die Engländer, schreibt Russell einmal, und historisch nicht inkorrekt, habe es die Hölle gegeben, bis der Privy Council sie abschaffte. Das könnte von Voltaire stammen, wie etwa auch die folgende Anekdote. Einem englischen Philosophen, ich will seinen Namen nicht nennen, zeitweise sehr populär und von der BBC sehr nachgefragt, geschah es, daß er in der Eisenbahn bei einem kleinen Schwindel ertappt wurde. Worüber er seine Radiostellung verlor, auch einen Teil seiner Popularität; wonach er fromm wurde. Russell: „Er verlor sein Bahnbillett und fand seinen Gott." – Es sind Scherze im Stil des 18. Jahrhunderts; uns durch Friedrich den Großen vertraut.

Beiden war dunkles, prätentiöses Wortemachen verhaßt und komisch. Was für Voltaire die Metaphysico-theolo-cosmolonigologie des Doktor Pangloss, war für Russell die Hegelei; wobei er, um die Wahrheit zu sagen, gegen Hegel kaum weniger ungerecht war als Voltaire gegen Leibniz. Sie hätten beide bessere Zielscheiben für ihren Spott finden können. – Im Positiven fanden sie sich in Locke, den Voltaire unter den Franzosen populär machte.

Gegen die beschönigenden Phrasen der Pfarrer verwiesen beide auf die Grausamkeit der Natur – die menschliche miteingeschlossen. Sie hatten das mit Schopenhauer gemeinsam, in dem viel mehr von einem Voltairianer steckte, als Russell sehen wollte. Beide haben sie gegen ‚das Infame' gekämpft, wobei die Repräsentanz des Erzfeindes in den Jahrhunderten schwanken mußte. Für Voltaire war es die Dummheit und Grausamkeit der Orthodoxie und des mit ihr verbündeten Staates, die Affairen Calas, de la Barre und so fort. Für Russell war es Heuchelei und Intoleranz in ihren alten wie auch in ihren neuen Formen: der totale Staat; das ‚Comité für un-amerikanische Aktivitäten'. Zum Infamen gehörte für beide auch der Krieg; man lese ‚Candide' nach. Hier freilich war Russell um zwei Jahrhunderte kriegerischer Entwicklung weiter. Über den Krieg des 18. konnte man noch fürchterlich spotten; an den des 20. kam kein Spott mehr heran.

Beide waren zugleich Freunde und bittere Kenner ihrer Mitmenschen, denen sie helfen wollten, ohne sich Illusionen über sie zu machen. Voltaire setzte seine Hoffnung auf einen aufgeklärten, von Philosophen informierten Absolutismus; Russell auf eine erzogene, von Technokraten informierte Demokratie.

Da sie ihren Geist vor keiner Macht beugen konnten und zum Provozieren neigten, war ihr Leben unruhig und oft bedrängt; die Bastille und das Londoner Gefängnis; die Vertreibungen aus Paris, Potsdam und Genf, aus Cambridge und New York. Ungeheuer lebenszäh, erreichten beide erst im hohen Alter eine Stellung, der keine Macht mehr etwas anzuhaben wagte. Beiden war das ‚ich verstehe die Welt nicht mehr' alter Leute völlig fremd; sie hielten sich bis zum Ende mit äußerster Wachsamkeit auf dem laufenden. Der alte Voltaire sah die Revolution kommen. Dem alten Russell kann kein Dreißigjähriger über diese unsere Zeit etwas sagen, was er nicht wüßte; während er den Dreißigjährigen noch immer manches zu sagen hat.

Beide, Meister Arouet und Lord Russell, waren keine sehr ‚tiefen' Geister; darin hat jener ‚Times'-Nekrolog ungefähr recht. Meinerseits sage ich das nicht, um mich über den Begriff des Tiefen lustig zu machen. Es ist schon etwas daran, und was daran ist, hat Russell gefehlt. Richtiger, es war nicht da, ohne zu fehlen. Denn dieser geistige Charakter war komplett und hätte ein ganz anderer sein müssen, um eigentlich metaphysisches Fragen und Schaudern zu kennen. Was auch für Voltaire gilt. Beide, trotz ihrer speziellen Kenntnisse und Künste, waren alles in allem Literaten; Universal-Literaten westeuropäischen Stiles; und waren es mit so überwältigender Intelligenz und Intensität, mit so unbeugsamer Charakterstärke, daß sie zu großen Herren wurden im geistigen und zum Schluß auch im weltlichen Sinn, zu persönlichen Weltmächten, zu mythischen Gestalten. Solcher Dank, solche Ehren wurden unter Männern ihres Schlages kaum einem anderen zuteil.

(1967)

Hermann Rauschning

Es muß im Jahre 1937 gewesen sein, daß ich in der Schweiz das Glück hatte, Hermann Rauschning kennenzulernen. Der ehemalige Präsident des Danziger Senates war damals kaum ein Jahr in der ,Emigration'; auf der Suche nach Gesinnungsgenossen, nach einer Tätigkeit, die dem fernen Vaterland nützlich sein könnte; und sehr unglücklich. Als Verbannter zu leben, war gerade ihm nicht an der Wiege gesungen worden. Unter seinen neuen Schicksalsgenossen fand er wenige, die so dachten wie er, oder denen er seine Gedanken, Erkenntnisse, Ängste, Hoffnungen auch nur hätte kommunizieren können. Immerhin, ein Kreis, der ihm zuhörte, fand sich zusammen. Der große schwere Mann mit den Grübleraugen hatte etwas ungemein Gewinnendes, und was er sagte, war neu, erlebt und wahr, nicht doktrinär und abgegriffen, wie sonst die politischen Gespräche deutscher Auswanderer so oft waren. Auch mußte Rauschnings Vergangenheit imponieren. Gewiß war es an sich keine Empfehlung, Nationalsozialist gewesen zu sein. Dieser aber, Oberhaupt der Freien Stadt, hatte aufbegehrt gegen seine Parteigenossen, und zwar über Streitfragen, die für ihn Fragen moralischer, absoluter Natur waren, hatte seinen Posten verlassen, hatte versucht, eine wirksame Opposition gegen die Freunde von gestern zu sammeln und hatte schließlich fliehen müssen. Hut ab, empfand ich, vor einer solchen Haltung. Bei seinem ersten Besuch in unserem Küsnachter Hause fragte mein Vater ihn geradewegs, wie er, ein Mann von Niveau, wohl je habe *dieser* Partei beitreten können. Wenn die Frage in Verlegenheit bringen sollte, so erreichte sie ihren Zweck keinen Augenblick. Rauschning antwortete, er habe sich allerdings geirrt, aber schäme sich seines Irrtums nicht. Die Weimarer Republik habe die großen Aufgaben des Staates nicht lösen können, weder die inneren noch die äußeren, und dies nicht zufälligerweise, sondern weil

Geist und Führung ungenügend waren. Auf einem deutschen Außenposten lebend, habe er die Gefährdung der Nation besonders scharf empfunden, andererseits aber vom Nationalsozialismus nur die ungefähren Konturen gesehen, gewisse Grundbestrebungen, mit denen er übereinstimmen zu müssen glaubte, ohne die menschliche Substanz, die hier am Werk war, noch erfassen zu können. Nach drei Jahren habe er Bescheid gewußt und die Konsequenz gezogen. – Was konnte man darauf erwidern?

Seiner Herkunft nach war Rauschning ein Konservativer. In der Jugend Kadett; Kriegsoffizier; dann Musik, Philosophie, Landwirtschaft, Kampf für das Deutschtum im polnisch gewordenen Ausland – Interessen und Tätigkeiten, deren Verbindung nicht deutscher, nach der alten Art, hätte sein können. Zum Schriftsteller machte ihn die Not der Zeit. Sein zweites, draußen geschriebenes Buch, die ‚Gespräche mit Hitler‘, war eine Meisterleistung publizistischer Brillanz. Dem ersten, ungleich gewichtigeren, der ‚Revolution des Nihilismus‘, spürte man die Arbeit an. Ein schweres Ringen mit bösem Stoff, ein qualvolles Mehrwissen, Mehrzusagenhaben, als überhaupt gesagt werden konnte, das Streben, sich einer oberflächlichen Politiker-Welt warnend mitzuteilen, vor allem aber die scharf gefühlte Pflicht, dem eigenen Volk zu helfen – aus solcher Seelenlage ging das Werk hervor, das eben, weil es nicht glänzen, nur der Sache dienen wollte, sich stellenweise zu den höchsten Höhen politischer Literatur erhob.

Es schlug ein. Nicht freilich bei jener Mehrzahl der deutschen Emigranten, die ‚links‘ standen. Daß die Kommunisten Rauschning mit souveräner Verachtung behandelten, versteht sich von selbst. Auch den Sozialdemokraten, Rudolf Breitscheid, habe ich ohne Sympathie von „diesem ostpreußischen Musiklehrer" sprechen hören, der gewisse Äußerlichkeiten ganz hübsch beschrieben, am Kern der Sache aber vorbeigeredet habe. Hier glaubte man, neuer Belehrung nicht bedürftig zu sein. Andere waren es und fühlten es: Jene, die bisher schon die deutschen Machthaber instinktiv gehaßt hatten, ohne doch sich dem Lager des revolutionären Sozialismus zugehörig zu fühlen; die mit der Zweiteilung der Welt in ‚kapitalistisch‘ und ‚sozialistisch‘, ‚reaktionär‘ und ‚revolutionär‘ nichts anzufangen wußten. Eben diese Zweiteilung beherrschte ja damals einen Großteil der politischen Publizistik. Es gab, wir lasen es hundertmal, die Konservativen, die Kapitalisten, und auf ihrem extremen Flügel die Faschisten samt Hitler und dem General Franco. Es gab auf der anderen Seite die Kommunisten, ihre gemäßigteren Brüder, die Sozialisten und, ungewiß ob in diesem Lager oder zwischen den Lagern, die bürgerlichen Demokraten, die schließlich doch würden Partei nehmen müssen oder ihrem Untergang entgegensahen. Wenn diese Zweiteilung zutraf, wie konnte man dann gegen Hitler sein, aber nicht für die Kommunisten in Moskau und in Barcelona? Wie konnte einer, der selber ‚national‘ und ‚konservativ‘ dachte – oder der in der Enteignung allen privaten Besitzes das Heil nicht sah – eigentlich gegen Hitler sein? Viele waren es trotzdem, sie schienen sich aber mehr einer persönlichen Antipathie hinzugeben, als eine konsequente politische Haltung einzunehmen.

Dies war die eine angebotene Erklärung des Nationalsozialismus: er war der letzte Wall der Kapitalisten gegen die soziale Revolution, war eine wesentlich internationale Sache, die überall ihre Bundesgenossen hatte, und so war auch Englands ‚Beschwichtigungspolitik‘ im Nu erklärt. Die Minister Baldwin und Chamberlain fanden Hitler wohl ein wenig unmanierlich; aber da sie Kapitalisten waren und er auch, so mußten sie ihn gern oder ungern unterstützen. Eine Marionette war er an Fäden, die das deutsche Großkapital in sicheren Händen hielt.

Neben dieser allgemein beliebten soziologischen Auffassung der Sache gab es eine andere, die nicht so sehr auf internationale, wirtschaftliche Zusammenhänge ging wie auf nationale und geschichtliche. Hitler war das Produkt des preußischen Militarismus. Er war der treue Gedankenerbe König Friedrich Wilhelms des Ersten – „The Potsdam Führer“, wie ein albernes amerikanisches Buch den Hohenzollernfürsten nannte. Die Reichswehr hatte ihn gemacht und konnte ihn auch beseitigen, aber wußte gut, warum sie es nicht tat. Er war ihr nützlich. An unzerreißbaren Fäden hing er; aber sie wurden nicht von Bergwerksbesitzern, sondern von Generalen gelenkt, die hier das beste, weil heimliche Mittel gefunden hatten, ihre Herrschaft zu festigen, und nach neuen Kriegen und Eroberungen dürsteten.

So die herrschenden Theorien. Eine dritte gab es kaum; oder wenn es sie in Andeutungen gab, wenn einer, wie der Schreiber dieser Zeilen, beiden Auslegungen nicht glaubte, so besaß er nicht die geistige Reife, nicht die Tiefe der Kenntnis und Anschauung, um das Seine zu einer Überzeugung zu machen und andere zu überzeugen. Den vielen, die sich in diesem Falle befanden, kam Rauschnings Werk wie eine Erleuchtung und Erlösung. Amerikaner lasen es so gierig wie Europäer; ich möchte glauben, daß es, auf dem Umweg über die Publizistik Dorothy Thompsons oder Walter Lippmanns, geradezu Einfluß auf die amerikanische Staatsführung gehabt hat. Mit diesem Erfolg konnte der Autor zufrieden sein; einem um so bemerkenswerteren, als er eben nicht durch ein Pamphlet, sondern durch ein Werk von germanischem Tiefsinn und germanischer Gründlichkeit errungen worden war. Ob er Rauschning glücklich machte, weiß ich nicht einmal.

Wohl hatte er die Welt vor Hitler warnen wollen. Aber Deutschland Feinde machen, das wollte er nicht. Vor allem aber wollte er Gesinnungsgenossen im Lande selbst, solche, die ihm bekannt waren und solche, deren Dasein und Leiden er erriet, zur Tat aufrufen. ‚Die Revolution des Nihilismus‘ ist ein Werk nicht so sehr der deutschen Emigration wie des inneren deutschen Widerstandes, der hier nur gleichsam zufällig ins Ausland verlegt wurde, weil Rauschning vorher im Staate Danzig, nicht innerhalb der Reichsgrenzen gelebt hatte und mit offenem Visier hatte kämpfen können und eben darum zuletzt hatte fliehen können und müssen. Schon durch seine mit den Worten ‚Nationale Kritik‘ überschriebene Vorrede hebt sein Buch sich ab als eines, das dem inneren Widerstand angehört. Ich möchte sogar sagen: Es ist das Grundbuch des deutschen Widerstandes. Und dies wieder aus einem einfachen Grunde: Rauschnings nähere und fernere Gesinnungsgenossen, die Goerdeler und Hassell, die Beck und Leber und alle die anderen konnten ja keine Bücher schreiben, sie hatten dazu die Distanz und Muße und Freiheit nicht. Denkschriften haben wir von ihnen, Fragmente, Briefe, überlieferte Worte, keine Bücher. Einer, den das Schicksal beizeiten in die Fremde verschlagen hatte, mußte es für sie besorgen, und er hat es getan. Weil er Möglichkeiten des Widerstandes, die er kannte, fördern, nicht denunzieren und vereiteln wollte, gab er bestimmte Geheimnisse nicht preis. Und prophetisch klingt seine Warnung: Das, was man zu tun plane, müsse man bald tun, es würde sonst „ein Zeitpunkt eintreten, wo man die Gesamtheit des Volkes für die Aktionen seiner Regierung wird verantwortlich machen müssen. In der Konsequenz einer solchen Überlegung muß es alsdann liegen, daß eines Tages ... etwa spät auftauchende Versuche, das schuldige Regierungssystem zu beseitigen, achselzuckend dahin abgefertigt würden: Diese Dinge wären nun nicht mehr interessant ... Und es muß befürchtet werden, daß, wenn diese Entwicklung wirklich ausreift, kein Unterschied mehr zwischen dem nationalsozialistischen Imperialismus und dem deutschen Volk gemacht werden wird, sondern daß dieses deutsche Volk in seiner Gesamtheit die Zeche ... wird bezahlen müssen." Sätze, die, 1938 niedergeschrieben, schon vom 20. Juli 1944, der alliierten Reaktion auf ihn und alledem, was danach kam, zu handeln scheinen.

‚Die Revolution des Nihilismus' will heute auf doppelte Art gelesen sein. Einmal enthält das Werk eine Beschreibung und Analyse von Adolf Hitlers Herrschafts-System, der ihre endgültige Wahrheit bestätigt wurde, auch und gerade im Licht alles dessen, was später geschah – es ist ja *vor* dem Krieg geschrieben – und was die Forschung nachträglich in einem kaum noch übersehbaren Schwall von Dokumenten zutage förderte. Die häßliche Sphinx ist von Rauschning zum ersten Mal mit ihren rechten

173

Namen benannt worden. Das ist die Hauptsache. Dann aber ist es auch das Zeugnis einer Zeit, die schon historisch geworden ist. Wie hat man damals gedacht, geschwankt, gehofft, gefürchtet? Welche Möglichkeiten der Rettung gesehen? Welche zeitbedingten, standortbedingten Irrtümer und Widersprüche nicht vermeiden können? Auch für den, der so fragt und genügend Phantasie hat, um sich in Geist und Leiden einer vergangenen geschichtlichen Situation zu versetzen, ist das Buch Rauschnings eine erregende Lektüre. Dies gilt auch für Aussagen, von denen wir nachträglich leicht wissen können, daß sie irrig waren. Zum Beispiel mag heute die These befremden, daß „Hitlers Friedenswille" außer Zweifel stehe. Die Herren von der ,Deutschen National-Zeitung', die gläubigen Leser des Mr. Hoggan, mögen viel Freude an ihr haben. Aber Tatsache ist, daß wir damals, in den dreißiger Jahren, alle nicht wußten, ob Hitler Krieg machen würde; daß wir es einmal glaubten fast bis zur unbedingten Sicherheit, um es am nächsten Tag für unmöglich zu halten. Tatsache ist ja auch, daß er in dem Moment, in dem Rauschning sein Buch zu schreiben begann, Krieg in der Tat nicht wollte, sondern die unblutige Eroberung vorzog, diese neuartige Kombination von Erpressung, Staatsstreich, „Befreiungs-Aktion", die Rauschning analysiert, und daß er recht gern noch eine Weile so fortgefahren hätte. 1939 wußte er, daß die Epoche unblutiger Eroberungen vorbei sei, und er war nun entschlossen, zu blutigen überzugehen. Die Dokumente, die es uns heute beweisen, waren Rauschning verborgen. Bekanntlich aber glaubte Hitler auch damals noch, den großen Krieg vermeiden, ihn in eine Reihe isolierter Feldzüge und Überfälle auflösen zu können. Den Weltkrieg, den er zum Schluß bekam, hat er nie gewollt. Er lag in seinem Wesen, er mußte es dahin bringen, was etwas anderes ist als bewußter Plan. Und eben von diesem Wesen, des Individuums und der Sache, handelt Rauschnings Buch, und darum muß es auch, wieder und wieder, vom kommenden Krieg handeln und von dem Untergang des Deutschen Reiches, mit dem er enden werde. Die oben zitierten befremdenden Worte stehen damit in Widerspruch nur, wenn man sie aus ihrem Zusammenhang reißt.

Wir finden andere merkwürdige Schwankungen in Rauschnings Denken. So wie er *weiß*, daß Hitler Krieg machen wird, und dennoch an seinen „Friedenswillen" glaubt, so weiß er auch, daß der Nationalsozialismus zum Schluß unterliegen wird, und fürchtet dennoch seine Überlegenheit. Sie beruht auf der Schwäche der anderen. Was immer die unheimlichen Fähigkeiten Hitlers sein mögen; seine Macht, seine Triumphe sind im Grunde doch nur Ausdruck und Folge alles dessen, was in Europa schwach, faul, sterbensreif war. Seine Gegner haben für ihn gearbeitet, zuerst in Deutschland, dann in Europa. Die staunend gestellte Frage, wie eine so ungeheure, die Welt bedrohende Macht in so kurzer Zeit „aus so geringen und verächtlichen Ursprüngen" aufgebaut werden konnte, beantwortet Rauschning damit, daß Hitler immer mit dem Strom schwamm, nicht (wie man glaubte) gegen ihn. Daß alles, ohne Willen, sich verband und zusammenfloß, um ihn zu fördern. Daß sein tiefstes Talent eben dieses war, überall Schwäche zu erspüren und dem den Vernichtungsstoß zu geben, was sich nicht wehren würde. Bis zu einem gewissen Grad ist das eine historisch richtige Erkenntnis. Denn natürlich war die deutsche Demokratie schwach und war das Frankreich der dreißiger Jahre schwach und zerrissen, war die Tschechoslowakei falsch aufgebaut, war das ganze Versailler Staatensystem unschöpferisch, heuchlerisch und brüchig. Daß andernfalls der „große Mann" nicht so lang hätte triumphieren, nicht so lange ungestraft hätte verachten können, wird man auch im Rückblick als wahr erkennen. Es kommen hier aber Stimmungen ins Spiel, die zeitgebunden waren. Unter dem Eindruck erst der großen Wirtschaftskrise, dann von Hitlers Triumphen haben wir alle damals dem Glauben zugeneigt, daß das Zeitalter der bürgerlichen Demokratie sich seinem Ende näherte. Auch: daß die Tage der kleinen Staaten gezählt seien und die Zukunft den Imperien und Machtblöcken gehöre. 1940 habe ich belgische Flüchtlinge dergleichen kühlen Mutes aussprechen hören. Wenn man die Haltung der deutschen politischen Parteien im Jahre 1933 beobachtet hatte, in den folgenden Jahren Frankreichs innere und äußere Politik, so konnte man schwer der Denkversuchung widerstehen: Hier war verdientes, historisch stimmiges Schicksal. Damit verband sich die qualvolle Frage: Ob der Sieger, Hitler, nicht vielleicht doch im Recht wäre, im dauerhaften Recht? Im Jahre 1940 hat die Gattin des Fliegers Lindbergh diese Frage bejaht in einem vielgelesenen Buch, welches ,The Wave of the Future' hieß: Die Welle der Zukunft sei nun einmal so. Rauschning verneint sie. Aber man mußte den Mut haben, sie zu stellen und durchzudenken, um sie gültig verneinen zu können. Was immer die Triumphe des Scheusals waren, wie weit sie noch reichen mochten, wie sehr seine Gegner – oder jene, die es hätten sein sollen – ihm dabei halfen: Das Ende würde furchtbar sein auch für Deutschland, sei es durch Krieg, Niederlage und Rache, sei es durch eine moralische Erschöpfung und Verwüstung, deren Folgen jeder Voraussicht spotteten.

Was sind Hermann Rauschnings wichtigste Thesen, was war damals das entscheidend Neue seiner Darstellung? Der Nationalsozialismus ist nicht konservativ, ist, trotz des Bündnisses, das 1933 irregeleitete Konservative mit ihm schlossen, eine aus dem Grunde revolutionäre Bewegung. Er ist auch nicht national, in dem Sinn, daß er, wie in jenen Tagen noch allgemein angenommen wurde, die geschichtlich legitime Einigung aller Deutschen in einem Staat verwirklichen und so eine europäische Tendenz des neunzehnten Jahrhunderts weiterspinnen würde. Er *bedient* sich dieser Tendenz nur, wie er sich aller Ideen, aller ,Weltanschauungen', die er verkündet, nur bedient. Er *hat* sie, solange sie ihm nützlich sind, aber er ist nicht mit ihnen identisch; morgen wird er sie wegwerfen und andere haben und die auch wieder wegwerfen. Es ist eine Verschwörung mit dem Zweck, Macht zu begründen, Macht zu erweitern und alles zu zerstören, aufzulösen, zu entwurzeln, was der Macht und Machterweiterung im Wege steht. Er ist darum der Feind aller echten Bindungen, aller Traditionen, auch aller Staaten und eigentlich aller Menschen mit Ausnahme jener, die zur Elite der Verschwörung gehören; was nicht hindert, daß unter ihnen selbst Rivalitäten und Todfeindschaften wüten. Ein Feind auch des eigenen Volkes, das Hitler verachtet, wie er alles Volk verachtet, und dessen Stolz, Gier und Haß er nur aufstachelt, um sich zum Herrn über es zu machen und es als Instrument fernerer Machterweiterungen, fernerer Zerstörungen zu gebrauchen. – Das ist die eigentliche Dynamik. Der Rest gehört dem Tag an. An ihre „Ideen", Nationalismus, Rassismus, Brauchtum, Volkstum, oder was es sei, glauben die Machthaber selber nicht.

Um wurzellose Macht zu sichern, müssen alle alten Bindungen zerstört oder paralysiert werden. An ihre Stelle tritt die *eine* Bindung an die neue Macht. Da sollen alle, wenn sie nicht ausgestoßen und zur Vernichtung verurteilt sind, mit dabei sein dürfen und müssen, alle die Illusion eines neuen Glaubens und Mitmachens und Mitverantwortlichseins haben. Aber dieser von der Machtmaschine verbreitete Fanatismus ist so hohl, so künstlich und unecht, daß der „ganze riesenhafte Apparat durch ein einziges Ereignis über Nacht zur völligen Gestaltlosigkeit, zum Scherbenhaufen" zusammenbrechen könnte, „ohne daß auch nur eine Spur von selbständigem Leben in einer Teilgliederung übrigbleibt". Hierzu, meint Rauschning auf einer prophetischen Seite, wäre nur eines notwendig: Das Verschwinden des bösen Zauberers selbst, des Mannes an der Spitze.

Folglich steht in den Zielen nichts fest, auch in den außenpolitischen nicht. Was will denn Hitler? fragt die besorgte Außenwelt, mit was würde er sich endlich zufriedengeben? Er will alles, was er bekommen kann, er wird jede Gelegenheit wahrnehmen, und Ruhe geben wird er nie. „Diese Bewegung ist in ihren treibenden und leitenden Kräften völlig voraussetzungslos, programmlos, aktionsbereit, in ihren besten Kerntruppen instinktiv, in ihrer leitenden Elite höchst überlegt, kalt und raffiniert. Es gab und gibt kein Ziel, das nicht der Nationalsozialismus um der Bewegung willen preiszugeben oder aufzustellen bereit wäre." Und wieder: „Eine im tiefsten Sinn nihilistische Politik, zu allem bereit zu sein. Die Hitlersche Politik ist auch hier viel simpler, als jeder Außenstehende vermutet und hineinzuinterpretieren versucht ist. Sie ist darauf aus, Zeit zu gewinnen und alles in Fluß zu halten, nichts definitiv zu erledigen ... Wenn man dies Realpolitik nennen will, so mag man es tun, zweckmäßiger wäre es wohl, sie ,Gelegenheitspolitik' zu nennen, eine Politik, die jede Gelegenheit nutzt, sich in revolutionärem Sinne auszuwirken." Zwanzig Jahre später hat ein amerikanischer Historiker von Hitlers „nihilistischem Opportunismus" gesprochen. Der Ausdruck ist gut; er könnte von Rauschning stammen, der als erster diesen Sachverhalt erkannte und beschrieb, zumal in dem Kapitel, welchem er den Titel ,Universale Beunruhigung' gab. Hitler hat dem Bolschewismus Kampf und Untergang geschworen. Er reitet auf der Welle des europäischen Antikommunismus, er nutzt bis zum Äußersten Europa-Amerikas Furcht vor Rußland aus. Er könnte aber auch, warnt Rauschning, jederzeit ein Bündnis mit dem Kreml schließen, er wird mit hoher Wahrscheinlichkeit die „russische Karte" eines Tages ausspielen; und dem steht wieder nicht im Wege, daß er gleichwohl entschlossen ist, eines Tages Rußland aufzuteilen und sich den Löwenanteil anzueignen. – Das ist 1937 geschrieben, 1938 gedruckt. Aber noch im Juli 1939 hielt ein so erfahrener Diplomat wie Carl J. Burckhardt die Mitteilung eben dieses Bündnisplanes, die Hitler ihm persönlich machte, für so bodenlos und phantastisch, daß er es nicht der Mühe wert erachtete, sie an die Regierungen Englands und Frankreichs weiterzugeben. So wenigstens berichtet uns Burckhardt in seinen Erinnerungen.

Wer dergleichen las, wer die Seiten las, auf denen der Autor von Hitlers „Entvölkerungs"-Plänen spricht, von seiner neuen Strategie und revolutionären „psychologischen" Kriegführung, von seinem Entschluß, die Grenzen zwischen Krieg und Frieden, zwischen Krieg und Politik völlig aufzuheben und im Krieg sein eigener Feldherr zu sein, von der völligen Unfähigkeit, Unwilligkeit, sein umstürzendes Treiben abzubremsen, solange es noch *eine* ihm fremde selbständige Macht, in Deutschland, in Europa, auf Erden gäbe, von der „Neuverteilung der Welt" – wer dergleichen las, der mochte sich fragen, ob Rauschning den deutschen Politiker nicht dennoch überdämonisierte. Die Ereignisse der folgenden fünf Jahre haben gezeigt, daß es hier nichts zu überdämonisieren gab. Gewiß, niedere, nicht hohe Dämonen waren am Werk, Kleinbürger der Herkunft und dem Habitus nach. Das war eine der erstaunlichsten Seiten des erstaunlichen, der weiten Welt immer noch nicht begreiflichen Phänomens: „Die Verbindung von radikal nihilistischer Gesinnung mit offen zur Schau getragenen kleinbürgerlichen Allüren des Halbgebildeten." Zu Teufeln gewordene Kleinbürger hatte noch kein Text vorgesehen. Aber die tolle Verbindung war wirklich. Übrigens, fügt Rauschning an, seien die Klügsten der „Elite" klug genug, um zu wissen, daß ihre Herrlichkeit, von der sie behaupten, sie werde tausend Jahre dauern, nicht viel länger mehr als tausend Tage wird dauern können; daher die Gier, mit der sie genießen, die Hast, mit der sie vorwärts stürmen. Sie könnten ihre Macht unbegrenzt lange erhalten – wenn sie sich mäßigten. Aber dann wären sie nicht, was sie sind und hätten sie die Macht nie erobert. Alle Hoffnungen auf eine „Selbstreinigung" der Bewegung sind eitel.

So der Gesamtbegriff. Wenn unsere Abkürzung vereinfacht, so vereinfacht Rauschnings breite Ausführung keineswegs. Funkelnde Porträts, dramatische Vergegenwärtigungen, feine Einschränkungen und Nuancen ziehen sich durch sein Werk und geben ihm seinen wirklichkeitstreuen, verwirrenden Charakter. Alle menschliche Wirklichkeit ist wirr und diese hier die allerwirrste. Zum Beispiel meint er, das konservative Getue der Machthaber am Anfang, der ,Tag von Potsdam', das Bündnis mit dem alten Preußen sei wohl Tarnung gewesen, aber nicht bloß Tarnung, auch Selbstmißverständnis; ihr eigentliches Wesen wurde ihnen selber erst in dem Maße deutlich, in dem es verwirklicht wurde. Eine Beobachtung, die durch den, viel später bekannt gewordenen, Ausspruch Hitlers bestätigt wird: Es gebe Dinge, die er vor anderen und solche, die er zunächst auch vor sich selber verberge. Auch ist in voller Sachlichkeit von den positiven Leistungen des Regimes die Rede – welcher Tyrann hätte sie nicht aufzuweisen? Aller Wirrwarr aber ordnet sich wie von selber um Rauschnings zentrale These, die eben dadurch ihre Wahrheit erweist: Das Wesen dieses Herrschafts-Unternehmens ist Nihilismus. Alles wird ihm zum Schein, zur ,Kulisse‘, alle Zwecke haben nur *einen* Zweck. Sie vernichten das Judentum, ohne selber an die ,jüdische Gefahr‘ zu glauben. Und die totale ,Mobilmachung‘, die sie verwirklichen, und die den Generalen der alten Schule noch zu einer tüchtigen Außenpolitik oder notfalls zum Krieg gut sein soll, ist ihnen gut zur Erweiterung ihrer Macht.

Der Bestandsaufnahme, die den größten Teil des Buches ausmacht, fügen Rauschnings auffordernde Gedanken zur Rettung Deutschlands und Europas sich ein. Unvermeidlich sind sie nicht in dem Sinn zeitlos gültig, in dem die Erkenntnis des Phänomens Nationalsozialismus es ist. Es sind Gedanken von historischem, von persönlichem Interesse. Einiges wird hier dem heutigen Leser nicht mehr aktuell erscheinen; ähnlich etwa wie die konstruktiven Gedanken Karl Goerdelers, die Gerhard Ritter zusammengestellt hat und die vielfach an die Bemühungen Rauschnings erinnern. Sie müssen veraltet sein wie alles, was in der Geschichte einmal praktisch war oder praktisch sein wollte. Die Dinge haben einen anderen Verlauf genommen.

Hinzu kommt, daß Rauschning, der praktische Politiker, häufig gegen Rauschning, den bloßen Beobachter der Wirklichkeit, argumentieren muß. Dieser sieht zu scharf, um nicht schwarz zu sehen. Er weiß, daß die deutschen Konservativen ihre eigenste Sache längst verraten haben; daß die Herren um den Geheimrat Hugenberg längst keine Konservativen mehr waren, sondern das Gegenteil davon, nämlich Nihilisten, wie die Nationalsozialisten selber, nur weniger konsequent. Er kennt die Typen im deutschen Offizierscorps: Die Älteren, die, selber noch streng traditionell denkend, sich in sachliche Arbeit zurückziehen und schwanken zwischen Widerwillen und Sekuritätsbedürfnis; die Jüngeren, denen als brutalen Söldnern die Politik Hekuba ist, solange sie lohnende Aufgaben erhalten und avancieren, oder denen der Geist der Machthaber schon zu ihrem eigenen Geist wurde. Und von ihnen soll die Rettung kommen? ist es nicht auch so, daß der Wille der Nation schon ganz gebrochen wurde, daß sie zu einem seelischen, geschweige denn politischen Aufstande längst nicht mehr fähig ist? Daß alle großen Worte verbraucht, alle Wert entwertet sind? Und dies nicht nur kraft des Zerstörungswerkes der Machthaber, sondern weil sie ja nie hätten heraufkommen können, wäre nicht der Weg für sie schon bereitet gewesen? Eben davon handelt Rauschnings Buch. Und doch hofft er auf die Konservativen; und doch hofft er auf die Generale.

Darum, weil man ja etwas hoffen muß, weil Verzweiflung eine so unpraktische wie unmoralische Haltung ist. In jenen dunklen Tagen habe ich Rauschning in einem Brief einmal die Verse Hölderlins zitiert:

> Bei Nacht wenn alles gemischt
> Ist ordnungslos und wiederkehrt
> Uralte Verwirrung

Er antwortete mit dem anderen Hölderlin-Zitat:

> Wo aber Gefahr ist, wächst das Rettende auch.

So *wollte* er glauben; pflichtgemäß. Daß er aber trotz allem seine Hoffnung wesentlich auf Angehörige der alten Oberschicht setzte, auf solche, die, ohne zu Hitlers „Elite" zu gehören, immer noch Rang und Amt besaßen, erklärt sich aus einer treffenden Einsicht: Revolutionen im alten Stil, Volksaufstände, Barrikadenkämpfe, *konnte* es nicht mehr geben. Zu beseitigen war die Herrschaft Hitlers nur noch von innerhalb des Machtkreises oder von nirgendwoher. Die Geschichte der folgenden Jahre, bis zum 20. Juli 1944, hat diese Erkenntnis bestätigt. Hitlers ‚Lagebesprechung' am 20. Juli im Bunker anstatt in der Holzbaracke – und der Versuch der Goerdeler und Stauffenberg wäre geglückt. Die Revolution ‚von unten‘ aber war im buchstäblichen Sinne des Wortes unmöglich geworden.

Was nun Rauschnings Hoffnungen und Ziele betrifft, so gehören sie ganz in den Bannkreis eben der Bewegung des 20. Juli, sind aber großzügiger, man möchte sagen, ehrgeiziger, als sie 1944 im glücklichsten Fall noch sein konnten. Damals war Deutschlands Machtstellung schon gebrochen; in den späten Dreißigern noch nicht. Als Rauschning sein Buch schrieb, war die Nation im Begriff, ihre Aufgabe gründlich zu verfehlen und mit anderen sich selber zu ruinieren, aber noch war nichts Endgültiges geschehen. So konnte ein europäischer Föderalismus, der an die Stelle von Hitlers ‚Zerteil und herrsche‘ ein besseres ‚Verein und leite‘ setzte, der den Deutschen einen ihrer Volkskraft und Wirtschaftskraft entsprechenden Einfluß gab, ohne Europa zu knechten, noch als berechtigtes Ziel erscheinen. Nachdenklich stimmt es, daß Rauschning das deutsch-polnische Verhältnis für entscheidend ansieht, daß er Freundschaft zwischen Deutschland und Polen ersehnt, echte Freundschaft anstatt des trügerischen Paktes von 1934, und dabei die Frage der territorialen Grenzen zurückgestellt sehen will: sie müßte zuletzt angepackt werden, nicht zuerst, und wenn man alles andere richtig gemacht hätte, so wäre ihre Lösung zum Schluß gar nicht mehr notwendig.

Europäischer Föderalismus; soziale Gerechtigkeit; konservative Erneuerung aus christlichem Geist. Dergleichen liest sich ganz schön, und keiner meinte es ehrlicher damit als Rauschning; es ist aber leichter gesagt als getan. Die Wahrheit so hoher Ideen muß von der Energie derer abhängen, die sich ihnen widmen – und die dennoch scheitern werden, weil der menschliche Stoff ihnen einen zuletzt immer überlegenen Widerstand leisten wird. Jedenfalls waren Rauschnings Ideen der Situation von 1938 gemäßer, als was sonst unter deutschen Emigranten gedacht wurde. Allgemein nahm man ja damals an, auf den Höhepunkt der ‚Reaktion', nämlich der Hitler-Herrschaft, müsse in Deutschland endlich die ‚linke' Revolution folgen, viel radikaler, als die von 1919 gewesen war. Dem widersprach er. Was selber schon Revolution war, und zwar die allerschlimmste, die Kompromittierung *jeder* Revolution, war nicht abzulösen durch eine andere, sondern durch Wiederherstellung. Nach Wiederherstellung des Menschenrechts, des Naturrechts, des göttlichen Rechts, sehnten sich in Deutschland alle, die noch einen Willen hatten. Der ultraliberalen Demokratie mißtrauend, weil er aus ihr den Nationalsozialismus hatte hervorgehen sehen, konnte Rauschning das Recht als bloß natürliches, ohne Religion, sich nicht gesichert denken. Und da er die Nation im Zeichen der totalen Politik für im Grunde entpolitisiert, für wetterwendisch, zynisch und gleichgültig geworden hielt, so fand er die Autorität, oder Quelle der Autorität, nach der er suchte, in der „christlichen Monarchie". Die „unantastbare, im Übersinnlichen wurzelnde Autorität des Monarchen" würde wieder in der Flucht der Ereignisse der ruhende Punkt sein, wie in der guten alten Zeit. Das mag heute sonderbar klingen. 1938 klang es dem Schreiber dieser Zeilen nicht sonderbar. Ich schäme mich nicht zu gestehen, daß ich ähnliche Gedanken hatte.

Das Schlimmste, das Rauschning 1938 befürchtet hatte, hat sich erfüllt. Nach dem Bündnis mit dem Kreml, das er im Werden sah, kam der Krieg, von dem er voraussagte, er werde diesmal absolut sein und zum absoluten Ende geführt werden, und dies nicht nur, nicht vor allem, kraft der Verhärtung des gegnerischen Willens, sondern aus einem anderen Grunde. „Daß am Ende Deutschland zerstört am Boden liegen wird, ‚in Ehren untergegangen', wie es nach dem Ehrencomment dieser Hasardeure lautet, kann in den Augen dieser Menschen nur ein Grund *für* das Weltkriegswagnis sein, nicht *gegen* es. Denn sie werden lieber Deutschland zerstört sehen als in den Händen und unter Führung anderer Deutscher."

Nun, der ‚Untergang' einer großen europäischen Nation

ist nichts Endgültiges, genauer gesagt, bisher war er es nicht. Deutschland, das nach 1919 eine Chance erhielt, sich auf neue Art zu bewähren und sie in den Wind schlug, erhielt sie abermals bald genug nach 1945. Rauschning fürchtet, daß es im Begriff ist, sie wieder zu vertun und eine dritte nicht erhalten wird.

Ist das der übertriebene Pessimismus eines Mannes, der zuviel Unglück erlebt hat, der sich zu scharf auf das Unglück versteht, um noch an Glück glauben zu können? Der übrigens Grund zu haben meint, mit Lauf und Ausgang des eigenen Lebens im Streit zu liegen? Von Rauschning hat Carl Jakob Burckhardt, der ihn kannte, geschrieben, er habe das Zeug zu einem echten Staatsmann gehabt. Als aber dieser ernste Patriot in den fünfziger Jahren noch einmal versuchte, in die deutsche Politik einzugreifen, wollte man ihn nicht haben. Dem Großteil der Nation war er ohnehin unbekannt, da er vorher nur am Rande, in Danzig, tätig gewesen war. Sein Schicksal ist dem Heinrich Brünings, in manchem sein Gesinnungsgenosse, zu vergleichen; mit dem Unterschied, daß Brüning doch einmal daran war und Entscheidendes falsch machte, während Rauschning sein Können im Großen nie hatte erproben können. Brüning, würde ein hartherziger Geschichtsbetrachter sagen, hat sich sein Schicksal selber bereitet; Rauschning nicht. Eine so unverschuldete Lebensniederlage wird bitteres Licht auch auf Dinge werfen, die andere in einem freundlicheren zu sehen berechtigt sind.

Mit manchem, was heute in Deutschland ist, könnte Hermann Rauschning, wären seine Augen noch lebensfroher, leidlich zufrieden sein; mit dem Geist des Grundgesetzes, der ja eben kein revolutionärer ist; mit dem europäischen Föderalismus, den Konrad Adenauer mit so leidenschaftlicher Geduld vorwärts trieb und der, wenn er endlich doch scheitern sollte, diesmal nicht an Deutschland scheitern wird. Was das Christentum der Bundesrepublik samt der ‚Christlich-Demokratischen Union‘ betrifft, so ist Rauschning selber genug von einem echten Christen und echten Lutheraner, um zu wissen, wie unvollkommen die Durchdringung staatlichen

Lebens durch Religion im besten Fall bleiben muß; der beste Fall liegt hier allerdings nicht vor. Die „christliche Monarchie" ist nicht wiederhergestellt worden. Aber deren Aufgabe wäre ja wohl gewesen, uns vor den Greueln des Nationalsozialismus zu bewahren, nicht, nachdem dieser sich ausgewütet hatte, eine müßige Wiedererweckung zu erfahren. Und wenn die Klassen der deutschen Gesellschaft heute so entspannt und bereit zum Kompromiß zusammen leben, daß sie einer im Übersinnlichen wurzelnden Autorität nicht mehr bedürfen, wenn an die Stelle alter Hierarchien und hochfliegender Herrschaftsbegriffe eine kühle Praktizität amerikanischen Stils wie von selber getreten ist, so mag ein alter Mann sich ihr gegenüber wohl ein wenig entfremdet fühlen, und selbst ein mittelalter; aber am Ende ist sie besser als alles, was wir vorher in unseren Lebenstagen hatten. Verlaß ist auf gar nichts, auf die Praktizität amerikanischen Stiles nicht, auf die christliche Monarchie auch nicht.

So mag Hermann Rauschning das Befriedungswerk Konrad Adenauers, das innere wie das äußere, nicht ganz gerecht beurteilt haben. Etwas zu lernen wäre von seiner späten Publizistik trotzdem gewesen. Leider ist sie vom großen Publikum so wenig beachtet worden wie seinerzeit die ‚Revolution des Nihilismus‘; diese, weil man sie nicht lesen durfte, jene, weil man's nicht wollte.

Was Rauschning der deutschen Staatsführung, dem offiziellen Deutschland überhaupt vorwirft, ist, daß die Nation abermals in Illusionen gewiegt und zu einem ‚Durchhalten‘ ermuntert wird, wie im Ersten Krieg, wie unter Adolf Hitler. Es sei die gleiche Wirklichkeitsfremdheit, verbunden natürlich mit der gleichen Tüchtigkeit. Wieder soll nicht gesehen werden, was ist, und geglaubt werden, was nicht sein kann; wieder gelten die als Vaterlandsfeinde, die sich der aufgezwungenen Regel nicht fügen. Wieder ist man blind nicht nur gegenüber gewissen übermächtigen Tatsachen, sondern auch gegenüber der geschichtlichen, moralischen Herkunft dieser Tatsachen; man glaubt ein Recht auf Grenzen von

1937 zu haben, ohne die Frage, wer denn diese Grenzen gesprengt und wer dies Recht verwirkt habe, der Mühe des Nachdenkens für wert zu halten. Wenn Amerika und Rußland die ersten unsicheren Schritte auf eine Verständigung hin machen, so rufen sie „appeasement!" und „München!" und wären, geht es um Wählerstimmen, doch jederzeit bereit, mit jenen Arm in Arm zu erscheinen, die noch heute das Sudetenland zurückfordern, weil der Münchner Vertrag in Gültigkeit sei … Sollte aber einer fragen: Wer glaubt denn *im Ernst* noch an die Möglichkeit einer Rückgewinnung der verlorenen Ostgebiete, wer glaubt im Ernst an die verheißene Besiegung des Kommunismus – so wäre darauf zu antworten: Wer hat im Frühjahr 1918 wohl mit ganzem Ernst an den deutschen Endsieg geglaubt? Wer, irgendwann in der Hitlerzeit, daß es mit dem Manne ein gutes Ende nehmen würde? – Es gehört zur Geschichte der deutschen Illusionen, daß sie nie ganz wasserdicht waren, was ihre böse Wirkung eher noch steigerte. Nicht so war es, daß man die Wirklichkeit nicht sah, vielmehr, man sah von ihr weg. Zum Schluß war man „belogen und betrogen" worden … Dies ist das Kernstück von Hermann Rauschnings deutscher Kritik heute. Und wenn auch Deutschland in dieser Zeit nicht die Kraft und Freiheit hat, seiner neuen Illusion wirkliche Folge zu geben, wenn es mehr Gerede ist als Tat, so ist doch in der Vergangenheit falsches Reden allzu oft die Mutter falscher Taten geworden. – Rauschnings Warnungen verdienten, noch einmal, gehört zu werden.

Aus der ‚Revolution des Nihilismus' wird der Leser ersehen, wer Hermann Rauschning war, wer er hätte sein können, wer er ist. Ein Staatsmann hätte er unter günstigerem Stern sein können. Ein großer politischer Schriftsteller ist er. Wenn von Edmund Burke nichts übrigbliebe als seine ‚Betrachtungen über die Französische Revolution', so gehörte doch sein Ruhm der englischen Geschichte an. Auf einen vergleichbaren Platz in der deutschen Geschichte kann Rauschnings ‚Revolution des Nihilismus' Anspruch erheben.

(1963)

Des Teufels Architekt
Albert Speers ‚Erinnerungen‘

Sagte man, die ‚Erinnerungen‘ von Albert Speer seien die lesenswertesten unter allen, die wir überlebenden Herren des Dritten Reiches verdanken, so sagte man nicht genug. Sie sind mit den dürftigen Zeugnissen der Generale, mit den gefärbten und geschmälzten der Politiker überhaupt nicht zu vergleichen. Man wird sie unter die Spitzen der politischen Memoiren-Literatur rechnen; als ein höchst lehrreiches Buch. Der Mensch, der nach zwanzigjähriger Gefängniszeit intakt genug war, es zu schreiben, verdient ohne jeden Zweifel unsere Achtung.

Sympathie? Sympathie wäre eine persönliche Sache. Meinesteils bewundere ich Albert Speers Ehrlichkeit oder Willen zur Ehrlichkeit; seine Kunst des Porträts und der atmosphärischen Schilderung, seine Sachberichte, seine Introspektion. Eigentlich sympathisch kann ich ihn auch heute nicht finden. Das alte Ich, das Ich eines ehrgeizigen, überheblichen, im Rausch von Arbeit, Ruhm, Macht lebenden Jünglings, glaubt er längst mit einem anderen vertauscht zu haben, so daß er, was er ehedem war, wie einen Fremden mit kühler Objektivität zu analysieren vermag. Läge nicht eben darin noch ein Stück der früheren Anmaßung? Von Selbstkritik viel; von Reue, im christlichen Sinne des Wortes, kaum etwas; vielleicht empfindet er sie als unmännlich. Übrigens bleibt, trotz allen Mühens, gerade das, was man verstehen möchte, oft ganz einfach unverständlich. Unverständlich im Rückblick sogar für ihn selber, wie er zugibt; wie sollten es andere verstehen?

Es ist die Geschichte eines Teufelspaktes. Wäre der Titel nicht schon vergeben, so hätte sie ‚Des Teufels Architekt‘ heißen können.

Der Pakt wurde allmählich geschlossen. Wir haben die Vorgeschichte: Kindheit und Jugend eines Sohnes aus großbürgerlichem Hause; die Studentenzeit mit ihren menschlichen Erlebnissen, Faltbootfahrten die Donau hinunter, Jugendbewegung im Privaten, zurück zur Natur; mit ihren literarischen, George, Spengler; die Sehnsucht des Studenten nach was Besserem als dem, was die krisengeschüttelte Republik der Jugend bot; das erste Anhören einer Rede Hitlers – der Mann wußte sich seinem akademischen Publikum anzupassen; Eintritt in die Partei (*das* kann man verstehen) noch vor der Machtergreifung. Dann verketten sich Verdienst und Glück. Speer ist immer da, wenn man ihn braucht, als NSKK-Fahrer zuerst, dann als Architekt. Gönner unter den neuen Machthabern verschaffen ihm Aufträge: Gauhaus in Berlin, Szenerie für den Nürnberger Parteitag. Er bewältigt sie zur höchsten Zufriedenheit. Bei Hitlers Leidenschaft fürs Architektonische ist es unvermeidlich, daß die beiden sich begegnen. Das erste Mal fällt der junge Mann dem Reichskanzler nicht auf, das zweite Mal tut er es. Auftrag, die alte, bismarckische, schlimm heruntergekommene Reichskanzlei neu herzurichten. Einladung zum Mittagessen. Kurz vorher wird sein Anzug mit Gips bespritzt. Hitler: „Das bringen wir schon in Ordnung." Dem 28jährigen Speer, vor kurzem noch einem jungen Arbeitslosen, wird der abzeichengeschmückte Rock des Reichskanzlers geliehen; in ihm darf er an der Tafel des schon Allmächtigen sitzen ... Müßte ich einen Augenblick nennen, in dem der Pakt fertig war, so diesen. Prüfe sich jeder, der einmal jung war, ehrgeizig, seine Fähigkeiten ahnend, und der nun in den Umkreis von Macht und grenzenlosen Möglichkeiten katapultiert würde, ob er hätte widerstehen können.

Und wie charmant der Reichskanzler sich gab: Schon der Diktator, und noch immer behaglich in Münchner Künstlerkneipen; scherzend, leutselig, in bayerischer Leinenjoppe, hemdsärmelig im Grase; seinen Baumeister, Professor Troost, bescheiden als seinesgleichen behandelnd. „Oberflächliche Eigenschaften", meint Speer im Rückblick. Das waren sie wohl nicht einmal; aber ich könnte die Mischung, die Identität des Netten mit dem

Teuflischen, auch nicht beschreiben. Dazu müßte man wohl ein Schriftsteller vom Schlage E. T. A. Hoffmanns sein. Jedenfalls, der junge Speer war bezaubert. Bezaubert von der Persönlichkeit; von seiner rasch sich entwickelnden Beziehung zur Persönlichkeit; von Werk und Sendung, die ihm zugespielt wurden. Wohl bemerkte er, daß Hitler auch andere Gesichter haben konnte, brutale, häßlich egozentrische, daß es haperte mit seiner menschlichen Umgebung; ahnte auch, was in Gestapokellern vorging, während Wellen von frischem Tatendrang und Gaudium über die Nation schlugen. Aber: „Ich habe mich während der zwanzig Jahre, die ich im Spandauer Gefängnis zubrachte, oft gefragt, was ich getan hätte, wenn ich Hitlers wirkliches Gesicht und die wahre Natur der von ihm aufgerichteten Herrschaft erkannt hätte. Die Antwort war banal und deprimierend zugleich: Meine Stellung als Hitlers Architekt war mir bald unentbehrlich geworden. Noch nicht einmal dreißigjährig, sah ich die erregendsten Aussichten vor mir, die ein Architekt sich erträumen kann." Und noch zu seinen Anklägern in Nürnberg: „Wenn Hitler Freunde gehabt hätte, wäre ich bestimmt einer seiner engen Freunde gewesen." Im Lichte seiner eigenen Erzählung, im Lichte dessen, was er in Nürnberg über Hitlers Charakter aussagte, bleibt dieser Satz unverständlich. Man muß ihn nehmen, wie er lautet; ein Faktum.

Der Chefarchitekt, der „Generalinspektor für die Neugestaltung der Reichshauptstadt" wäre er so bald nicht geworden, ohne den vorzeitigen Tod des Professors Troost; im Krieg nicht Rüstungsminister und, wie er sich selber nennt, „Zweiter Mann im Staat", ohne den Flugzeugunfall seines Vorgängers. Glück durch das Sterben anderer – das gehört zum Teufelspakt. Indessen hatte Hitler gewiß recht, als er seinen Mitarbeitern komplimentierte: „Ach Sie, Sie hätten sich immer durchgesetzt." Über den Künstler Speer mag man verschiedener Ansicht sein; nicht über das zupackende Selbstvertrauen, die Phantasie und Energie des Organisators.

Die Kapitel über die Architektur des Dritten Reiches – „Gebaute Megalomanie", „Der größte Auftrag", „Das entfesselte Empire" – sind die interessantesten des Buches; interessanter noch als die Kriegskapitel, zumal über Hitler, den Strategen, nun schon reichlich viel geschrieben worden ist, während über jene Seiten seines Wesens niemand sonst aus so unmittelbarer Erfahrung schöpfen konnte wie Speer. Was er vor allem sieht: die Einheit von Hitlers Bauwahn mit seinem politischen Wahn, Machtwahn und Größenwahn. Er wollte zur Macht kommen, um zu bauen; er baute, um seine Macht in immer tolleren Dimensionen darzustellen. Zu Madame Speer: „Ihr Mann wird für mich Bauten errichten, wie sie seit vier Jahrtausenden nicht mehr entstanden sind." Bauten, die noch nach weiteren viertausend Jahren als Ruinen von seiner Größe zeugen sollten, was bei der Wahl der Materialien eine Rolle spielte. Für soziales Bauen, Spitäler, Schulen, Wohnen der kleinen Leute, keine Spur von Interesse.

Merkwürdiger noch als die Verwirklichungen sind die unverwirklichten Pläne: eine dritte, letzte Reichskanzlei, die siebzigmal so groß geworden wäre wie die erste, Hitlers Wohnung 150mal so groß wie Bismarcks Wohnung; eine Prachtstraße in Berlin, die Champs-Élysées verdreifachend; eine Versammlungshalle, wie die Welt noch keine sah; in München eine „Säule der Bewegung", welche die Türme zu unserer Lieben Frau zu Zwergen gemacht hätte. Speer über Hitlers Geschmack: Er sei, wie seine ganze Gedankenwelt, spätes 19. Jahrhundert gewesen, die Pariser Oper, Präfekt Haussmann, die Wiener Ringstraße. Über Paris, das er so sehr bewunderte, bemerkte er zu Speer, er habe sich oft gefragt, ob er es zerstören sollte, aber das sei wohl nicht notwendig; das neue Berlin werde es sowieso zum Nichts machen …

Speers eigenes Denken über seine architektonischen Schöpfungen ist zwiespältig. Effektbauten habe es auch im Barock gegeben – was zutrifft; aber Schönbrunn oder Schleißheim dürften *seine* verwirklichten oder geplanten Effektbauten künstlerisch doch übertroffen haben. Oder: nicht in Deutschland allein sei damals neoklassizistisch gebaut worden; was auch zutrifft und wieder zu nuancieren wäre. Daneben ist er ultrakritisch: das neue

Superberlin wäre nicht nur eine verrückte, auch eine schrecklich langweilige Stadt geworden. Auch: nachträglich habe er die Grausamkeit des auf höheren Befehl von ihm gepflegten Satrapenstils wohl gefühlt. Schon im Moment selber erkannte er die politische Bedeutung des Baugrößenwahns, dessen pünktlicher Exekutor er war – die Neue Reichskanzlei durch 4000 Arbeiter in knapp einem Jahr gebaut, mit ihren Mosaiken, ihren handgeknüpften Riesenteppichen, ihrer von den eingeschüchterten Diplomaten zu durchschreitenden 145 Meter langen Galerie dem Bauherrn termingerecht zur Verfügung gestellt. Hitler: „Ich brauche große Hallen und Säle, mit denen ich besonders kleineren Potentaten imponieren kann." „Meine Umgebung muß großartig wirken, dann wirkt meine Einfachheit um so auffallender."

Das allein war es nicht. Berlin, begriff Speer, wurde als Welthauptstadt geplant, was Sinn ja nur dann haben würde, wenn Hitler Weltherrschaft besäße; eben diesen Sinn gestand der Bauherr ziemlich unverblümt ein. Speer, im Rausch seiner Arbeit, ließ es sich nicht anfechten, wie er sich auch durch die „Reichskristallnacht" nicht anfechten ließ. „Ich nahm das Geschehene eher gleichgültig auf", „ich fühlte mich als Hitlers Architekt. Ereignisse der Politik gingen mich nichts an." Diese Illusion nennt er im Rückblick grotesk, und da wird man ihm recht geben. Sie ist stellvertretend für die Illusion der Allermeisten, für den Pakt zwischen Führer und Volk. Der eine war Hitlers Architekt und nichts als das; der andere Hitlers Soldat, Straßenbauer, Finanzier, Erfinder, Flugzeugkonstrukteur; jeder mit Heeren von Mitarbeitern und Ausführern; alle blind auf ihren unmittelbaren Zweck versessen, ohne nach dem weiteren zu fragen. Das Bündnis einer fähigen, tatenfreudigen und gedankenlosen Nation mit dem Bösewicht an der Spitze wird durchleuchtet von einem zugleich Durchschnittlichen und stark Herausgehobenen.

Denn Speer war nicht nur der Fachmann; er gehörte, halb drinnen, halb draußen, auch zum Kreis der Dilettanten, Ignoranten und Intriganten in Hitlers unmittelbarer Nähe, er war zeitweise des Führers erklärter Favorit. Die Stellung des herzhaften Gefolgsmannes, der doch den Parteigrößen als kritischer Außenseiter gilt, ist eine zwielichtige; es sind ihr aufschlußreiche Kapitel des Buches zu verdanken. Zum Beispiel ist die grauenhafte Öde und Nichtstuerei des Lebens auf dem Obersalzberg noch nie so lebenswahr beschrieben worden; noch nie so abstoßend das Intrigieren der Paladine gegeneinander, das oft zu einem Krieg bis aufs Messer wurde. Speer glaubt Beweise dafür zu haben, daß Himmler ihn während einer Krankheit durch einen „politischen Arzt" hat umbringen lassen wollen. – Der Sohn aus gutem Hause, der George-Leser und Faltboot-Idealist war da in eine nette Gesellschaft geraten.

Er spielte mit. Er gab schmutzige Klatschereien weiter wie die anderen, legte Minen oder Gegenminen, schloß Sonderbündnisse, und zwar mit Leuten, von deren Erscheinen und Tun er so schauerliche Bilder zeichnet, daß man nicht anders als annehmen kann, er hätte sie in Grund und Boden verachtet. Das tat er – und tat es nicht. Göring, während des Nürnberger Prozesses, über Juden, die in Ungarn noch am Leben sein sollten: „So, da gibt es noch welche? Ich dachte, die hätten wir alle um die Ecke gebracht. Da hat einer wieder nicht gespurt." Dazu der Autor: „Ich war fassungslos." – Noch immer fassungslos? Nachdem er doch zwölf Jahre inmitten der Korona gelebt hatte, die er zuletzt, wie er erzählt, als eine „Gesellschaft von Mördern" erkannte?

Die gleiche Schizophrenie in der Beziehung zum Oberteufel, nur, daß hier Faszination, Verehrung, Bewunderung hinzukamen, welche er gegenüber den Unterteufeln freilich nicht empfand.

Er wußte. Er kannte Hitlers Gedanken, zumal dieser sie, lange vor dem Krieg, ziemlich direkt vor ihm aussprach: das Alles oder Nichts; die Alternativen, entweder als Größter in die Geschichte einzugehen oder unterzugehen als ihr Verruchtester. Es habe sich, meint Speer, seit 1937 eine Veränderung in Hitlers Charakter gezeigt, woran schuld sein sollten seine zunehmende Isolierung, die Anbetung durch seine Genossen, die zur Selbstvergottung führte, und so fort. Andererseits verstand er richtig, daß Hitler immer mit dem schwanger ging, was er zuletzt gebar, daß sein Dichten und Trachten gegeben war von Anfang an und sich niemals änderte. Als aber die Bande Anfang August 1939 nach Obersalzberg fuhr, da war es ein „unbeschwerter Kreis" – unbeschwert im August 1939! Nachdem der Krieg entfesselt war, sah Speer wohl sein eigenes Lebenswerk bedroht, weil es mit dem Bauen ja nun nicht so weitergehen konnte (es ging trotzdem noch eine Zeitlang weiter); jedoch die „Lösung nationaler Fragen" sei ihm wichtiger gewesen. Nationaler Fragen? Welche nationalen Fragen gab es im Sommer 1939 noch zu lösen?

Die Geschichte des Krieges und von des Autors Erfahrungen im Krieg, an sich ebenso gut geschrieben, ebenso informationenreich wie die früheren Teile des Buches, ist doch nicht ganz so neu, weil hier bereits eine kaum noch übersehbare Vorarbeit geleistet wurde. Auch ist sie monoton, und muß es wohl sein, zumal seit dem Winter 1941. Monoton sind schon die Kapitelüberschriften: „Beginn der Talfahrt", „Abstieg", „Der Krieg dreimal verloren", „Der Absturz", „Die Verdammung", „Fünf Minuten nach Zwölf". Wir tun Einsichten in Speers erstaunliche Leistungen als Rüstungsminister, in seine liberale Art, mit der Industrie umzugehen, in die Widerstände, denen er bei seinem späten Umbau der Wirtschaft in eine totale Kriegswirtschaft begegnete, und die aus Hitlers und seiner Gauleiter demagogischem Instinkt herrührten: sie wollten der Nation nicht zumuten, was Englands demokratische Regenten der ihren längst zugemutet hatten. Wir erfahren, warum die deutsche Atombombe nicht gebaut wurde und auch für Milliarden, anstatt Millionen, vor 1947 nicht hätte gebaut werden können, von Hitlers Mißtrauen gegen „jüdische Kernphysik" und Professor Heisenbergs vorsichtig-unverbindlicher Haltung in dieser Frage. Es ist die Rede von den Bedingungen, unter denen KZ-Häftlinge für Speers Rüstungsbetriebe arbeiten mußten in unterirdischen Höhlen; auch, daß der Minister sich ein wenig schämte, ein wenig zu bessern suchte, wenn er ausnahmsweise dergleichen mit Augen sah. Mitgefühl, das hatte er schon, obgleich, so betont er, folgenloses; Folgen hatte sein Wille, das ihm Aufgegebene zu meistern ...

Die Wirkung des Bombenkriegs wird analysiert, und es wird nachgewiesen, daß die Alliierten viel früher viel mehr hätten erreichen können, wenn sie sich folgerichtig und nicht nur sporadisch auf die Zerstörung der für den Krieg vitalen Industrien konzentriert hätten. Das Grauen der Bombennächte, Speer beschreibt es; gerecht, wie er immer sein will, fügt er hinzu, nun sei den deutschen Städten geschehen, was Hitler 1940 London zudachte und in wollüstigen Farben beschrieb. Übrigens sei der Führer gegenüber den Qualen seiner Landsleute völlig gleichgültig gewesen; leid tat es ihm nur um repräsentative Bauten, zumal um die Theater. – Womit wir wieder bei Hitler sind. Der Teufelspakt bleibt das Herzstück der Erinnerungen.

Hitler im Krieg. Die Verwöhnung durch Glück zuerst, das Beharren auf der Verwöhnung, dem immer Rechthaben dann; der Übermut – verglichen mit dem Frankreichfeldzug werde der Krieg gegen Rußland nur ein Sandkastenspiel sein; die Erstarrung in der beginnenden Niederlage, der gotteslästerliche Glaube an seinen Stern, die rasende Willensanstrengung, das blinde Festhalten am Falschen; die abstumpfende Luft im Hauptquartier, in der man um die Folgen mörderischer Befehle sich nicht kümmert; das „Tollhaus der Lagebesprechungen" – so nennt Speer es schon 1943.

Eine Szene ist unvergeßlich und so sehr charakteristisch für den „Soldaten des Ersten Weltkrieges" im Zweiten: Hitlers Salonwagen auf der Fahrt nach München. Halten auf einer Station, Begegnung mit einem Militärtransport. Die grauen, schmutzigen, verwundeten Soldaten starren durch das Fenster, auf den reichgedeckten Tisch. Rasch läßt Hitler die Jalousien herunterziehen. Er will das nicht sehen, will keinen Kontakt; so wie er die zerstörten Städte nicht sehen will, wie er nie die russischen Fronten besucht und seine Durchhalte-Dekrete erläßt, ohne den Feind, ohne das Land, ohne Boden und Wetter zu kennen. Und so weiter und so weiter. Das ist schon oft beschrieben worden; besser kaum.

Und Speer? Die Geschichte seiner Trennung von Hitler ist so monoton wie die Geschichte des Krieges. Sie hat *in actu* ebenso lang gedauert, oder etwas länger; denn schon vor 1939 erwähnt er ein Nachlassen der Faszination. Ein Nachlassen, aber ein sehr langsames. Im Frühling 1944 entdeckt er, daß Hitler ein „abstoßendes Gesicht" hat – spät, spät! Gleichzeitig weiß er nicht, wofür er eigentlich noch wirken soll – „denn ein Ziel hatte ich nicht mehr". Am 20. Juli 1944 ist er in Berlin, zufällig im Palast des Dr. Goebbels, erlebt „Unternehmen Walküre" in diesem Zentrum. Prompt stellt er sich gegen die Attentäter. „Goebbels konnte auf meine Mithilfe rechnen." Später, er hält es der Erwähnung wert, will er sich die gefilmten Hinrichtungen nicht ansehen, an denen seine Parteifreunde sich erquicken. Noch später macht er selber einen freilich schwachen und seiner eigenen Beurteilung nach fast lächerlichen Versuch, Hitler durch Giftgas zu töten. Das ist Anfang Februar 1945. Kein Gedanke daran, daß er, der mächtige Organisator, sich besser ein halbes Jahr früher an die Spitze der Verschwörung gestellt hätte. Ein vorzeitiges Ende des Krieges herbeiführen zu helfen durch Beseitigung des Regimes, das, so teilt er uns mit, lag ihm nun einmal nicht; unter ähnlichen Bedingungen heute würde er sich ähnlich verhalten.

Warum dann der Umschwung vom Februar 1945? Damals, blitzartig, entdeckte Speer, daß sein Held Hochverrat an der Nation übte, weil er befahl, durch eine Strategie der verbrannten Erde ihre Existenzgrundlage zu zerstören. Nun war für Speer die Grenze erreicht. Aus dem Giftgasmord wurde nichts; aber Denkschrift nach Denkschrift wurde dem Führer dargeboten, eine mahnend-offener als die andere. Es ist darüber zu Szenen von unüberbietbar makaberem Charakter gekommen. Berühmt sind die Worte Hitlers, wenn das deutsche Volk den Krieg verlöre, dann bräuchte und sollte es nicht überleben, je gründlicher man es ihm unmöglich mache, desto besser. Anderes war mir bisher unbekannt. Hitler liest Speers mutige Quixoterien, wirft ihm Verrat vor, stellt ihm ein Ultimatum: Revozieren oder zurücktreten. Speer bittet um Bedenkzeit, schwankt unter dem Schlangenblick des gebrochenen Behexers, dann endlich: „Mein Führer, ich stehe bedingungslos hinter Ihnen!" Hinter dem, den er sechs Wochen vorher hatte umbringen wollen.

Sein neues Treuebekenntnis hindert ihn nicht daran, Hitlers Wahnsinnsbefehle systematisch zu sabotieren, wobei er die Unterstützung aller „vernünftigen Männer" findet. Bei seinem allerletzten Besuch im Bunker der Reichskanzlei beichtet er seine Sünde. „Außer Fassung gestand ich ihm leise, daß ich keine Zerstörungen durchgeführt, sie sogar gehindert hätte." Wie reagiert Hitler? Es kommen ihm die Tränen. Armer, armer, alter Mann! Man hat seine Autorität mißachtet. Man hat ein klein wenig dafür getan, daß die Deutschen nicht das Schicksal erleiden werden, welches er den Juden ganz bereitete, den Polen, den Russen so gründlich, wie er nur konnte. Da weinte er. Und es fehlt nicht viel, daß sein Minister, Beinahefreund und Beinahemörder, mit ihm weinte; fehlte nicht viel, daß Speer für den Zittergreis tiefes Mitleid empfindet ... Gerechter Gott; ist so etwas möglich.

Von da zu der Haltung, die Speer noch in Freiheit sofort nach Hitlers Tod annahm und die er vor seinen Nürnberger Anklägern durch zehn Monate mit Konsequenz bekräftigte, ist ein unorganischer, unbegreiflicher Sprung; oder wäre es, wenn sich Speer nicht schon Jahre vorher in einer Seelenlage befunden hätte, die er selber als schizophren bezeichnet. Sein Geist war geteilt gewesen; der eine Teil, der sein Handeln entschied, an den Hexer gefesselt, der andere zuschauend mit Staunen, mit Bangen, zuletzt mit Haß. Nun war er ein ungeteilter. Mit der gleichen Energie, mit der er seine Monsterbauten geschaffen, vor dreiviertel Jahren noch die deutsche Rüstungsproduktion auf ihren Höhepunkt gezwungen hatte, warf er sich auf das eine, was blieb: Klarheit zu schaffen, Schuld zu bekennen. War auch hier noch Ehrgeiz mit von der Partie? Speer diente der Selbstanklage, wie er Hitler gedient hatte; so einer tut nichts halb. Er riß die kollektive Schuld an sich; nicht für die Nation, wohl aber für alle, die im Dritten Reich an der Macht partizipiert hatten, und also für sich selber. Er unterstrich, was gegen ihn sprach, er bagatellisierte, was seiner Verteidigung nützlich sein konnte. Das Schlußwort des Angeklagten, das über den Rundfunk gesendet wurde, benutzte er zu einer weitausholenden Prüfung der Frage, wie alle die Verbrechen möglich gewesen seien, und fand als Antwort die Verbindung unbeschränkter persönlicher Macht mit den neuen Mitteln der Technik und Technokratie. Diese Gefahr, warnt er, sei auch heute nicht gebannt; was ja wohl ganz richtig ist.

Man legt, wie schon eingangs bemerkt, dies Buch mit einem starken Gefühl der Fremdheit aus der Hand. Natürlich liegt das an der Sache, wenn einer von ihr berichtet, der ihr in zentralen Funktionen angehörte und trotzdem ein Mensch von Sensitivität und Geist war. Vieles bleibt ungelöst. Über den Judenmord sagt er schlicht: „Ich habe keine Apologie." Er wußte Bescheid; genauer, er ahnte und er hätte Bescheid wissen können und müssen. Einmal sprach ein alter Parteifreund ihm mit vagen und entsetzlichen Andeutungen von Auschwitz, das er gesehen hatte. Speer fragte nicht. Was die deutschen Eroberer in Rußland trieben, erwähnt er in einem Satz; die Greuel in Polen und anderswo überhaupt nicht; und nennt sich doch selber den „Zweiten Mann im Staate".

Wie die allgemeine Geschichte, so ist auch die individuelle in dichten Maschen geknüpft; eines hängt am anderen. Da er einmal darin war, da er seine Arbeit liebte, seine Macht genoß, da „Verehrung Hitlers, Pflichtgefühl, Ehrgeiz, Selbstbestätigung" ihn bei seinen sich immer nur erweiternden Verantwortungen hielten, wann hätte er das Netz zerreißen sollen? Andere haben es zerrissen, zum Beispiel der Graf Stauffenberg; aber der war nicht Hitlers Hausfreund, Lieblingsarchitekt, Lieblingsminister. Der Zauber des Scheusals wurde jahrelang schwächer und hörte zu wirken doch nicht auf. War er ganz verraucht, als Speer am 1. Mai, seines gewesenen Idols Todestag, dessen silbergerahmte Photographie auspackte und dabei von einem Weinkrampf befallen wurde? Verrauchte er je ganz? Ist, wer diese Erinnerungen verfaßte, ein trauriger Mensch? Im Vorwort, ja; daß die Erzählung selber ein Gefühl der Trauer vermittelte, kann ich nicht sagen; was wieder am Stoff, am Drang der darzustellenden Ereignisse und Erlebnisse liegen mag.

Es gibt eine Ballade von Chamisso, „Die Männer im Zoptenberge". Es waren drei Ritter, die einst in Stolz und Üppigkeit gelebt und arge Schandtaten vollbracht hatten. Zur Strafe sind sie in den Berg gebannt. Dort findet sie Johannes Beer aus Schweidnitz, ein schlichter, frommer Mann, und befragt sie:

Drauf er: Ob zu den Werken sie sich bekennten? „Ja!" / Ob solche gute waren, ob böse? – „Böse ja –." / Ob leid sie ihnen wären? Sie senkten das Gesicht, / erschraken und verstummten; sie wüßten's selber nicht.

(1969)

Helmuth James von Moltke

Als 1967 Gerrit van Roons großes Werk über Helmuth James von Moltke und den „Kreisauer Kreis" – ‚Neuordnung im Widerstand' – erschienen war, schrieb einer von des Kreises Überlebenden, Eugen Gerstenmaier: „... Die Gestalt Helmuth von Moltkes verdient ihrem menschlichen Range wie ihrer geschichtlichen Bedeutung nach seit langem eine ihr angemessene große Biographie. Für eine solche bietet van Roons Buch eine ... Fülle wichtigen Materials ..." Die große Biographie ist nun da und ist so erschöpfend wie 379 eng gedruckte Seiten sie machen konnten. Es ist gut und ist gerecht, daß sie von zwei englischen Schriftstellern stammt, obgleich man auch wieder fragen könnte, warum kein deutscher Historiker ein Gleiches versuchte. Nun, auch die Biographien Adam von Trotts und Adolf Reichweins kamen uns aus England. Man hat dort dem deutschen „Widerstand" von jeher ein generöses Interesse entgegengebracht; wobei das Gefühl mitgesprochen haben mag, daß Englands großer Kriegspremier zur rechten Zeit nicht groß war gegenüber seinen heimlichen, tragischen deutschen Bundesgenossen.

Die Autoren waren Moltkes Freunde. Sogar während des Krieges schickte er ihnen kurze, persönliche Briefe – die politischen waren für andere, nie erreichte Adressaten bestimmt. Gelegentlich, selten, erscheinen sie in dem Buch mit ihren Initialen, MB, JF. Ihre Arbeit ist eine wissenschaftliche, zugleich ein letzter Freundschaftsdienst.

Sie waren in dem Vorteil, aus zahlreichen Werken schöpfen zu können, die nach van Roons Monographie erschienen: Bethges ‚Dietrich Bonhoeffer', Steinert, ‚Hitlers Krieg und die Deutschen', Paul Hoffmann, ‚Widerstand, Staatsstreich, Attentat', Scheurig, ‚Deutscher Widerstand 1938–1944, Fortschritt oder Reaktion', Sykes, ‚Troubled Loyalty' und andere mehr. Besonders kam ihnen Eugen Gerstenmaiers knapper, nüchterner und meisterhafter Essay über van Roons Werk zustatten, wobei sie auch wieder einige von Gerstenmaiers Aussagen zu korrigieren oder zu nuancieren vermochten. Gerstenmaiers von ihm selber erlebte Thesen über den „Kreis", was er war und nicht war, was Moltke in ihm war und nicht, Initiator und Inspirator wohl, aber kein Kommandant, durften Balfour und Frisby im wesentlichen übernehmen. Korrespondenzen mit Persönlichkeiten, Deutschen, auch Amerikanern, die über Moltkes Wesen und Tun authentische Botschaft geben konnten, besorgten den Rest.

Dann die Hauptsache: Die Mitarbeit der Gräfin Freya von Moltke: die 1600 Briefe ihres Gatten, geschrieben zwischen 1929 und 1945, welche sie, unglaublicherweise, in unsere Zeit hat hinüberretten können. Aus dieser Masse suchte sie selber 580 aus, von denen die Autoren Gebrauch machten. Bei aller unvermeidlichen Beschränkung einen zu reichlichen, wie sie fürchten; zu Unrecht fürchten. Moltkes Briefe, insgesamt eine Art Tagebuch, sind so charakteristisch, so gescheit, oft so schön formuliert, oft so ergreifend, sie werfen ein so helles Licht auf ihn selber, auf seine engste und weiteste Umwelt, auf Gang und Stimmung der Ereignisse, daß auch ein Dreifaches nicht zuviel gewesen wäre. Freilich würde der Biograph es sich leicht machen, der *nur* aus Briefen schöpfte. Ergebnisse eigener Forschung, Analyse, Kritik machen den größeren Teil des Buches aus; auch Kritik an den Gedanken und Plänen seines Helden. Der naiven Idealisierung Moltkes, wie sie kurz nach dem Krieg in England im Schwange war, wollten seine Freunde nicht stattgeben. Mitunter ist man fast erleichtert, zu erfahren, daß er dennoch kein Heiliger war, daß er schwanken und irren konnte; daß neben hochfliegenden Bestrebungen und Sorgen auch gewöhnlich-menschliche ihn bewegten. Um den Menschen in seiner Umwelt ging es den Autoren vor allem, und da haben sie das Menschenmögliche erreicht. Wenn ich morgen das Gut Kreisau besuchte – ich weiß nicht, welchen polnischen Namen es jetzt trägt – das Schloß, das „Berghaus", ich würde glauben, schon dort gewesen zu sein, würde den letzten Schloßherrn mit seinen Bienen, seinen Kühen an der Arbeit sehen.

Er war zugleich Deutscher und Brite, darauf wird Gewicht gelegt. Eine Blutsmischung; eine zugleich starke und gebrochene oder verdoppelte Identität. Stimmig handelt das erste Kapitel von den Moltkes, den fernen nordischen Vorfahren, dem Feldmarschall, dem Vater, der des Feldmarschalls Großneffe und Erbe war; das dritte aber von Sir James Rose Innes, in Südafrika 1914 bis 1927 Oberster Bundesrichter, dessen Tochter Dorothy die Mutter von Helmuth James wurde. Dorothy von Moltke an Sir James: „Ich finde in ihm – Helmuth – viel von Dir ... oft, wenn von ethischen Fragen, von Recht gegen Opportunität die Rede ist, klingt es, als ob Du sprächest." Was hier „Erbmasse" war, was der Einfluß des Lebenden auf den Lebenden, denn Helmuth James kannte seinen bedeutenden Großvater gut, was auf ihn wirkte aus liberaler englischer Tradition, in deren Umkreis er sich lang und intensiv bewegte, das ist wohl so unentscheidbar wie gleichgültig. Direkt von Sir James mag eine Neigung zur Melancholie gekommen sein, die mit moralischer Unbeugsamkeit zusammenging: die Dinge waren nicht so, wie sie sein sollten, aber der Oberste Bundesrichter wollte handeln, wie er mußte. Darum sagte man ihm nach, daß er für die Politik, für den Kampf um die Macht und für den Kompromiß, nicht tauge. Eben darum meinen die Autoren, Helmuth James habe viele Gaben des Staatsmannes besessen, aber nicht alle, jedenfalls im Moment seines Todes nicht. Da war er noch jung, keine achtunddreißig Jahre; er hätte dazulernen können.

Es gibt noch einiges in seinem Leben, was ihn von seinen Freunden, Standesgenossen, Mitstreitern in Deutschland unterschied, mehr oder weniger, und was man mit der englischen Schicht seiner Existenz in Verbindung bringen mag. Er war nicht nur kein Nationalist – das waren die Peter York, Adam von Trott, Theo Haubach auch nicht. Wenn er je „national dachte" – ein deutscher Ausdruck, für den es kein englisches Äquivalent gibt – so gab er diese Gewohnheit seit Hitlers „Machtergreifung" zusehends auf. Schon 1929 schrieb der Zweiundzwanzigjährige an den Großvater: „Meinem Gefühl nach bin ich erstens an Europa gebunden, zweitens an Deutschland, drittens an Ostdeutschland, viertens an das Land. ,Ich bin gebunden' heißt, daß ich mich verantwortlich fühle, wobei das Maß der Verantwortung sich in dem Maß verringert, in dem der Umkreis sich erweitert. Das, wohin mein Verantwortungsgefühl mich bei weitem am stärksten zieht, ist der landwirtschaftliche Osten Europas."

Zu ihm rechnete er nicht nur Ostdeutschland, auch Polen. Während der letzten Jahre des Krieges war er bereit, im Gegensatz zu praktisch allen seinen Freunden, die politische Einheit Deutschlands aufzugeben, wenn nur seine Stücke Schutz fänden unter dem Dach einer europäischen Konföderation. Mehr: er sah die Annexion Schlesiens durch die Polen – oder Tschechen – als unvermeidlich voraus und nahm sie mit Gleichmut an. Mit scheinbarem Gleichmut. Wenn je ein Mensch seine Heimat liebte, Kreisau und was darum lag, so war er es. Der vorweggenommene Verzicht darauf muß ihm bitter schwergefallen sein – eine der Selbstüberwindungen, zu denen er sich erzogen hatte. – Moltke, notierte sich Ulrich von Hassell, denke angelsächsisch und pazifistisch. Das hieß, er dachte für den nationalkonservativen Hassell befremdlich oder als ein Fremder; eine Spur von Befremdlichem muß für Nur-Deutsche immer in ihm gewesen sein.

Der Schüler, in Schondorf am Ammersee, lehnte sich gegen die Forderungen und Einrichtungen des Landerziehungsheims auf; das sei alles Heuchelei und Künstelei … Nach einer Weile ging er zurück auf ein staatliches Gymnasium. Der Schreibende, der zur selben Zeit eine Schule des Schondorfer Typs besuchte, sieht den hochgewachsenen, hochintelligenten, furchtlosen, herausfordernden Knaben vor Augen: er imponierte, er bildete einen kleinen Kreis von Anhängern, er stieß ab. Zu einem Teil mag er wohl recht gehabt haben; Kinder jenes Alters sind, neben anderem, ein verworrenes, gärendes, manchmal törichtes Pack; man kann sie nicht durch ein paar Lehren und Regeln zu jungen Rittern machen. Zu einem Teil hatte er unrecht, ja, widerlegte er sich durch sein eigenes Wesen. Denn, was man in deutschen Landerziehungsheimen der zwanziger Jahre eine „Führernatur" nannte, war er schon und blieb es. Er wäre der ideale Schüler Kurt Hahns gewesen, eines anderen Anglo-Germanen, der einen so idealen nie gehabt hat; der Mut, die Wahrheitsliebe, die selbstverständliche Bereitschaft, Verantwortung für andere und anderes; der Wille zu helfen – Kurt Hahns „Samariterinstinkt"; – die Sicherheit des Auftretens, in früher Jugend offenbar mit ein wenig Arroganz verbunden. „Individualist", paßte er nicht in die „Gemeinschaft" des Landerziehungsheims, hätte aber, bei geringer Korrektur, ausgezeichnet in sie gepaßt als „Wächter", Ratsvorsitzender oder was noch. Wie deutlich wird das; wie deutlich werden etwas später die sehr zeittypischen, sehr deutschen, idealistischen Bestrebungen und Sehnsüchte des jungen Menschen. Zusammen mit einem Lehrer, Professor Eugen Rosenstock, und ein paar Freunden organisierte der Jurastudent 1928 in seinem Schlesien Lager für Studenten, Arbeiter und Bauern. Begegnung der Klassen in rüstiger Gemeinsamkeit, Überwindung des Klassenkampfes. Überwindung der beruflichen Einseitigkeiten und Abstraktionen: vormittags harte körperliche Arbeit, nachmittags Vorträge und Diskussion, etwa über ein gesundes Leben in der Industriegesellschaft, abends Spiele, Singen, Theater. Man nahm dergleichen sehr ernst um 1930, man hätte darüber gelacht vorgestern, man wird morgen vielleicht schon wieder nicht darüber lachen. Ernst nahm sich auch Helmuth James. An die südafrikanischen Großeltern: „Ich werde die eine Abteilung übernehmen und mich von dem Rest befreien, denn ich kann nicht alles tun. Es ist schade, denn sicher wäre ich besser an der Spitze des Ganzen als nur einer Abteilung, und mein Nachfolger wird, fürchte ich, die Arbeit nicht leisten können, die ich am Anfang getan habe." Man kann nicht sagen, daß der Einundzwanzigjährige sich unterschätzte.

Er hatte es leicht; begabt und gescheit, gut aussehend, weltläufig in einer Zeit, in der die Nur-Deutschen noch provinziell waren über alle heutige Vorstellung; ein klingender Name. Er besuchte den alten Kaiser Wilhelm in Doorn und erdreistete sich auf die Frage nach dem Regiment, in dem sein Vater gedient habe, zu antworten: „Keine Ahnung, Majestät." Militär interessierte ihn nicht; die Hohenzollern interessierten ihn auch nicht. Menschen interessierten ihn, auch solche in hohen und höchsten Ämtern; weniger privilegierte Altersgenossen staunten über den Rang seiner Bekanntschaften. Glück half dem Verdienst nach. Er gelangte in die Nachbarschaft von kreisbildenden Persönlichkeiten, Eugenie Schwarzwald, die am Grundlsee die Schriftsteller, Künstler und Gelehrten Österreichs um sich zu versammeln verstand. Dorothy Thompson und Edgar Anselm Mowrer, amerikanische Reporter in Berlin, frühe Kenner und Hasser des Nationalsozialismus. Mit „Hans", dem fingierten Adressaten, dem Miss Thompson während des Krieges über eine Radiostation ihre politischen Botschaften zugehen ließ, war Helmuth James gemeint. Übrigens hätte kein anderer der mitunter etwas indiskreten Belehrungen Miss Thompsons so wenig bedurft wie gerade dieser ... In Grundlsee lernte er seine Frau kennen, Schwester eines Schondorfer Schulkameraden. Die Ehe, nach dem Zeugnis jener 1600 Briefe, war, was man vollkommen glücklich nennt; für den trotz aller Geselligkeit zur Vereinsamung Neigenden ein nie versagender Trost. Der Gang der Dinge brachte häufige lange Trennungen mit sich; sonst hätten die 1600 Briefe nicht sein müssen.

Er hatte es schwer. Schwer, so wie er gemacht war; allzu unabhängig in seinem Denken, allzu radikal in seinen Forderungen an die Welt, grüblerisch mit einem Anflug von Poesie, jedoch, wie die Autoren betonen, ohne eigentlich „Intellektueller" zu sein. Schwer, mit einem Schlag, im Ökonomischen. Denn 1929 stellte sich heraus, daß der Kreisauer Gutskomplex, an sich vergleichsweise geringen, unfruchtbaren Boden umfassend, vor dem Bankrott stand. Der Vater, der aus der Fülle gewirtschaftet hatte, wo längst keine gewesen war, zog sich nach Berlin zurück, wo er Christian Science lehrte; zu retten, was zu retten war, oder die klägliche Auflösung durchzuführen, überließ er dem ältesten Sohn. Der Zweiundzwanzigjährige ging ans Werk. Hier zeigte er zum ersten Mal, was er konnte und später wohl auch im Großen gekonnt hätte, wenn er gewollt hätte oder das Glück ihm günstiger gewesen wäre. Er konnte administrieren. Er konnte seinen Stand nehmen, einer gegen viele; seine Gläubiger in qualvoll-geduldigen Verhandlungen davon überzeugen, daß es besser für sie war, auf ihn zu setzen, als das Gut weit unterm Wert zu verkaufen. Nach sieben Jahren, mit Sparsamkeit bis zum Äußersten, hatte er es dahin gebracht, daß die Hälfte der Schulden gedeckt, für den Rest der Zahlungsdienst gesichert war, dazu noch ein kleines Einkommen für die Familie erwirtschaftet werden konnte. Von ihm selber und den Seinen hieß es bis zum Schluß, daß sie einfacher lebten als die Bauern ringsumher. Daran lag ihm nichts; an Kreisau lag ihm, am „Segen der Erde" – man muß und darf sich nicht scheuen, solchen Ausdruck zu gebrauchen, wenn man denn über Moltkes Biographie referiert. Um so zäher hing er an dem Ort, weil er den Zug von Heimatlosigkeit, der in ihm war, bannen oder bewältigen half. Auf die Dauer in Kreisau leben mochte er dennoch nicht. Ab und an, ja, aus der Ferne dafür sorgen, davon träumen, ja; nicht immer dort sein. Sein Tatendrang reichte weiter.

Er hielt sein Talent für ein sehr persönliches oder sehr allgemeines; nicht für ein spezielles durch ein ausschließliches Fach zu bindendes. Das heißt, er hielt es für ein politisches. Politiker wollte er werden, ob aus angeborener Verantwortung für seine Mitmenschen oder zur Verwirklichung der eigenen Persönlichkeit, kommt auf das gleiche hinaus. Sein Studium der Rechte, verbunden mit Soziologie, politischer Wissenschaft und anderen solchen vage umgrenzten Disziplinen war Vorbereitung dafür. Wenn er schwankte, ob er etwa zum IG-Farbenkonzern gehen sollte, dem Chemie-Giganten, oder arbeiten als Assistent von Mr. Mowrer, oder als Reporter in New York – aber er tat keines davon – so war es nur die Frage, wie er, einstweilen, Erfahrungen sammeln und etwas Geld verdienen könnte. An den Großvater: „Politische Probleme kann man nur lösen lernen, indem man sich allem und jedem Studium ergibt … Im Augenblick, in dem ich mich auf nur eine einzige Seite eines Problems konzentriere, werde ich zum ‚Experten‘, und sobald man ein ‚Expert‘ ist, ist man für die Politik verloren." Also kein „Fach-Idiot", wie man im heutigen deutschen Jargon sagen würde. Leider konnte er Politiker nicht werden. Vor 1933 war er zu jung; wäre übrigens als Mitglied der letzten wüsten Reichstage der Weimarer Republik schwer vorzustellen. Danach ging es nicht mehr. Aber erstaunlich gut war in jenen fürchterlichen Jahren, 1930 bis 1933, sein politisches Urteil. Er mißbilligte die „Notverordnungen" des Reichskanzlers Brüning, als in gleicher Weise ruinös für die Verfassung und die Ökonomie. Bei den Präsidentenwahlen von 1932 entschied er sich für den kommunistischen Kandidaten – heimlich übrigens und in der benachbarten Stadt, denn die Bauern von Kreisau hätten den einsamen Wähler erraten und wären entsetzt davon gewesen. Ein Akt spielerischen Trotzes; natürlich wußte er, daß Ernst Thälmann keine Chance hatte, vermutlich auch, daß er ein eher trübseliger Mensch war. Wir anderen alle, an der Spitze die Sozialdemokraten, glaubten damals an Hindenburg als den Retter vor der Nazi-Diktatur; Moltke nicht. Hinter dem Mythos sah er den egoistischen, treulosen Greis, der die Demokratie weder retten konnte noch wollte. Als dann, dreiviertel Jahre später, der Retter den anderen Retter an die Spitze der Regierung berief, als wieder wir alle anderen, wieder an der Spitze die Sozialdemokraten, das Ereignis als ein normalkonstitutionelles, flüchtiges, untragisches nahmen, war es wieder Moltke, der es erkannte: eine Katastrophe von unermeßlichen Folgen. – Viel Einsicht, viel Instinkt.

Es ging ihm, von außen gesehen, so schlecht nicht während der folgenden sechs Jahre, obwohl er dem neuen Regime nicht die mindesten Konzessionen machte, oder eben, weil er ihm keine machte. Darüber schrieb er im zweiten Jahr des Unheils einen soziologischen Aphorismus, souverän in seinem Scharfblick und Hohn, nämlich: es gibt in Deutschland jetzt eine Pyramide von sieben Stufen. Zuunterst bescheiden-wohlhabende Juden, die noch etwas zu verlieren haben. Darüber arme Juden, dann Parteimitglieder, die es erst 1932–1933 wurden, dann Bürger, die zwar nicht Mitglieder wurden, aber jetzt der Partei sich anschmeißen, dann sehr reiche Juden, denen man nicht alles rauben kann, ohne eine wirtschaftliche Katastrophe anzurichten, dann Parteimitglieder mit Ausnahme der schon genannten unseligen Kategorie, dann, letztens und höchstens, Arier reinster Abstammung, deren Patriotismus über und deren sozialistische Neigung unter allem Verdacht steht. Zu dieser Klasse rechne er sich selber oder werde dazu gerechnet, und folglich genieße er alle möglichen Freiheiten, zum Beispiel, jene, sich um die Partei überhaupt nicht zu kümmern … Es sollten später andere Analysen der deutschen Gesellschaft aus Moltkes Feder kommen, ernster, viel ernster, aber immer gleich klug und nie ohne die Anmut, die aus Überlegenheit stammt.

Stimmungen – er kannte schwärzere schon in jenen vergleichsweise noch harmlosen Zeiten. Gegenüber dem amerikanischen Journalisten Wallace Deuel, Mowrers Nachfolger, der seinen Verkehr mied, um ihn nicht zu kompromittieren, erklärte er sich: „Neulich ging ich durch alte Familienpapiere und fand, was ich vermutete: die Moltkes waren auf der verlierenden Seite durch eine Anzahl von Generationen, praktisch in jeder großen Krise der Geschichte, und gewöhnlich hat einer von der Familie dabei seinen Kopf verloren. Das wird wahrscheinlich auch diesmal geschehen. Aber es gibt eine ganze Menge von uns, und ich habe dafür gesorgt, daß einige übrigbleiben werden. Einstweilen werde ich umgehen, mit wem ich will." Eine Ahnung, eine Möglichkeit, kein Vorwissen. Die Gabe des Zweiten Gesichts besaß er nicht; die einzige Vision, die er je gehabt zu haben scheint, eine Art von Tagtraum, während dessen er sich, durch Kreisau wandelnd, plötzlich 40, 50 Jahre später sah als einsamer alter Mann – der Traum ist nicht Wahrheit geworden.

Die Autoren versuchen zu erklären, warum Helmuth James nicht emigrierte: alle Nazi-Gegner, alle „guten Deutschen" hätten das ja, rein praktisch, unmöglich tun können. Der nächste Satz ist besser: freiwillige Emigration bedeutete, „das eigene Land und die eigenen Landsleute in einer Zeit der Not im Stich zu lassen". Das war es. Momentweise hat er die Auswanderung erwogen, jedoch gemeint, die Möglichkeiten, sein und seiner Familie Brot in England zu verdienen, ständen 1 zu 99. Da, glaube ich, irrte er. Um von England abzusehen – wer das ruinierte väterliche Gut so wieder auf den Damm brachte, der hätte in den Vereinigten Staaten sich gewiß durchgesetzt, und an guten Beziehungen fehlte es weder hier noch dort. Er wollte nicht.

Entfremdung äußert sich in seinen Briefen während der folgenden zehn Jahre, Entfremdung und Ekel. Ekel vor den einzelnen; auch Ekel vor den Massen. Balfour und Frisby beeilen sich zu entschuldigen: nicht die Masse der Menschen als solche habe er gemeint, sondern die Tyrannei, die sie so gemacht hatte, wie sie jetzt erschien. Das kann belegt werden, zum Beispiel durch die Beschreibung des wimmelnden Breslauer Bahnhofs während des Krieges: „Aber alle diese Leute, die da vorbeizogen, waren Typen und keine Menschen. Es war Schlacht- und Arbeitsmaterial, es waren Maschinen, die eine bestimmte Funktion in einem Prozeß haben. Die Bewegung, in die alle diese Wesen gerissen worden sind, hat ihre menschlichen Verbindungen zerrissen. In Afrika nennt man das *detribalised* und knüpft daran die Vorstellung, daß damit die Neger unregierbar und regierungsunfähig werden. Aber bei uns ist es der gleiche Vorgang." Wenn aber die Tyrannei die Massen so gemacht hatte, wie sie nun waren, so hatten schließlich auch die Massen die Tyrannei gemacht, wie sie war; ein Grad von Affinität mußte sein zwischen beiden, und er sah auch das. Gelegentlich der Olympischen Spiele 1936: „Berlin ist fürchterlich. Unter den Linden schiebt sich eine geschlossene Masse Menschen vorbei, um die

Fahnen zu besehen. Und was für Menschen. Ich habe nie gewußt, daß es so etwas gibt. Wahrscheinlich sind das die Nationalsozialisten, die ich ja auch nicht kenne." Wer war es? Arbeiter? Kaum. Überwiegend wohl, was die Autoren „lower middle-class" nennen; die sei durchweg „Nazi" gewesen. Ähnlich urteilte Moltke; freilich ist lower middle-class ein Sammelbegriff, der viel Differenziertes vage umfaßt. Während des Krieges über eine Schiffsreise nach Schweden: „Das Schiff war bequem, die Reisegefährten einfach peinlich und furchtbar. Ich hätte am liebsten nur englisch gesprochen, um mich von dieser Bande von Räubern und Knoten zu distanzieren. Abgesehen von ein oder zwei Leuten, die erträglich waren, und den Stewards und einigen deutschen Vorarbeitern, die dritter Klasse fuhren, war das Schiff nichts als Abschaum des deutschen Mittelstandes. Angestellte von Firmen, die in Oslo arbeiten und deren Unterhaltungsgegenstand in Schieber-Geschäften bestand und im Versuch, soviel wie möglich auf dem Schiff zu essen, zu trinken und zu rauchen und Vorräte zu kaufen. So bildeten sich vor dem Zigarettenverkaufsstand sofort Schlangen."

Die Oberschicht? Die wohlerzogenen Leute? Über sie, hohe Offiziere, hohe Bureaukraten, schrieb Moltke nach langer Beobachtung einmal nieder, was ebenso erwähnenswert ist: sie oder doch ein großer Teil von ihnen seien wie ein Chamäleon; ohne moralische Substanz, im Sinn bloßer Opportunität handelnd; anständig in anständiger Umgebung, gemein in gemeiner.

Noch einmal, es ging ihm äußerlich vergleichsweise gut in jenen sechseinhalb Friedensjahren. Da war Kreisau, die geliebte Frau, Kinder kamen nach. Da war eine Anwaltskanzlei in Berlin, in der er seinen Beruf ausüben konnte. Überwiegend deprimierende Arbeit, Hilfe für Juden, die auswandern wollten und Ähnliches; aber nicht ohne Befriedigung für seinen „Samariter-Instinkt". Da war, was Balfour und Frisby eine Rettungsleine nach England nennen, a Lifeline to England. 1937 konnte er schreiben, er habe jetzt mehr Freunde in London als in Berlin. Freunde, darunter die beiden Autoren und Lionel Curtis, Fellow von All Souls College, Moralist, Staats-philosoph und Politiker auf eigene Faust, von bescheidener Stellung, aber weitverzweigter Aktivität. Durch Curtis lernte er einige große Herren des Landes kennen, die Lords Halifax, Astor, Lothian, den Bischof Headlam von Gloucester. Die drei letzteren gehörten dem sogenannten Cliveden Set an, einer Gruppe von Politikern, die wir Emigranten wenig liebten, denn sie galten als geistige Väter der „Appeasement-Politik". Gegen die war Helmuth James auch. Er bestritt in einem Gespräch mit Lothian, was die wohlmeinenden, aber unwissenden Briten glaubten, was auch in Deutschland nur zu gern geglaubt wurde, daß Hitler, so wie er jetzt noch war, ein Produkt der „Schmach von Versailles" sei, und prompt sich bessern werde, wären nur die ungerechten Bedingungen des Vertrages beseitigt. Er warnte davor, ihn in dem Glauben zu wiegen, England könnte in einem europäischen Krieg den neutralen Schiedsrichter spielen. „Appeasement" schob den Krieg allenfalls auf, aber machte ihn um so sicherer, indem es ihn aufschob. Das war seine Ansicht – wenn je der nachmals erfundene Ausdruck „innere Emigration" zutraf, dann für ihn. Es war nicht die Ansicht eines anderen jungen Deutschen, den er zum ersten Mal in Oxford traf, Adam von Trott. Die Autoren machen hier eine Unterscheidung. Trott, Hasser der Nazis auch er, wollte trotzdem ein loyaler Patriot sein; Moltke nicht. Er war über die Schranken „nationalen Denkens", wenn sie ihn je gehalten hatten, nun hinausgekommen. Trotzdem und immer sah er für die Verwirklichung seines politischen Dranges kein anderes Land als das, in dem er geboren war. Bekanntlich haben einige deutsche Emigranten, Professoren zumal, es in der amerikanischen Politik oder deren Umkreis ziemlich weit gebracht. Wer würde es ihnen vorwerfen? Nur, der Eine ist so und der Andere anders. Moltke war zu stolz und zu taktvoll dafür.

Auch in jenen sechseinhalb Friedensjahren, besser, Jahren ohne Krieg, bot das Dritte Reich seinen Untertanen eine Kette von Sensationen, Krisen, Triumphen, Rache-Freuden, eine Kette, deren Glieder enger und enger aneinanderrückten. Der Tyrann hatte Eile. Wer hoffte, trotz allem sich dauernd einzurichten, dauernd für ein paar Jahre, auf einer Insel in einem Meer von Kot, dem wurde die Illusion raschestens genommen, wieder und wieder. Eine solche Katastrophe war für Moltke der „Anschluß", die Eroberung Österreichs von außen und von innen. Auseinanderstieben des Freundeskreises dort, Verhaftungen, Selbstmorde, Flucht. Las er damals, wie anzunehmen ist, die ‚Times', so fand er keinen Trost darin; das majestätische Blatt, erinnere ich mich nur zu gut, hatte an dem Ereignis nur Schönheitsfehler milde zu tadeln. Warum, deutete der Kommentator an, sollte 1938 zwischen Deutschland und Österreich nicht geschehen, was 1707 geschehen war zwischen England und Schottland? Welchen Grund zum Streit gab es nun zwischen Great Britain und Great Germany, dem Vereinigten Königreich und dem Vereinigten Reich? ... Eugenie Schwarzwald, die Gastgeberin vom Grundlsee, hat der Schreibende damals in Zürich getroffen. Ausgeplündert und heimatlos, war sie hilfreich wie immer, voll ungebrochenen Lebensmutes.

Eine zwischen Deutschland und England geteilte, halbwegs internationale Existenz hoffte Helmuth James sich zu schaffen, indem er sich als britischer Barrister qualifizierte. Die Vorbereitung dafür brachte die Annehmlichkeit häufiger Reisen nach England mit sich – es werden wenigstens siebzehn gezählt; die Examina, kein leichtes Stück, bestand er in den Jahren 37 und 38. Er war in England während der Tage von „München", die einmütige Bereitschaft der Nation freudig beobachtend, deprimiert von dem Ende. Es ist unbekannt, ob er irgend etwas von der deutschen Generalsverschwörung wußte, die damals bestand, und von der die Autoren treffend sagen, man könne nicht wissen, zu was sie geführt hätte, ohne die Kapitulation der Westmächte in München; nur, daß dann alles ganz anders gekommen wäre, als es wirklich kam.

Helmuth James, überarbeiteter Student in Oxford und London, konnte so oder so keinen Einfluß darauf nehmen; noch immer ein bloßer Beobachter, manchmal verzweifelt, dann sehnte er sich aus Deutschland fort, es sei ja alles falsch, was man dort trieb, auch, was er selber trieb, sei nichts als Firnis der Zivilisation über Greueln und Verbrechen – manchmal hoffend. Auf Krieg? Ihn zu wünschen hätte in der Logik seiner Situation gelegen, aber es gibt kein Zeichen dafür. Wer es mit seinen Mitmenschen gut meinte, konnte ja wohl, in unserem Jahrhundert, Krieg unter keiner Bedingung wünschen. Aus „München" zog er die machtpolitischen Konsequenzen, die in dem Vertrag zu liegen *schienen*, nämlich, daß England Osteuropa praktisch abgeschrieben hatte. Also würde kein Krieg sein, und würde er das Ende der regierenden Infamie nicht erleben; viel wahrscheinlicher, daß Abarten des Faschismus sich breitmachen würden auch in Frankreich, auch in England. Im Juni 39, während schon die letzte, die polnische Krise ihrem Höhepunkt zustrebte, war er noch einmal in London mit seiner Frau und mietete ein Zimmer dort für den kommenden Winter: Er sei nun doch soweit, einige gewinnbringende Arbeit in England verrichten zu können. – Wir irren in solchen Krisen; die Klarsichtigsten wie die Blindesten. Im Vorjahr hatte er Englands Entschlossenheit überschätzt; jetzt sah er Defaitismus, wo keiner war.

Anders im August. Um nicht Soldat werden zu müssen, wovor anfangs eine kränkliche Konstitution ihn ohnehin schützte, suchte und fand er einen Platz in der „Abwehr", Amtsgruppe Ausland, Unterabteilung Völkerrecht; der ihm anvertraute Überwachungsdienst galt der wirtschaftlichen Kriegführung. Von dem Barrister durfte man Kenntnisse des internationalen Rechts, auch der englischen Ökonomie erwarten; so daß, in gänzlich ungeplantem Sinn, seine englischen Studien sich doch gelohnt hatten. Die „Abwehr" stand direkt unter dem Oberkommando der Wehrmacht. Ohne Uniform zu tragen, erhielt Moltke das Maß von Schutz und Unabhängigkeit, das, trotz der Ereignisse vom Februar 1938 und späterer Ereignisse, die Armee noch immer geben konnte. Daß gerade die „Abwehr" ein „Verschwörernest" war – Aussage des Generals Jodl – ahnte er noch nicht. Deutsche Verschwörer gegen Hitler hatten ein langes, vorsichtiges, immer gefährliches Spiel zu treiben, ehe sie einander erkannten.

Er blieb in Freiheit fünf Jahre und vier Monate lang. Diese Epoche seines Lebens ist die intensivste, reifste, reichste und nobelste; alles Frühere nur Vorspiel und unbewußtes Training für sie. Die Autoren haben sie unterteilt in nicht weniger als 13 Kapitel mit Titeln wie „Vertrauenskrise", „Das Haupt über Wasser", „Zwischenspiel", „Neuer Impetus" und so fort. Kapitel mußten sein. Mehrfach nahm der Krieg tief veränderte Formen an, auf die auch der Held dieser Biographie reagierte. Im Grunde bleibt es trotzdem eine monotone Geschichte. Der Zweite Weltkrieg bietet nicht das politische Interesse, das der Erste vergleichsweise noch immer bot: die verlorenen Möglichkeiten, Frieden zu schließen, die innere Entwicklung, in Deutschland zugleich hin zur Demokratie und hin zur Generaldiktatur, der Wettlauf zwischen beiden. Nichts davon jetzt, dafür hatte Hitler gesorgt. Spätestens seit dem 7. Dezember 1941 war der Gang der Dinge mit Sicherheit vorauszusehen, wie grauenvoll lang es danach auch noch dauerte. Der deutsche Widerstand bildet eine Ausnahme. Die für ihn dachten und handelten, gebrauchten das Wort „Widerstand", eine Übersetzung von „Résistance", nicht; Balfour und Frisby gebrauchen es, weil sie kein anderes haben. „Opposition" klingt ihnen zu harmlos, zu konstitutionell. Wie man weiß, haben die Alliierten, oder späteren Alliierten, nämlich Churchill und Roosevelt, seit Sommer 1940 keinen deutschen Widerstand gekannt oder kennen wollen. Ein menschlich unschöner, vielleicht auch unpraktischer Irrtum.

Um von Moltkes Tätigkeiten und Schicksalen während des Krieges einen verkürzten Begriff zu gewinnen, wird man sie in vier unterschiedene Bereiche auseinanderlegen dürfen: Seine legale oder scheinbar legale Berufsausübung in der „Abwehr"; seine nichts weniger als legalen Kontakte mit dem so ganz anders gearteten Widerstand in den von den Deutschen besetzten Ländern; seine Gedanken-Arbeit an dem, was danach, nach der deutschen

Niederlage, sein sollte; seine Nähe oder Nicht-Nähe zu Staatsstreich und Attentat. In Wirklichkeit verschwamm das natürlich alles ineinander. Weislich trennen die Autoren einer ausgewachsenen Biographie es nicht so scharf, wie es in einem bloßen Referat geschehen muß.

Der Völkerrechts-Spezialist tat, redete, kämpfte so, als ob Deutschland ein normales Subjekt des Völkerrechts wäre. Natürlich wußte er, daß es das nicht war und die Herrschenden an gar nichts glaubten als an das gnadenlos zu übende Recht des Stärkeren. Er spielte den Unwissenden: Wenn der „Führer" oder seine Lakaien die und die mörderischen Befehle hatten ausgehen lassen, so waren sie offenbar falsch beraten, falsch informiert, man mußte sie aufklären über die Rechtslage, oder das eigene Interesse, oder beides. Französische Kriegsgefangene, deren Gefangenen-Status an sich angefochten werden konnte, nach Deutschland zu verschleppen, war unpraktisch; die Franzosen würden bei sich zu Hause dem deutschen Krieg viel nützlichere Dienste leisten. Wenn ein neutraler Staat einige seiner Schiffe an England abtrat und das Auswärtige Amt folgerte, alle Schiffe des Unfreundes unterlägen nun deutscher Beschlagnahme, so entsprach das der völkerrechtlichen Praxis keineswegs. Der „Kommissars-Befehl" war gegen die Haager Landkriegsordnung und obendrein gefährlich, denn auch die Russen hatten nun deutsche Gefangene in ihrer Hand und konnten mit gleicher Münze zahlen. In solchen Redekämpfen stand Moltke manchmal als Einer gegen Vierundzwanzig, geistesgegenwärtig, unerschöpflich tapfer und zäh, wie ehedem gegen seine Gläubiger von Kreisau. Manchmal gewann er und war dann glücklich; aber der Gegner sei wie eine Hydra. Ich glaube, daß er seine Möglichkeiten überschätzte, und daß auch Balfour und Frisby sie überschätzen; ein einzelner in untergeordneter Stellung konnte Hitlers Kriegführung nicht wesentlich ändern. Er brauchte die Illusion. Wenn er später seine legale Aufgabe definierte durch den Zweck „im Detail Unglück zu verhüten", so kam er der Wirklichkeit näher. Er focht wie ein Löwe um das Leben

214

eines französischen Offiziers, der, wie zum Schluß sich herausstellte, niemals existiert hatte. Einem englischen, in Jugoslawien gefangen und nach Berlin gebracht, um dort exekutiert zu werden, rettete er wirklich das Leben, indem er ihm den Status eines regulären Kriegsgefangenen erkämpfte; danach gab er ihm ein „englisches Frühstück" in seiner kleinen Berliner Wohnung. Im Detail Unheil verhüten. Auch im Großen. Auch für die Juden in Polen, für die Russen in den eroberten Gebieten glaubte er rettend wirken zu können, und es mag sein, daß ohne ihn einiges noch etwas früher noch etwas fürchterlicher gekommen wäre, aber seine Erfolge, wenn es sie gab, sind nicht greifbar. Dachte er in der Nacht an Juden und Russen, so konnte er nicht schlafen. Die Qual wuchs mit der Zeit: „Darf ich denn das erfahren und trotzdem in meiner geheizten Wohnung am Tisch sitzen und Tee trinken? Mach ich mich dadurch nicht mitschuldig? Was sage ich, wenn man mich fragt: Und was hast *Du* während dieser Zeit getan?" Die Frage hätte er beantworten können.

Was für seine offizielle oder durchschnittliche Umgebung gute Nachrichten von den Kriegsschauplätzen waren, waren schlechte für ihn und umgekehrt. Hier ist nur eine flüchtige Einschränkung zu machen, welche die ersten Wochen des russischen Feldzugs betrifft. Rasch erkannte er, daß Rußland militärisch viel stärker sei, als man in Berlin geglaubt hatte, war aber im Moment nicht froh darüber. Einmal, kurz, waren auch für ihn die guten Nachrichten die guten, die schlechten die schlechten. Es geht dies aus seinen Briefen deutlich hervor, obgleich Balfour und Frisby keine Erklärung dazu geben. Wäre sie schwer zu finden? In der Diktatur Stalins sah Moltke eine Gefahr, wenn nicht im besonderen für Deutschland, so doch im allgemeinen für Europa, und also für Deutschland auch. Konnte die Invasion zu einem Umsturz in Moskau, zu einer Art von russischer Regierung führen, die für Europa keine Bedrohung wäre? Das, so scheint es, hätte er im Moment begrüßt. Was die Deutschen in Rußland trieben, ließ die Hoffnung schnell versinken, sie war folgenlos. Aber es ist gut, daß Freya von

Moltke ihre Zeugnisse keineswegs unterdrückte. Helmuth James Moltke kam dem Bild eines vollkommenen Menschen nahe. Aber, gottlob, ein vollkommener Mensch war er nicht; sein Urteil schwankte, seine Wünsche schwankten auch; manchmal wußte er nicht mehr, was er noch wünschen, hoffen, planen, tun sollte.

Dann und jetzt fand er Halt in der Religion. Unmöglich, zu sagen, wann seine religiöse Selbstbesinnung begann, was vorher war, welchen Einfluß neue Freunde, die er suchte und fand, katholische Bischöfe, Jesuiten, protestantische Theologen darauf hatten. So einer wie Moltke tut gründlich, was er tut, aus freiem Willen, frei erworbener Überzeugung. An Lionel Curtis, 1942: „Sie werden sich vielleicht daran erinnern, daß ich in Diskussionen vor dem Krieg die These verfocht, für die Resultate, zu denen Sie gelangten, sei der Glaube an Gott nicht notwendig. Heute weiß ich, daß ich unrecht hatte, völlig unrecht. Sie wissen, ich habe gegen die Nazis gekämpft vom ersten Tag an, aber für das Ausmaß von Selbstgefährdung und Bereitschaft zum Opfer, das heute von uns verlangt wird und morgen von uns verlangt werden mag, genügen die rechten ethischen Prinzipien nicht ..."

Aus der Erfahrung eines militanten, mörderisch-destruktiven, pöbelhaften Atheismus und Nihilismus zog er den Schluß, daß Deutschland wieder christlich werden müsse; gewohnt, ein Beispiel zu geben, fing er bei sich selber an. Und ging er selber ziemlich weit; so weit, daß er als Christ das Attentat, die Ermordung Hitlers, verneinte. Dürfe man die Wiederherstellung christlicher Sittlichkeit beginnen mit einem Verbrechen? Bischof Berggrav von Oslo, heimliches oder nicht heimliches Mitglied des norwegischen Widerstandes, nach dessen Meinung in dieser schwierigen Sache er sich erkundigte, antwortete ausweichend: Tyrannenmord könne unter gewissen Bedingungen allerdings erlaubt sein, aber – fügte der Geistliche politisch hinzu – für die Deutschen sei es jetzt, 1943, wohl leider zu spät dafür. Moltke, für sich allein und mit anderen, bereitete eine neue Regierung für Deutschland vor – danach, mit oder ohne Attentat. Der Norweger wußte es besser.

Die neue Regierung, die neue Verfassung, der Neuaufbau der Gesellschaft, von unten her, von grundauf. Das waren die Themen des „Kreisauer Kreises". Der Name ist eine Erfindung der Gestapo. Die Sache – wann die begann, läßt sich nicht bestimmen, und ihre Umgrenzung auch nicht, der Kreis ging über in andere Kreise, berührte sich wenigstens mit ihnen, er hatte keine feste Identität. Fest steht nur, daß von seinen Inspiratoren Moltke der inspirierendste war und sich auch dafür hielt; für ein ordnendes Zentrum. In Kreisau fanden 1942–43 nur drei große Treffen statt; andere auf den Gütern des Grafen Peter York; andere, und unvergleichlich häufigere in Berlin. Nicht jedesmal waren alle da, manchmal nur wenige, oft fehlten die bedeutendsten Mitglieder, insofern man von Mitgliedschaft überhaupt reden kann. – Eine genaue Tafel belehrt über die Häufigkeit der Treffen, die Namen der Teilnehmer da und dort.

Den Autoren liegt daran, daß Moltke radikaler war als die anderen, seine engeren Bundesgenossen; viel radikaler als Goerdeler und General Beck, mit denen man sich einmal traf und die er „die Exzellenzen" nannte. Es könnte jedoch da etwas vom Hochmut der Jugend gegenüber dem Alter im Spiel gewesen sein. Denn wenn auch Goerdeler, nach dem Ausdruck seines Biographen Gerhard Ritter, „tiefes Heimweh nach der sonnigen bürgerlichen Welt des 19. Jahrhunderts" empfand, wenn er, scharfer Kritiker von Regierung und Gesellschaft unter Wilhelm II., seiner Sympathien für die fromme, christlich-anständige Obrigkeit im Stil Wilhelms I. sich nicht schämte, so gab er sich doch die redlichste Mühe, ein Mann seiner eigenen Zeit zu sein. Der Demokratie machten seine Verfassungsprojekte kaum weniger Konzessionen als Moltke; den politischen Parteien mehr als Moltke, den Gewerkschaften ebenso. Hier war ein Gegensatz, den Balfour und Frisby wohl etwas schärfer hätten herausarbeiten dürfen, ungefähr, wie Gerstenmaier es tat, ein Gegensatz der Generationen. Goerdeler, zur Zeit der „Machtergreifung" schon an die fünfzig Jahre alt, in der Weimarer Republik einer der erfolgreichsten

Kommunalpolitiker, war die Republik und die politischen Parteien von Haus aus gewohnt; er konnte sie im Prinzip so schlecht nicht finden; er wünschte ihren Aufbau nur indirekter und damit, wie er meinte, solider gestaltet zu sehen. Moltke gehörte einer Generation an, die Parteien, Wahlkämpfe, Demokratie nur noch in einer heillos entarteten Form erfahren hatte. Daß „Alles" irgendwie ganz anders gemacht werden müsse, war sein Urteil und Gefühl schon vor 1933; darin gehörte er zu den „Jungen" und stand er dem wirren, schillernden, so sehr deutschen Komplex der „Konservativen Revolution" so ganz ferne nicht. Revolution sollte sein, aber keine marxistische; keine, die Konzentration und „Vermassung" der Gesellschaft noch weiter triebe, anstatt sie durch kunstvolle Erfindungen rückläufig zu machen. Aber gerade was die „Vermassung" und die aus ihr folgende Einsamkeit oder Atomisierung des einzelnen betraf, artikulierten Moltke und Goerdeler recht ähnliche Gefühle. Vergleicht man Goerdelers Pläne mit den „Grundsätzen" der Kreisauer, so findet man Nuancen, keine schroff trennenden Konflikte, außer in der Ökonomie – da huldigte Goerdeler einem arg veralteten Laissez-Faire, in Verbindung mit einem mehr moralischen als wirtschaftlichen Prinzip eiserner Sparsamkeit. Da dachte er wie Herbert Hoover.

Was die Autoren, und sie nicht zum ersten Mal, betonen: der deutsche Widerstand, insofern er handeln konnte, oder handeln zu können glaubte, stammte jetzt unvermeidlicherweise aus der alten Oberschicht: Bureaukratie, Adel, Kirche, Militär. Er konnte seinen Ursprung nicht verleugnen, wenn schon Goerdeler ihn nach Kräften zu überwinden suchte. Andere, Popitz, Hassell, versuchten das nicht einmal; ihre Projekte charakterisiert Professor Ritter, selbst nicht eben der Radikalste, als aufgeklärten Absolutismus, als eine „Diktatur volksfremder hoher Staatsbeamter". Schließlich kam es darauf an, wie man die Tyrannei Hitlers verstand: als Pöbelherrschaft, als scheußlich entartete Demokratie, daran war etwas und auch Moltke fand, daß etwas daran war; oder als scheußlich entartete Form der alten Obrigkeit – woran auch etwas war. Das hieß: das widrige Phänomen war auf Begriffe der bisherigen politischen Geschichte überhaupt nicht zu bringen. Folglich konnten auch des Feindes Feinde nicht mehr in den klassischen politischen Kategorien denken. Ihre Gedankengebilde hatten etwas Verschwimmendes, im Sinne früherer Staatsphilosophie Neues und Widerspruchsvolles. Dies um so mehr, als es eben, bis zum Tage X, nur Gedankengebilde waren. Danach würden sie auf jeden Fall sich ändern durch Begegnung erstens, miteinander, und zweitens, mit der Wirklichkeit.

Entschiedener als die Mehrzahl seiner Standesgenossen war Moltke von früher Jugend an bereit, sich von seinem Ursprung zu trennen. Er sah, was die Anderen zumeist so nicht sahen: hatten die sozialen, moralischen Verhältnisse von vor 1933 den Diktator nicht direkt produziert, so hatten sie ihn doch möglich gemacht; also durfte man nicht zurück zu den sozialen, moralischen Verhältnissen von 1933, von 1914. Es mußte Abbruch und Neubeginn sein. Es mußten die Dinge so angelegt werden, daß sie das Heranwachsen eines „neuen Menschen" ermöglichten. Schwieriges Unterfangen, im Rückblick gesehen. Lebte man inmitten der „Massen" des Dritten Reiches und war man so fein organisiert wie Helmuth James, so werden Hoffnung, Forderung und wenigstens versuchte Planung verständlich. Anstatt der grausigen Plebiszite des Jahres 1932 Mitbestimmung in kleinem, übersehbarem Kreis, in der Gemeinde, in der Fabrik, in den untersten Verwaltungseinheiten; Sicherung der Familie und dessen, was sie brauchte, Arbeit und Eigentum, „Nahrung, Kleidung, Wohnung, Garten und Gesundheit", der Garten als Symbol persönlicher Lebensgestaltung; Überwindung der alten Standes- und Klassenunterschiede, an deren Ausrottung, auf ihre Art, die Nazis jetzt ohnehin arbeiteten – so schlecht waren diese Grundsätze am Ende nicht, ob realisierbar oder nur halb realisierbar. Es könnte sein, daß sie, in anderer Verkleidung, heute wieder aufleben.

Gerstenmaier schreibt, die „Enteignung der Schlüsselbetriebe der Schwerindustrie ... als Grundlage der soziali-

stischen Ordnung der Wirtschaft" sei eine Forderung Mierendorffs, des Sozialdemokraten, gewesen; als Ganzes hätten die Kreisauer sich dergleichen nicht zu eigen gemacht. In den während Jahren erarbeiteten, im Herbst 43 vollendeten „Grundsätzen" steht immerhin, daß Schlüsselbetriebe im Bereich von Kohle, Stahl, Chemie und Energieerzeugung öffentliches Eigentum werden sollten. Vermutlich ging das Moltke noch nicht einmal weit genug; nur daß er wirtschaftliche Machtkonzentrationen im sozialistischen Stil ebensosehr fürchtete wie die anonyme Macht der großen Konzerne – oder des Nazistaates. Dezentralisierung und von dort, von der Gemeinde und Werk-Gemeinschaft her, „Integrierung" anstatt Vielparteienstaat und Klassenkampf. Die Autoren übten Kritik daran: so wünschbar Selbstbestimmung sei im überschaubaren Kreis, so müßten doch auch direkte Beziehungen zwischen Zentralregierung und allen Bürgern spielen. Und wie sollten Wahlen sein ohne Parteien? Ist ja doch, könnte man hinzufügen, das Prinzip der Wahl nicht aus dem Parteienprinzip entstanden, sondern umgekehrt die politische Partei aus der Wahl oder Delegation, und zwar auch dort, wo, wie in den Vereinigten Staaten, Parteien ursprünglich und ausgesprochen nicht sein sollten, nur Wahlen. Bedarf es hier einer profunden Untersuchung? Die Wiederkehr von Parteien hätten die Kreisauer nicht verhindern können; jene von ihnen, die überlebten, haben auch keinen Versuch dazu gemacht, sie wurden wackere Parteipolitiker. Schön aber wird der Kern von Moltkes Staatsphilosophie resümiert: „Er besaß Ansichten, die nicht überall populär sind: Das Leben hat einen Sinn, Pflichten sind so wichtig wie Rechte, Freiheit ist so wichtig wie Gleichheit. Er weigerte sich, die Gesellschaft auf den Kampf der Klassen zu reduzieren oder in materieller Bereicherung und technologischem Fortschritt das all und eine Ziel zu sehen. Unorthodoxie, was immer die Orthodoxen reden mögen, ist nicht dasselbe wie Obskurantismus."
In der nationalen Frage hielt Moltke manchmal dafür, daß die Deutschen in ihrer Gesamtheit eine harte Lektion verdienten. In Brüssel zu dem General von Falken-

hausen: „Ich glaube, das deutsche Volk muß einmal erst ganz herunter." Das meinte er, und nur er; dann sah er Deutschland nicht als Patriot, sondern mit den Augen seiner englischen Freunde, seiner norwegischen und holländischen Gesprächspartner. Seine deutschen Bundesgenossen befremdete er damit. Es waren Stimmungen, echte, auch wohl begründete Gefühle, die momentan über ihn kamen. Zum Prinzip erhoben, hätten sie seine und seines „Kreises" Arbeit sinnlos gemacht. Was die Kreisauer, ebenso wie Goerdeler und Beck, und zuletzt Stauffenberg, voraussetzten, war und mußte sein, daß die Deutschen nach Kriegsende irgendwie imstande bleiben würden, ihr Schicksal selber zu bestimmen. Politisch ausgedrückt: daß sie sich selber regieren würden. Das war unmöglich, wenn, nach einer bedingungslosen Kapitulation, Russen und Amerikaner sich in Berlin träfen. Also kämpfte auch Moltke für eine „gesteuerte Niederlage"; begrenzt im Osten, irgendwie modifiziert im Westen. Wenn er trotzdem den Verlust der deutschen Ostprovinzen voraussah, mit ständig zu überwindendem Kummer, wenn er gelegentlich den Zusammenbruch des deutschen Staates geradezu wünschte, so standen diese Gefühlsanwandlungen im Widerspruch zu seiner ernsten, gefährlichen Tätigkeit. Man darf nicht jedes seiner überlieferten Worte auf die Goldwaage legen. Er war ein Mensch, kein Lehrbuch. Wo für *solche* Situation das Lehrbuch hernehmen?
Man hat gegen die Kreisauer und besonders gegen Moltke den Vorwurf erhoben, sie seien zu sehr nur Theoretiker gewesen. Der Vorwurf ist so alt wie der Kreis selber, er stammt aus dem historischen Augenblick. Später wurde er auch ins Positive idealisiert, zumal von dem englischen väterlichen Freund, Lionel Curtis, der Moltkes Verteidigung vor dem Volksgerichtshof und dann die letzten Briefe an seine Frau – er und seine Freunde müßten sterben, weil sie „zusammen gedacht" hätten – allzu buchstäblich nahm. Sein Lieblingsgedicht, erfahren wir aus dem Buch, war Kiplings ‚If', und in dem heißt es ja nun:
If you can think – and not make thoughts your aim …

Was hätte alle Theorie für einen Sinn gehabt ohne den Willen zu ihrer Verwirklichung? Wie war ihre Verwirklichung möglich ohne ein Ende des Krieges *vor* der totalen Niederlage? Wie war ein Ende vor der totalen Niederlage zu erreichen ohne Beseitigung des Tyrannen? Wie war die zu haben ohne Staatsstreich? Von den Kreisauern spielten über York, Mierendorff, Fritz von der Schulenburg, enge Verbindungen zu den Zivilisten und Militärs, die den Staatsstreich aktiv vorbereiteten. Schon im Sommer 1941 erkundigte Moltke sich nach Claus von Stauffenberg: „Sie* haben einen Vetter im Führerhauptquartier? Wäre der zu etwas brauchbar?" So früh ahnte er, daß Graf Stauffenberg der Rechte sein könnte. Daß nur noch die Armee es machen könnte, wußte er längst; was nicht hinderte, daß er, mit nur zu viel Recht, auch wieder an „den Generalen" zweifelte, und dann war er verzweifelt. Seine geistige Stärke und politische Schwäche: er spürte, wußte zu viel. Zum Beispiel auch: daß ein freundliches Arrangement mit den „Angelsachsen" nicht so leicht zu haben wäre, wie der sanguinische Goerdeler es sich einbildete. Daß er statt des Attentats zur Verhaftung und regulären Aburteilung Hitlers riet, war unpraktisch. Der Tyrann mußte zuallererst tot sein, dann erst kam alles andere. Die Verneinung des Mordes verstehen Balfour und Frisby aus dem religiösen Motiv. Gerstenmaier bestreitet das: Moltkes Haltung sei theologisch falsch und auch nicht eigentlich christlich gewesen, sondern „puritanisch-angelsächsisches Erbe". Man wird das auf sich beruhen lassen können; die Frage ist unbeantwortbar und ohne Gewicht.

Zuletzt wird man die ganze Frage nach Moltkes theoretischem oder praktischem Charakter in der Schwebe lassen müssen. Zu sagen, wie ich eben sagte, konsequenterweise hätte er zum Staatsstreich drängen müssen, setzt voraus, daß er konsequent dachte, konsequent war. Aber er war es nicht immer; wohl könnte sein, daß sowohl Gerstenmaier, der ihn so gut kannte, wie Balfour und Frisby, die ihn so gut kannten, das Ding etwas vereinfa-

* Hans Christoph von Stauffenberg.

chen. Der Wille zur Tat war in ihm, die Versuchung der Resignation auch; im Kampf gegen sie mögen Kiplings prunkende Verse ihm etwas geholfen haben. Mit der Idee der „gesteuerten Niederlage" stand das Gefühl, wonach das Dritte Reich seinen natürlichen Tod sterben, der deutsche Staat seinen siegreichen Feinden gänzlich überlassen werden sollte, im direkten Widerspruch. Wenn er *nur* dachte, *nur* fühlte, dann im letzteren Sinn, und daraus war keinerlei Aktivität abzuleiten. Auf das unvermeidliche bittere Ende warten, das konnte jeder, das taten viele. Ihm genügte es nicht. Also mußte er die Gebrochenheit seines Wesens überwinden, nicht einmal, sondern wieder und wieder, und als aktives Mitglied seines „Kreises" den Staatsstreich vorbereiten helfen, direkt oder indirekt, trotz seines traurigeren Wissens.

Nach dem 20. Juli 1944 hat er, nun schon seit sieben Monaten im Gefängnis, zu seiner Frau bemerkt: „Wenn ich frei gewesen wäre, wäre das nicht passiert." Es ist auch wieder so ein Wort, das man nicht auf die Goldwaage legen darf. Hätte er es gesprochen, wenn der Staatsstreich gelungen wäre? Und das, wissen wir, hing ja an einem Haar; hing daran, ob die „Lagebesprechung" im Bunker stattfand oder in der Baracke; hing ausschließlich am Leben oder Nichtleben des Scheusals. Nach dessen Tod wären, Mord hin oder her, Moltkes Energien zu stärkstem Leben erwacht, hätte er sich mit allem, was er konnte und wußte, in die neue Situation geworfen, hätte er seine englischen Beziehungen ins Spiel gebracht, wäre er einer der überzeugendsten Repräsentanten Deutschlands geworden; eines Deutschland, das, was immer aus ihm wurde, doch anders ausgesehen, doch anders dagestanden hätte als im Mai 1945.

Seine englischen Beziehungen; seine internationalen Kontakte überhaupt. Als Mitglied der „Abwehr" mußte oder durfte er häufige, durch offizielle Schein-Aufträge gerechtfertigte Reisen machen; nach Belgien, Holland, Norwegen, Polen, auch zu den Neutralen, den Schweden und Türken. In den Ländern, welche die Deutschen erobert hatten, suchte und fand er Kontakt mit Führern der Résistance, nicht, um etwas Bestimmtes mit ihnen auszumachen, sondern eben nur der menschlichen Begegnung halber; um sie zu ermutigen, um ihnen zu erzählen, wie es in Deutschland jetzt wirklich aussah, und daß es auch dort „Widerstand" gebe, wenn auch von tief und traurig unterschiedener Art. Stockholm und Konstantinopel dienten ihm zu etwas anderem. In Stockholm schrieb er Briefe, eigentliche Memoranden, an Lionel Curtis; den ersten im April 1942, der erreichte sein Ziel ungefähr, den zweiten im März 1943. Dieser, ungleich ausführlichere, inhaltsschwerere, erreichte sein Ziel nie. Der schwedische Philanthrop, Dr. Harry Johannson, dem er anvertraut wurde, wollte ihn nicht expedieren, sei es, um Moltke nicht zu gefährden, sei es der schwedischen Neutralität zuliebe, oder aus beiden Motiven. 27 Jahre danach wurde er im englischen Originaltext ans Licht gebracht.

Balfour und Frisby drucken ihn nach; woran sie gut taten. Denn es ist etwas Klügeres, Wahreres, Stolzeres und Demütigeres, Traurigeres und Hoffenderes von einem politischen Deutschen nie geschrieben worden; früher, damals, später nicht. Das beherrschte Leiden, die Leidenschaft, der brennende Drang, sich und die Dinge verständlich zu machen; eine Nacht lang vielleicht, in einem Stockholmer Hotelzimmer, die Zeit war knapp. Der ganze Helmuth James Moltke ist darin; der ganze Jammer des Dritten Reiches und dann der Jammer aller Politik im Kriege.

Daß man doch, schreibt er, die secret services, die Geheimdienste aus dem Spiel lasse. Ihnen ist wohl alles recht, was die deutsche Opposition tun kann, um dem Gegner zu schaden, aber nichts darüber hinaus; sie gieren nach militärischen Geheimnissen; sie sind allen Sinnes für das Eigentliche, das Politische bar; auch arbeiten sie oft mit denselben Agenten, so daß, was ein Geheimdienst weiß, dem anderen auf die Dauer nicht verborgen bleibt. Die Beziehung muß eine *politische* werden, und dazu gehört, daß die westlichen Diplomaten von den wirklichen Zuständen in Deutschland eine Ahnung gewinnen, die sie nicht haben. (Moltke, regelmäßiger Leser der ‚Times‘, wußte das nur zu genau.) Will man ein Regime stürzen, vollends ein Regime, wie das Hitlersche es ist, so muß man seine Nachfolge vorbereiten. Anders geht es nicht. In England soll man wissen, wer die Menschen sind, die an beidem arbeiten, dem Sturz und der Nachfolge; und unter welchen Bedingungen. Sie sind härter als jene, unter denen Mitglieder der Résistance in Holland oder Norwegen leben. Dort kann jeder jedem trauen. In Deutschland ist die langwierigste Vorsicht geboten, ehe man auch nur einem einzigen Mitbürger seine Gedanken eröffnen kann. Dort besteht die natürlichste Einheit zwischen den nationalen und den politisch-moralischen Zielen. In Deutschland wird der Feind Hitlers unvermeidlich zum Feind seines Staates, dessen militärische Niederlage zu wünschen er nicht umhin kann. Dort wird der von den Nazis Gemordete zum Märtyrer, geehrt von seinem Volk, noch sein Tod hat Wirkung; in Deutschland stirbt man als gemeiner Verbrecher, in Schande – „The worst is, that this death is ignominious“ – und eben darum vergeblich. Es arbeiten im Reich jetzt 19 Guillotinen, es sterben etwa 50 Menschen am Tag, zu schweigen von den in den Konzentrationslagern Ermordeten, deren ungeheure Zahl man nur ahnen kann. Eben wird in Oberschlesien ein Lager gebaut, in dem monatlich 4000 bis 5000 getötet werden sollen.* Das ist die Wirklichkeit, um welche die Schicksalsmacher im Westen sich nicht kümmern. Ihre Radiosendungen, die Sendungen der BBC, könnten um so hilfreicher wirken, weil in Deutschland jeder isoliert ist, vereinsamt und unwissend, selbst „Flüstercampagnen“ nicht über den Ort hinausdringen, an dem sie entstanden. Leider, schreibt Moltke, arbeiten die britische und die Goebbels-Propaganda praktisch zusammen. Womit er vermutlich die herzlose Unwissenheit jener Sendun-

* Ist Auschwitz gemeint? Der Schreibende weiß es selber nicht: „Aber alle diese Nachrichten erreichen mich, selbst mich, der so scharf nach ihnen Ausschau hält, in vager, unbestimmter, ungenauer Form.“

gen meint, insbesondere die immer wiederholte Forderung nach „bedingungsloser Kapitulation".* Jedoch möchte er sich selber keineswegs in die Politik der Alliierten einmischen. „Ich will dies – eine ständige Verbindung zwischen der deutschen Opposition und England – nicht, um Friedensbedingungen oder eine mögliche Nachkriegswelt zu diskutieren. Ich will diese Verbindung, um unseren Krieg gegen Hitler, unseren inneren Krieg zu unterstützen ... Weil wir solche Verbindung nicht haben, tappen wir im dunkeln, hoffend, daß die Informationen, die wir Ihnen zukommen lassen, nicht derart gebraucht werden, daß sie uns diskreditieren und vielleicht gefährden ..." Gefährden – gefährdet ist der ohnehin, der nach England so schreibt, solches beschreibt, aber das erwähnte er nicht.

Er versucht, dem fernen, durch den furchtbarsten Abgrund von ihm getrennten Freund einen Begriff von der deutschen Opposition zu geben. Sie ist nicht die einer Klasse. Sie geht durch alle Klassen, wie auch verblendete oder opportunistische Anhänger der Tyrannei in allen Klassen zu finden sind. Man mag das nuancieren. Die Mehrheit der älteren, gelernten Fabrikarbeiter sind oppositionell; die Mehrheit des preußischen Adels, insoweit er noch Land besitzt, ist es. Das Bürgertum (the middle classes) ist überwiegend Nazi, aus den und jenen Gründen. Viele junge Arbeiter sind es auch, und die könnten morgen ebensogut Kommunisten sein. „Die ‚Gefahr des Kommunismus' ist in unserer Lage eine reale." Die am stärksten ausstrahlenden Zentren der Op-

* Schreiber dieser Zeilen war 1944 in London an der „American Broadcasting Station in Europe" tätig. In seiner geringen Stellung hat er versucht, ungefähr im Sinn Moltkes zu wirken. Wenn er selbst bei seinen unmittelbaren Vorgesetzten auf Verständnis traf, so standen sie doch unter Direktiven, von denen sie nicht abweichen zu dürfen glaubten. Charakteristisch war eine mir gegebene Antwort: „Wenn wir den Deutschen sagten, was wir wirklich mit ihnen vorhaben, so wäre das noch schlimmer. Besser also, wir halten uns an die wenigstens inhaltsleere ‚bedingungslose Kapitulation'." – Damit war keine Propaganda zu machen.

position sind die Kirchen, beide Kirchen. Man weiß in England vielleicht etwas von den Predigten des Bischofs von Berlin; man kennt nicht die Hunderte von tapferen Pfarrern, die allsonntäglich in überfüllten Häusern predigen, ohne dem Regime und dem Krieg die geringsten Konzessionen zu machen. Auf sie ist Verlaß und auf die Massen der Gläubigen, die ihnen zuhören. Auf die Generale nicht. Es war, schreibt Moltke, ein Fehler der Opposition, auf sie zu setzen; und da trennt er sich, für den Augenblick, nun wieder von jenen, die den Staatsstreich vorbereiten. „Der stärkste soziologische Grund dafür – die Haltung der Generale – ist der, daß wir eine Revolution brauchen, keinen bloßen Staatsstreich; keine Revolution von der Art, wie wir sie brauchen, kann den Generalen die Bedeutung und Stellung geben, wie die Nazis sie ihnen gegeben haben und heute noch geben." Eine Revolution. Gemeint ist eine soziale, ebensosehr eine moralische oder geistige. In dem früheren Brief an Curtis hieß es: „Für uns ist Europa nach dem Krieg weniger ein Problem von Grenzen und Soldaten, von gewaltigen Organisationen oder großspurigen Plänen; Europa nach dem Krieg ist für uns die Frage, wie das Bild des Menschen in den Herzen unserer Mitbürger wieder hergestellt werden kann." Keine großspurigen Pläne. Was die Opposition tut, um eine neue Gestalt Deutschlands vorzubereiten, vor allem: seine Dezentralisierung fast bis zur Auflösung, wird trotzdem erwähnt. Auch, was sie jetzt praktisch wirkt und was, gewollt oder nicht, der Koalition zugute kommt. „Sie wirft Sand in die Maschine. In welchem Maße sie damit den Alliierten geholfen hat, wird vermutlich nie bekannt werden. Es geht aber sehr weit, besonders in der hohen Bureaukratie. Kaum eine Woche vergeht, ohne daß ich nicht bemerke, daß irgendwo etwas geschehen sein muß, um die Ausführung eines Befehls zu verhindern oder wenigstens seine Wirkung abzuschwächen." Der Brief endet mit der Bitte, einen Vertrauensmann, am besten „Michael" (Balfour) nach Stockholm zu schicken. Im gleichen Sinn hatte er im Vorjahr an Balfour direkt geschrieben. Die Sache ging bis zu dem Premierminister; der sprach sein Veto.

Als Moltke im Januar 1944 verhaftet wurde, wußten seine Verfolger von alledem nichts; wußten nichts von seinen Gesprächen mit Führern der Résistance in Norwegen und Holland; wußten nichts von den Kreisauer „Grundsätzen"; wußten nicht, daß er, Dezember 1943, in Istanbul geradewegs in das Bureau des „Office of Strategic Services" gegangen war, um dort mit dem amerikanischen Militärattaché zu reden. Ein schweres Wagnis in der Stadt, in der Spione zu Hunderten ihr unnützes Handwerk übten, und wieder ein vergebliches; der General war nur an militärischen Informationen interessiert, die Moltke nicht liefern wollte, insoweit er sie besaß. Nichts von alledem war den Herren des Sicherheitsdienstes auch nur ahnungsweise bekannt. Moltkes Verhaftung war eine Sache am Rande. Der Katastrophe des „Solf-Kreises" oder „Thadden-Kreises", eines bloßen politischen Gesprächszirkels in der Tat, derart, wie Kreisau es nicht war, gingen Warnungen an die Gefährdeten voraus, die offenbar aus der „Abwehr", die vielleicht von Helmuth James kamen. Ein vager Verdacht. Die folgenden acht Monate lebte er in einer Gefangenschaft, die kaum ärger war als „Festung"; kühn forderte er seine Freiheit zurück, da, wo keine Anklage sei; im Sommer schien die Entlassung bevorzustehen. Die Lage änderte sich aus dem Grund nach dem 20. Juli; dieser schrecklichsten Tragödie in Deutschlands moderner Geschichte, schrecklich, weil hier die Besten, und in welcher Zahl, an dem Schlechtesten zugrunde gingen. Der Ehrenhäftling wurde zum Sträfling, dessen Prozeß auf Tod und Leben früher oder später kommen würde; ziemlich spät, denn es gab Andere in Menge, mit denen zu verfahren dringender schien. Was nun stückweise über ihn zutage kam, war immer noch soviel nicht: daß er von Staatsstreich und Attentat *gewußt* hatte, ohne geradezu dafür zu sein; daß in Kreisau geredet und „gedacht" worden war, man wußte nicht im Detail, über was, jedenfalls über das „Danach". Es genügte. Pessimist von Haus, Kenner seiner Feinde von Haus, hielt Moltke seinen Tod von Anfang an für wahrscheinlich. Für ihn hatte er sich erzogen und vorbereitet auf eine Weise, angesichts derer wir gewöhnlichen Menschen verstummen. Aber gelebt hätte er gern, zumal jetzt, da das Ende der Tyrannei so unmittelbar nahe sein *mußte*. Er verteidigte sich mit Geschick, als die Reihe an ihn und an seine nächsten Freunde kam. Er verbarg nicht, wer er war, ein Christ, kein Götzendiener des heidnischen Staates. Er bestritt nicht, was man wußte, und legte es aus im Sinn bloßen „Denkens", was von den Anklägern ungefähr akzeptiert wurde. Keinen Augenblick verlor er die Gegenwart seines klaren und beruhigten Geistes, womit er den Blutrichter teils reizte, teils wohl auch beeindruckte; das letztere ein Grund mehr, ein Ende mit ihm zu machen. Noch vor dem Prozeß hatte ein Herr von der Gestapo zu Freya von Moltke bemerkt: „Wir werden nicht den Fehler von 1918 wiederholen und unsere inneren Feinde leben lassen." Moltke war ein innerer Feind, das wußten sie, und ein überragend bedeutender innerer Feind, das erfuhren die Klügeren von ihnen während der Verhandlung. Er selber sah es so. In der Abschiedsbotschaft an seine Söhne heißt es, von ihrem Standpunkt täten die Nationalsozialisten ganz recht daran, ihn umzubringen.

Es könnte sein, daß er die Talente seines Richters überschätzte, weil er in seiner schrecklichen Einsamkeit doch wenigstens einen intellektuell halbwegs ebenbürtigen Gegner suchte; daß er überhaupt das Gewicht seiner Gegner überschätzte. Gewicht, freilich, sie hatten es, denn sie konnten die Menschen zu Hunderttausenden umbringen. Sie hatten es trotzdem nicht. Sie, die allermeisten von ihnen, *spielten* nur den ehern Konsequenten, den Fanatiker, ohne es doch zu sein; daß es Spiel war, schlechte Literatur, dagegen beweist leider die Zahl der Opfer nichts. Von Heinrich Himmler ist bekannt, daß er die „Endlösung der Judenfrage" abbrach, als ihm schwindlig zu werden begann wegen des zu erwartenden Kriegsausgangs. „Ich habe die Überzeugung", schrieb er nun, „daß unter Ausschaltung von Demagogie und Äußerlichkeiten über alle Gegensätze hinweg und ungeachtet blutigster Wunden auf allen Seiten Weisheit und Logik ebensosehr zur Herrschaft kommen müssen wie gleichzeitig damit das menschliche Herz und das Wollen zum Helfen." Himmler; den Juden helfen; das menschliche Herz. War Freisler anders? Oder würde er, ohne den Kriegszufall, der ihn tötete, heute irgendwo in der Bundesrepublik friedlich und gesetzestreu seine Pension verzehren, kein Fanatiker mehr, nur ein Schauspieler im Ruhestand? Andere seinesgleichen haben das jedenfalls getan und tun es heute noch. Daß die Besten an den Schlechtesten zugrunde gingen, ist traurig genug. Trauriger wäre es, wenn die Guten zugrunde gegangen wären an Schmierenschauspielern und Literaten der untersten Stufe. Lohnte solch Opfer sich denn? – Dagegen, tröstlich, steht die These van Roons: „Der deutsche Widerstand machte es nach dem Kriege möglich, wieder mit Deutschland zusammenzuarbeiten."

Moltkes letzte, nach dem Urteil geschriebene Briefe an seine Frau hat man schon lesen können. Sie in einer Biographie in extenso einzufügen, war erlaubt und notwendig; im Zusammenhang eines ganzen Lebens bedeuten sie, nach einem Ausdruck der Autoren, dessen höchste Reife und Krönung. Derart, daß sie zu Zwecken eines bloßen Referates oder Essays literarisch ausgemünzt werden dürften, sind sie nicht; obgleich sie, neben anderem, selber literarische Meisterstücke sind. Der Gang der Gerichtsverhandlung und die an ihr beteiligten Charaktere werden mit einer Plastizität, einer Kunst der Nuancierung, ja einer Heiterkeit dargestellt, als ob der Schreibende nichts als ein bloßer sehr genauer Zuhörer gewesen wäre. – Ein Nebenaspekt.

Während der Jahre 40–41 hat George Kennan, amerikanischer Diplomat in Berlin, einige Gespräche mit Moltke geführt, das letzte fünf Tage vor „Pearl Harbour". Ich weiß nicht, ob er jene Dokumente des Abschieds kannte, Zeugnisse einer liebenden und gereinigten, im Glauben starken Seele, als er in seinen Memoiren über Moltke schrieb: „Ich sehe ihn im Moralischen als den größten Menschen an, im Geistigen als den am weitesten sehenden, erleuchtetsten, der mir, auf beiden Seiten der Front, während des Zweiten Weltkrieges begegnete. Schon damals – 1940 und 1941 – ging sein Blick über alle die schmutzige Anmaßung, über alle die Schein-Triumphe des Hitler-Regimes hinaus; er erriet die kommende Katastrophe und gewann in schwerem innerem Kampfe es über sich, sie anzunehmen, auf sie sich vorzubereiten, wie er später seinen Mitbürgern dabei helfen wollte. Die Notwendigkeit verstand er: Es mußte alles von Anfang an wieder getan werden, sei es inmitten von Niederlage und Demütigung, um der Nation ein neues Gebäude auf besseren Fundamenten zu errichten ... Das Bild dieses einsamen, ringenden Mannes, einer der wenigen protestantisch-christlichen Märtyrer unserer Zeit, blieb mir über all die Jahre hinweg eine Säule des Gewissens, ein steter Quell politischer und geistiger Inspiration." Kennan war Moltkes Generationsgenosse, von ferne ein Geistesverwandter, und mehr als Zufall, daß beide sich trafen; ihre Beurteilungen der deutschen Situation stimmten schon vorher überein in wahrhaft verblüffendem Maße.

Welche Wandlungen seither. Dies habe ich erzählen hören. Junge Leute, kämen sie selbst aus Familien, die den Moltkes nahestanden, kämen sie selbst aus den Familien der Helden des 20. Juli, und gibt man ihnen jene Abschiedsbriefe zu lesen, so erklären sie sich: Das mag für Sie, der Sie alt sind, ganz ergreifend sein. Für uns nicht. Es interessiert uns nicht mehr ... Die Trennung der Deutschen von ihrer Vergangenheit ist endlich so radikal geworden, wie Moltke sie gefordert hatte; obgleich anders, ganz anders.

(1973)

Plädoyer für die historische Erzählung*

Hier meine erste These: Formal stehen Erzählung und Theoriebewußtheit nicht im Gegensatz zueinander. Praktisch tun sie es heute, meistens. Die Gründe dafür scheinen mir aber überwiegend subjektiv. Unsere neuen Theoretiker, überwiegend marxistisch informiert, auch wenn sie keine dogmatischen Marxisten sind, lieben die erzählerische Methode nicht, weil sie ihnen als altmodisch, als reaktionär, elitär, erfolgsverherrlichend, beschönigend, oberflächlich gilt, als blind gegenüber dem Hintergrund wirtschaftlicher, sozialer Bedingungen, welche allein den Gang der Ereignisse verstehen lassen. Da denken sie vor allem an die nationalliberalen Historiker, die zwei oder drei Generationen von Bismarckianern, denen gegenüber dieser Vorwurf auch berechtigt ist. Persönlich habe ich ihn schon vor vierzig Jahren erhoben. In England und Frankreich gab es dergleichen nicht oder längst nicht in diesem Maß, weswegen die historische Erzählung und Darstellung dort auch nicht so wie in Deutschland in Verruf kam. Zur Ehrenrettung Bismarcks will ich hier hinzufügen, daß er selber durchaus kein bismarckisierender Historiker war. Er sagt im Reichstag: „Mein Einfluß auf die Ereignisse, die mich getragen haben, wird zwar wesentlich überschätzt. Aber doch wird mir gewiß keiner zumuten, Geschichte zu machen. Das, meine Herren, könnte ich selbst in Gemeinschaft mit Ihnen nicht ... Die Geschichte können wir nicht machen, sondern nur abwarten, daß sie sich vollzieht ..." Und so öfters. Was ist hier anderes gemeint als jene breiten, anonymen Impulse, deren Wirken aber die Möglichkeit rechter oder falscher, närrischer, wahnsinniger, historisch völlig unzeitgemäßer, anachronistischer Eingriffe durch einzelne Personen leider keineswegs widerlegt. Als ob wir solche in unserem Jahrhundert nicht reichlich erlebt hätten.

* Gekürzt für diese Ausgabe (der Herausgeber)

Im Gegensatz zur Erzählung steht nicht die Theorie als solche, sondern die Theorie angewandt in der Strukturanalyse. Gegen diese habe ich gar nichts, und wie sollte ich, solange ihr Gegenstand ein in Zeit, Raum und Begriff begrenzter, für Arbeitszwecke isolierter ist; sagen wir, Wandlungen in der Struktur des Kölner Mittelstandes zwischen 1820 und 1840. Hier werden bereits erarbeitete Begriffe wie Mittelstand, regionale und soziale Mobilität, Verteilung von Machtchancen und so weiter unvermeidlich vorausgesetzt, um mit ihrer Hilfe einen regional begrenzten gesellschaftlichen Vorgang zu durchleuchten. Dergleichen hat es immer gegeben. Wenn ein tschechischer Historiker die Rolle des Adels innerhalb der böhmischen Nationalbewegung im 19. Jahrhundert erforschte, so machte er es gerade so: auch er isolierte zu Zwecken spezieller Erkenntnis, auch er arbeitete mit schon vorhandenen Begriffen, wie Adel überhaupt, mittel- und osteuropäische Nationalbewegungen überhaupt. Wer hätte gegen solche Untersuchungen etwas einzuwenden? Übrigens müssen auch sie, wenn sie sich etwas verbreitern, die Elemente der Zeit und des Wandels in der Zeit immer enthalten.

Aber gesamtgeschichtliche Forschungen und Darstellungen, Geschichte einer Nation durch ein paar Jahrhunderte, auch nur durch fünfzig Jahre, Geschichte gesamteuropäischer Verwicklungen und Wirren, sagen wir in der Zeit des Dreißigjährigen Krieges oder der Französischen Revolution oder zwischen 1914 und 1945, müssen etwas ganz anderes sein als eine Summe isolierender Analysen. Denn hier steht alles in einem ständig bewegten Zusammenhang, wirkt alles auf alles und zuletzt kommt heraus, was niemand vorausgesagt oder gewollt hatte. Hier ist darum die Erzählung das geeignete Prinzip. Erzählung, nicht als bloße Chronik, sondern als Erzählung, die auch erklärt. Stegmüller hat Diltheys Unterscheidung zwischen Erklären und Verstehen als eine überflüssige, also falsche entlarvt. Auch zwischen Erklären und Erzählen ist kein Gegensatz, wenn der Erzähler sein Handwerk beherrscht. Hier ist auch der theoretische Vorgriff, das Hantieren mit schon zuhandenen Interpretationen und Begriffen ungeeignet; hier waltet, wenn ich mich auf den Standpunkt unserer Theoretiker stelle und ihr Vokabular gebrauche, Interpretations-Eklektizismus. Warum? Weil das Treiben der Menschen im großen und ganzen nicht durch eine einzige Triebkraft, ein Motiv, einen einzigen Interessenkonflikt bewegt wird. Weil wir es hier mit einem Wirrsal miteinander, aufeinander, gegeneinander wirkender Mächte und Motive zu tun haben; Verteilung von Eigentum und Produkten ist eines; Stolz, ständischer, nationaler oder persönlicher, Ehrgeiz, Gier und wieder Gier, Angst, Krankheit, Rechthaberei, Selbstüberschätzung, Maßlosigkeit, Leichtsinn, Fanatismus, Fehlkalkulationen, Glaube und Aberglaube, Unkenntnis des Gegners, Unkenntnis der Verbündeten, modische, dumme Ideen und so weiter und so weiter sind andere. Wie alles das war, wirkte, zusammenwirkte, findet man in den Quellen; man kann es vorher gar nicht wissen.

Der Beweis des Puddings ist im Essen. Man zeige mir doch die Theorie in Ronald Symes ,Roman Revolution', in Marc Blochs ,Société féodale', um zwei erzählende, beschreibende, anschauende historische Meisterwerke unserer Zeit zu nennen, oder in Mommsens ,Römischer Geschichte', um ein Meisterwerk des vorigen Jahrhunderts zu nennen. Ja, gewiß, Mommsen hat Sympathien und Antipathien, er ist für die Gracchen und für Caesar, er mag den Pompeius nicht, sein Porträt Ciceros ist von geradezu ungezogener Parteilichkeit. Aber wo ist hier Theoriebewußtsein? Syme unterstreicht die Bedeutung der großen römischen Familien, in denen er eigentliche Dynastien sieht, das ist nicht neu und ist keine Theorie, sondern Anschauung; er zeigt, daß die Verfassung der Republik längst zur Fiktion und zum Schwindel geworden war, auch das ist reine Anschauung. Im Getriebe der zu Ende gehenden Revolution, der beginnenden Augustäischen Restauration kann er auch am Rand der Politik stehende Figuren wie Vergil und Horaz auf das wunderbarste verständlich machen; das tun Sie einmal mit „theoretischem Vorgriff".

Was ist die Theorie bei Marc Bloch? Ja, natürlich, der

Boden ist die einzige Quelle des Reichtums, und die Zentralgewalt ist schwach, und jeder muß sich irgendwo einen Beschützer suchen. Das ist arg wenig theoretische Erkenntnis und überdies altbekannt; dafür hätten wir dies Werk nicht benötigt, dessen Leistung eben in der Anschauung liegt, Anschauung der menschlichen Typen und Lebensformen, Arbeitsweisen, Glaubensüberzeugungen, Hoffnungen, Krankheiten, Ängste, religiösen Bindungen und so fort. Oder nehmen Sie einen neuen Triumph echter, vorurteilsloser Geschichtsschreibung, das Werk von Fritz Stern über Bismarck und seinen Bankier Bleichröder. Hier bemerken wir manchmal sogar eine Spur von eigentlicher Theoriefeindlichkeit oder Kritik an der Theorie, aber nicht darauf möchte ich hier Wert legen. ,Gold und Eisen' ist das Buch eines Forschers, der, als er zu forschen begann, überhaupt nicht wußte, was er finden würde, was er zu gestalten haben würde. Über Bleichröder wußte man so gut wie gar nichts, ehe Stern das Bleichröder-Archiv an der Harvard-Universität, den Briefwechsel Bismarck–Bleichröder, der in einem Stallgebäude in Friedrichsruh gelagert war, und die Tausende von Briefen Bleichröders an die Rothschilds im Rothschild-Archiv und so weiter und so weiter erforschte. Das Erforschte hat er gestaltet; einen gänzlich neuen Bleichröder, unvermeidlicherweise, weil wir bis dahin Bleichröder überhaupt nicht gekannt hatten, und einen als Geschäftsmann, Verwalter seiner wachsenden Reichtümer uns auch wesentlich neuen Bismarck. Das Buch ist brennend interessant; aber welcher Theorie Fritz Stern nun eigentlich bedurfte, um es zu schreiben, das würde ich herzlich gern erfahren. Bisher weiß ich es nicht, und bin unfähig, es zu erraten.

Selbst wenn die Historiker, die ich eben nannte, einen theoretischen Vorgriff besessen hätten, bei der Arbeit hätten sie ihn bald vergessen, weil das, was sie in den Quellen sahen und erlebten, sich ihnen zu stark aufgedrängt hätte. Es wäre mit Historikern solchen Schlages und der Theorie ungefähr so wie mit Zolas ,Rougon-Macquart'. Dieses große Romanwerk hat eine unterliegende Theorie, die es exemplifizieren soll: die von der

Erbmasse, darunter einer Erbkrankheit, welche allen Mitgliedern dieser weit verzweigten, im Sozialen vom kaiserlichen Minister bis zum Bergarbeiter reichenden Doppelfamilie gemeinsam ist und ihr Schicksal mitprägen soll. Darüber Theodor Fontane in einer Besprechung: „Das Ganze ist Schwindel." Er meint die Theorie; den Gehalt an großartig gestalteter sozialer Realität und Psychologie und so fort in den einzelnen Romanen liegt ihm fern zu bestreiten. Vergleichbar steht es mit ‚Krieg und Frieden'; Tolstois sonderbare Geschichtstheorie läuft da nebenher, in Abschnitten, die man ebensogut überschlagen könnte; mit dem, was den Roman groß und wahr und lebendig hält, hat sie gar nichts zu tun.

Der Vergleich zwischen Roman und Historie ist sinnvoll, für mich wenigstens. Paul Veyne nennt die Historie einen „wahren Roman mit Lücken". Wahr, weil nichts erfunden werden darf, Roman, weil erzählt wird, mit Lücken, weil man nicht alles weiß. Ehe noch Veynes Buch erschienen war, habe ich in meiner Wallenstein-Biographie von „unserem Roman" oder diesem „nur allzu wahren Roman" gesprochen. Man hat das so verstanden, daß es sich um einen historischen Roman handelte. Aber ich meinte es genau so, wie Veyne es meint.

Natürlich sind Mächte nichts Abstraktes, natürlich sind sie immer soziologisch irgendwie charakterisiert; aber wären sie soziologisch anders charakterisiert gewesen, so wäre, unter den gleichen äußeren Verhältnissen, ihre Politik doch die gleiche gewesen. Die Bourbonen und die Jakobiner waren soziologisch anders bestimmt, aber ihre expansive Außenpolitik ging in der gleichen Richtung und mußte sie in die gleichen Kriege mit England verwickeln. Mutatis mutandis gilt dasselbe für die Romanows und für das Politbüro. Daß England prompt im Ersten Weltkrieg intervenierte, hatte mit dem Primat der Innenpolitik gar nichts zu tun; es ist nur durch das zu erklären, was richtig in der Sache, „Bewegungsmechanik" genannt wurde; also durch das alte Balance-of-power-Prinzip. Damit bestreite ich gar nicht, daß Innenpolitik auf äußere sehr stark wirken kann und daß sie es zum

Beispiel im Hohenzollern-Reich getan hat. Wenn es nun beides gibt oder jederzeit und sogar gleichzeitig geben kann, Primat der Innenpolitik, oder sagen wir Wirkung der inneren Politik auf die äußere, und auch originäre Machtpolitik, wie ist beides gedanklich zu verbinden? Wer sich einem einzigen Interpretationsmodell, einer einzigen Theorie ergibt, der kann diesen Widerspruch nicht lösen und muß ihn stehen lassen, praktisch gesprochen, er wird von ihm wegsehen und wird ihn leugnen. Meine Überzeugung ist eine andere: Keine Theorie gibt uns oder erklärt uns oder entschlüsselt uns die Fülle geschichtlicher Wirklichkeit; man bekommt sie niemals ganz in die Hand, sie ist unerschöpflich; darum muß man sie immer von verschiedenen Seiten angehen, um möglichst viele und weite Gegenden des unbekannten Kontinents zu erkunden. So brauchen wir zum Verständnis des Ersten Weltkrieges gewiß Soziologie und mehr von ihr als gewöhnlich; aber Wissen um originäre Machtpolitik auch. Sie allein erklärt und erklärt uns völlig befriedigend die Entstehung des französisch-russischen Bündnisses, das, soziologisch gesehen oder ideell gesehen, höchst unnatürlich war, so unnatürlich wie das amerikanisch-russische Bündnis im Zweiten Weltkrieg. Ein Allianzsystem wie das Bismarckische ruft bewegungsmechanisch ein Gegenbündnis auf die Dauer unvermeidlich hervor; Bismarcks Bestreben, Frankreich isoliert zu halten, konnte eine Weile glücken, nicht auf die Dauer. Das mag blutlose Diplomatiegeschichte sein, trotzdem ist es wahr und leider sehr bedeutungsschwer. Im Winter 1871 schrieb der österreichische Minister Belcredi in einem Privatbrief, er glaube nicht, daß dieser neue deutsche Nationalstaat sich werde halten und vervollständigen können, in dem Sinn, daß er alle Deutschen an sich zöge. Vielmehr werde er versuchen müssen, sich ganz Europa zu unterwerfen, was bisher noch keiner Nation geglückt sei, oder er werde eines Tages wieder zerteilt werden. Nun, diese Prophezeiung ist eingetroffen, doppelt und dreifach; der Versuch, sich Europa zu unterwerfen, wie die Zerteilung. Sie als happy guess work, glückliche Raterei abzutun, wäre billig. Belcredi sah etwas. Aber er sah weder die damals ja noch recht schwache rheinische Schwerindustrie, noch die preußischen Agrarier, noch sonst etwas dieser soziologischen Art. Er sah machtmechanische Tradition, er dachte in den Grundsätzen alter europäischer Staatsweisheit; das Corpus Germanicum ist für Europa zu groß, auch leben die Deutschen zu sehr vermischt mit anderen Nationen, etwas wie der Deutsche Bund taugte für sie, ein Nationalstaat nach französischem Modell nicht. Praktisch gesprochen: Es hilft nur der heute verpönte, verhöhnte Interpretations-Eklektizismus. Was immer die soziologischen Strukturen des Deutschen Reiches waren: die in einem falschen Nationalstaat vereinten Deutschen haben, wie Belcredi es voraussagte, das alte, das klassische Gleichgewicht der europäischen Mächte zerstört, das erste Mal schon in der Substanz, was aber noch verborgen blieb, das zweite Mal endgültig; und da sie wohl Europa erobern konnten, aber die neuen Weltmächte und Flankenmächte nicht, mit der Folge, daß Europa, mitten durch Deutschland hindurch, geteilt wurde in eine russisch beherrschte und in eine amerikanisch beschützte und gelenkte Hälfte. Bloße Bewegungsmechanik in der Tat, aber historische Wahrheit trotzdem. Den deutschen Entschluß, 1914, zum Präventivkrieg als von der Verteidigung der inneren Herrschaft her bestimmt anzusehen, scheint mir nicht nur unbeweisbar, sondern auch unplausibel. Die Militärs, die zuallererst entschieden, sahen die Sache rein militärisch: Man hatte die besten Gelegenheiten schon verpaßt, die Mittelmächte wurden im Verhältnis zum Zweibund, zu Rußland vor allem, immer schwächer: jetzt oder nie. Aber der Reichskanzler Bethmann wußte recht gut, daß ein Weltkrieg unvorhersagbare soziale Bewegungen und Revolutionen mit sich bringen würde; ebenso der Admiral Tirpitz. Dieser im September 1914: „Mit dem alten Klassen- und Kastenwesen ist es jedenfalls zu Ende. Sieg oder Niederlage, wir bekommen die reinste Demokratie …" Wir können also den Krieg von 1914 nicht einfach durch den Machterhaltungstrieb von Deutschlands herrschenden Ständen erklären. Eher gilt das noch für die Sabotierung echter Verhandlungschancen *während* des Krieges, *wenn* es solche überhaupt gab; man hielt ein Regime für gefährdet, das nach all den Opfern ohne Gewinne oder Scheingewinne aus der Sache hervorging. Das galt aber mutatis mutandis für alle kriegführenden Mächte, selbst für England, für Italien ganz sicher, für Frankreich auch. Hier erleben wir wieder die Schwäche der isolierenden Strukturanalyse; der Analytiker bemerkt gar nicht, daß er aus seinen eigensten sonderbaren Bedingungen einen Sonderfall verstehen will, der in vielen wesentlichen Beziehungen gar kein Sonderfall ist, zum Beispiel der deutsche Imperialismus vor 1914.

Noch einmal zurück zum erzählerischen Prinzip. Wenn die Strukturanalyse mit einer passenden Theorie oder Begriffsbildung am rechten Ort operiert, so ergibt sie sinnvolle, obgleich einseitige Resultate. Operiert sie mit einem ungeeigneten Begriff am falschen Ort, so ergibt sie Blödsinn. Was auch die beste Strukturanalyse niemals kann: uns die Fülle vergangenen Lebens in ihrer Offenheit nach der Zukunft hin darzubieten. Die Offenheit nach der Zukunft hin: Für die Lebenden war die Zukunft nie entschieden, sie wußten durchaus nicht, was kommen würde, genau so wenig, wie wir heute wissen, was im nächsten Jahr sein wird, viel weniger in zehn Jahren. Der erzählende Historiker kann beides verbinden: von außen, als ein ohne eigenes Verdienst besser Wissender an vergangene Menschenwelt herantreten und auch im Strom vergangenen Lebens schwimmen, so, als gehörte er dazu und wüßte er nicht, was, im Vergangenen, demnächst kommen wird. Der Analytiker weiß alles. Aber er weiß es nur nachher – eine billige Überlegenheit über die Toten. Wenn er doch ein klein wenig Gesichertes auch über unsere eigene Zukunft wüßte, wenn seine Analysen auch darüber etwas Gesichertes aussagen könnten, dann würde ich noch mehr Respekt für ihn haben, als ich habe.

Nehmen wir die Strukturen der russischen Gesellschaft heute. Sie sind offenbar im Wandel: Verminderung der Landbevölkerung, in Quantität und Qualität stets wachsende Bedeutung der Intelligentsia, Schwächung der Macht der Ideologie, Entwicklung einer immer komplexeren Industriegesellschaft. Ja, aber was hat das alles mit dem russischen Schlachtflottenbau zu tun oder mit der russischen Intervention in Äthiopien, deren Zweck es ist, ein von der gestürzten Dynastie zusammengezwungenes Imperium weiterhin zusammenzuzwingen? Und was sagt es uns über eine zukünftige russische Außenpolitik? Dies unser Nichtwissen, diese unsere Unfähigkeit, aus sich wandelnden Strukturen das, was die Herrschaft sein wird und was sie politisch tun wird, mit irgendwelcher Sicherheit abzuleiten, sollte uns doch auch für die Vergangenheit ein wenig behutsamer machen; post factum zu wissen, daß die Strukturen die Ereignisse notwendig produzierten oder mit großer Wahrscheinlichkeit produzieren würden, erscheint mir billig. Es ist, rein logisch, und Logik hat hier Bedeutung, ein Unterschied zwischen „unvermeidlich hervorbringen" oder „zur Verursachung beitragen" auf der einen Seite, und „nicht verhindern", „nicht unmöglich machen" auf der anderen Seite. Man gibt der deutschen humanistischen Bildung, den deutschen Gymnasien, so wie sie in der Kaiserzeit und Weimarer Zeit waren, eine Mitschuld am Entstehen des Nazismus oder Dritten Reiches. Aber das einzige, was wir mit Sicherheit wissen, ist, daß die deutsche humanistische Bildung das Dritte Reich nicht verhindert hat. Man könnte anstatt von Mitschuld ebenso gut und ebenso unsicher von der Verkrüppelung der humanistischen Bildung sprechen. Schließlich haben die jungen Engländer im frühen 20. Jahrhundert viel, viel mehr Griechisch und Lateinisch gelernt als die deutsche Jugend, und in England gab es keinen Faschismus. Deutschlands soziale Strukturen haben das Abenteuer Adolf Hitlers nicht verhindert, nicht unmöglich gemacht, soviel ist ganz sicher richtig, und mehr nicht. Ich behaupte: Hitlers Abenteuer war beinahe unmöglich und wurde Wirklichkeit, gerade weil es den Zeitgenossen unmöglich schien: den alten deutschen Mächten, den konservativen oder reaktionären zuerst, den Engländern und Franzosen dann. Hätten sie es für möglich oder wahrscheinlich gehalten, dann hätten sie anders gehandelt und hätten es unmöglich gemacht.

Dies Nicht-Wissen, dies Irren der Menschen in ihrer Gegenwart kann die Erzählung zur Darstellung bringen; der Strukturanalyse ist es unbekannt. Überhaupt mache ich der neuesten Historie den Vorwurf, daß sie sich viel zu wenig um wirkliche Menschen aus Fleisch und Blut kümmert, daß sie zu wenig Sympathien für Menschen hat oder gar keine, daß sie also ‚Hamlet‘ ohne den Prinzen von Dänemark spielt.

Daß die Biographie Erzählung sein muß oder gar nichts, bedarf keines Beweises. Daß unsere neueste Geschichtswissenschaft der Biographie unfreundlich gesinnt ist und warum, wissen wir. Es ist aber die Ansicht falsch, wonach die Biographie als solche schon die geschichtlich eingreifende Macht, die kausale Bedeutung ihres Helden präjudiziert. Zum Beispiel kann ein Chefpolitiker in seinem Leben fast gar nichts entschieden, fast gar nichts Bleibendes erreicht haben und dennoch ein Spiegel seiner Zeit sein, weil von allen Seiten wirkende Kräfte auf ihn eindrangen, die er vergebens zu kontrollieren, zu verbinden oder zu neutralisieren suchte, so, daß die Geschichte seines Lebens uns mit einem sehr weiten Umkreis, einem überaus komplexen Spannungsfeld Bekanntschaft machen läßt. Will man solch ein Netz von Wirkungen und Gegenwirkungen „Dialektik“ nennen, so habe ich übrigens nichts dagegen. Selbstverständlich gilt ein Gleiches auch für die bedeutenden Nicht-Politiker, die Gelehrten, die Künstler, die Musiker und was noch. Wieviel allgemeine Geschichte, soziale Geschichte, Geistesgeschichte, politische Geschichte, konzentriert sich wie in einem Brennspiegel in der Biographie Heines, oder Richard Wagners, oder Albert Einsteins!

Ich glaube an die ganze Theoriebedürftigkeit der Geschichte nicht. Die Historie ist eine Kunst, die auf Kenntnissen beruht, und weiter ist sie gar nichts. Ein französischer Impressionist, ich habe vergessen welcher, hat geschrieben: „Man setzt auf die Leinwand, was man sieht. Si ça y est, ça y est. Si ça n'y est pas, on recommence. Tout le reste est de la blague." Ähnlich, mutatis mutandis, ist es mit der Geschichtsschreibung. Ich kenne den Einwand. Wer nicht mit bewußter Theorie an den historischen Gegenstand herangeht, der wird unbewußt eine einschmuggeln, die er dann nicht zu rechtfertigen vermag, eben weil sie ihm unbewußt war. Doch, das kann er schon. Diese sogenannte Theorie ist nichts anderes als die Summe von menschlichen Erfahrungen, die schon in seinem Geist präsent ist: Erfahrungen seiner eigenen Zeit und seines eigenen Lebens, ohne die kaum je ein großer Historiker Geschichte geschrieben hat, ferner dann Erfahrungen, die sich aus Studien über andere Gegenstände, andere Epochen schon ergeben haben. Dazu gehören selbstverständlich auch Kenntnisse, die aus Nachbarwissenschaften, etwa der Volkswirtschaftslehre geschöpft und in diesem Sinn vorgegeben sind. Wie will man eine Geschichte der Administrationen des Präsidenten Franklin Roosevelt schreiben ohne ökonomische Kenntnisse? Aber solche Kenntnisse bedeuten meines Erachtens keine Theorie der Geschichte; man muß nur wissen oder verstehen lernen, wie Wallstreet, als Roosevelt die Regierung antrat, funktionierte; genauso, wie, wenn man sich mit dem Supreme Court zur Zeit Roosevelts befaßt, man seine Vorgeschichte kennen muß und die amerikanische Constitution und dann auch etwas über Verfassungen im allgemeinen wissen muß. Man kann sich, kurz gesagt, nicht als Unwissender in die Historie stürzen, das ist alles. Benötigt wird eine reiche Kasuistik insgesamt, im eigenen Leben langsam aufgebaut; weshalb auch ein Anfänger in der Historie meistens naiver, ungeschickter, eben darum auch doktrinärer vorgehen wird als ein Älterer, was in der Mathematik durchaus anders ist; hier werden keine Lebenserfahrungen benötigt.

Diese Kasuistik hilft jeweils zu verstehen; nie aber ist für den einzelnen Fall Sicheres aus ihr abzuleiten. Es gibt den Selbsterhaltungstrieb und stark ist er, es gibt den Todestrieb auch. Es gibt den Machttrieb, es gibt den Trieb, sich der Macht zu unterwerfen oder vor ihr in ein Eremitendasein zu entfliehen. Eine bedrohte Herrschaft kann nachgeben noch und noch und damit ihren Untergang beschleunigen; sie kann auch in neuem Staatsstreich oder in äußerem Krieg ihre Rettung suchen. Bauern sind konservativ, Bauern sind revolutionär, je nach den konkreten Umständen. Militärs in sogenannten Entwicklungsländern können Reaktionäre sein und à la General Franco spielen; sie können revolutionär sein und à la Oberst Nasser oder Mengistu spielen, oder etwas dazwischen, wie die peruanischen. Jeder Fall wird anders liegen und kann nur aus sich selbst heraus verstanden werden, obgleich nicht ohne Vorkenntnisse. Ein Kaspar Hauser, zum ersten Mal ins Licht des Tages getreten, würde allerdings gar keine Historie verstehen, aber die lebenden Menschen um ihn herum auch nicht. Das ist der ganze Witz. Durch langjährige Vertiefung in Texte und andere Zeichen der Vergangenheit können wir ihren Geist anschauen, das Vertraute im Fremden finden und auch in das uns Fremde uns hineinversetzen.

Die Historie ist da, wo sie sich zu dem, was in ihr angelegt ist, erweitert, das Wissen von *den* Menschen im ganzen: alle ihre einzelnen Leistungen sind Beiträge dazu.

(1979)

Drucknachweise

Schloß Arenenberg: Erstmals unter dem Titel „Die Napoleoni-
den auf Schloß Arenenberg" in „Du. Kulturelle Monats-
schrift", Zürich, 24. Jg., August 1964, Heft 182, S. 36 ff. (Auch
in: Golo Mann, Zwölf Versuche, Frankfurt: S. Fischer 1973;
Golo Mann: Zeiten und Figuren, Frankfurt: Fischer Taschenbuch Verlag 1979; Golo Mann, Nachtphantasien, Frankfurt:
S. Fischer 1982).

Simón Bolívar − der Befreier als Opfer und Prophet zugleich:
Erstmals in: „Frankfurter Allgemeine Zeitung", Nummer 237,
20. Oktober 1984, Beilage Bilder und Zeiten.

Otto von Bismarck: Erstmals in: „Die Großen der Weltge-
schichte" Bd. 8, Zürich: Kindler 1978, S. 145−173

Lord Acton: Erstmals unter dem Titel „John Dalberg-Acton.
Portrait eines kosmopolitischen Historikers" in: „Der Monat",
Heft 25, Oktober 1950, S. 41 ff. (Auch in: Golo Mann: Ge-
schichte und Geschichten, Frankfurt: S. Fischer 1961, und in:
Zeiten und Figuren).

Max Weber: Erstmals unter dem Titel „Max Weber als Politiker" In: „Neue Rundschau", Frankfurt/Berlin 1964, Heft 3,
S. 380 ff. (Auch in: Golo Mann, Zwölf Versuche, und in: Zeiten und Figuren).

Bertrand Russell: Erstmals unter dem Titel „Versuch über Bertrand Russell" in: „Neue Rundschau", Frankfurt/Berlin 1967,
Heft 2, S. 240 ff. (Auch in: Golo Mann, Zwölf Versuche, und
in: Zeiten und Figuren).

Hermann Rauschning: Erstmals unter dem Titel „Das Werk
Hermann Rauschnings. Zur Neuauflage seiner ‚Revolution
des Nihilismus'" in: „Neue Rundschau", Frankfurt/Berlin
1963, Heft 4, S. 577 ff. (Auch in: Golo Mann, Zwölf Versuche,
und in: Zeiten und Figuren).

Des Teufels Architekt. Albert Speers „Erinnerungen": Erstmals
in der „Süddeutschen Zeitung", 20./21. September 1969.
(Auch in: Golo Mann: Zeiten und Figuren).

Helmuth James von Moltke: Erstmals in: Golo Mann, Zwölf
Versuche, Frankfurt: S. Fischer 1973, S. 187 ff. (Auch in:
Golo Mann: Zeiten und Figuren).

Plädoyer für die historische Erzählung: Erstmals unter dem Titel „Theoriebedürftigkeit der Geschichte" in: „Neue Rundschau", Frankfurt/Berlin 1979, Heft 1, Seite 40 ff. (Auch in:

„Theorie und Erzählung in der Geschichte", hrg. v. Jürgen Kocka und Thomas Nipperdey, München: Deutscher Taschenbuch Verlag 1979. Und in: Golo Mann: Zeiten und Figuren). Kürzungen durch die Herausgeber.

Inhalt